灵魂——球场掌控者

控球后卫，又名组织后卫，无论是"控球"还是"组织"，顾名思义，都可以了解这个位置的价值。控球后卫是球队指挥官，他需要掌控篮球、串联全队；控球后卫是战术发起人，他需要发动进攻、带动全队；控球后卫是球场掌控者，他需要阅读防守、统领全队。无私的心智、娴熟的技巧、敏锐的判断、精准的传球……这些特质组成顶级控卫所需的要素。唯有如此，这名控卫才是球队灵魂、球场掌控者。

纵观NBA几十载的历史，那些控球后卫集大成者，无不将这些要素展现得淋漓尽致，进而成就伟大、造就无数为人称道的故事和瞬间。

古典控卫的代表约翰·斯托克顿，凭借其冷静到近乎冷峻的打法，将爵士队带入西部顶级豪强行列，与巅峰迈克尔·乔丹分庭抗礼。他与卡尔·马龙招牌的挡拆配合，好似精密运转的机器，直插对手心脏不差分毫。斯托克顿演绎控卫的冷静、无私、扎实，NBA历史助攻王的惊人积累，全在于一招一式扎实的基本功。

掀起快打旋风的史蒂夫·纳什，诠释了何为球场艺术家。直径24.6厘米的篮球，被他眼花缭乱的控球技术完美支配；长度28米的球场，被他用精准的传球解构得不差分毫；时长48分钟的比赛，被他用快慢自如的节奏掌控得精确到分秒。纳什演绎控卫的娴熟、精准和洞察力，掀起席卷联盟的快打旋风，他如大师一般掌控全局。

现代控卫的代表斯蒂芬·库里，用准到让对手绝望的远投以及出色的无球创造机会的能力，前无古人地演绎着控卫的价值。在进攻端，库里并不需要持球发起，但只要给他留出分毫的空隙，他便能一击致命送上神准远投。在组织层面，库里同样不需要长时间的有球在手，他用传球输送炮弹。凭借惊人的远投威胁以及出色的无球跑动，他总能为队友拉开空间，诠释"库有引力"。

库里演绎控卫的精准、无私以及大局观，用高准度和高球商掌控勇士队的进攻。

诸如卢卡·东契奇、勒布朗·詹姆斯，则是演绎另外一种"掌控"。身高2米左右的他们，尽管担任的是小前锋的位置，但凭借全能的技术能力以及突出的球商，他们成为球队的实际掌控者。更好的身高条件带来了更加出色的视野，超群的天赋也让他们具备同样细腻的技术。尽管在位置上脱离控球后卫的范畴，但在打法上，他们同样彰显掌控者的价值。

攻防俱佳的克里斯·保罗，则是诠释了现代篮球之中顶级控卫的终极价值。

进攻端，保罗是带动全队的发动机，亦是无比锐利的终结者，大卫·韦斯特、布雷克·格里芬乃至詹姆斯·哈登，因为保罗的加成，纷纷迎来生涯巅峰；防守端，他是球队的尖刀利刃，连续四届称霸抢断榜，用敏锐的判断和出众的球场智慧弥补身高的短板。

保罗演绎一名顶级控卫、一名现代控卫所要具备的全部能力。攻可借出众的大局观串联全队，亦可凭稳定的投射和突击摧城拔寨；守可成球队最尖锐利刃，亦可构建全队的防守体系。

细细品味NBA历史上的顶级"掌控者"，他们大多具备如上的能力。尽管时代变迁造就打法不同，但任凭云卷云舒，这些巨星之所以伟大，正是因为窥探至底，他们将掌控者所需的能力演绎到极致。朴素如斯托克顿、华丽如纳什、另类如东契奇和詹姆斯、全面如保罗，皆是如此。

然而这些掌控者在球场上的淡定自若、施展自如，往往会让人忽略这些群体，在方寸之间的球场，面临着巨大困难。成为一名好的控球后卫，尤其是迈入伟大的序列，所需的磨砺往往更多。

以控球的角度要求后卫，身高必然不能太高，否则会影响重心和节奏。以组织的角度衡

量后卫，身高又必然不能太矮，否则会影响视野以及传球。这一高一矮的悖论要求，诠释顶级后卫的第一个伟大之处——诸如身高1.85米的保罗，他需要在长人如林的球场之内，准确地找到队友还能送出精妙的传球，难吗？真的很难。

诸如身高2.06米的埃尔文·约翰逊，要放下重心稳稳控球，练就细腻的传控技巧，难吗？同样很难。

不仅如此，现代篮球对于控卫的要求显然更高。更开阔的球场空间，要求每名球员都需具备稳定的投射能力。球场之上，控球后卫是投手的"炮弹来源"，前者需要准确地送出传球，帮助投手完成终结。控球后卫同样也需要成为稳定的终结者，仅能串联组织却不具备稳定的投射能力，同样会被时代潮流淹没。

因此，控球后卫不仅需要会控，还需要能攻，顶级的控球后卫更需要练就顶级的终极能力，能力要求之高可见一斑。

身材、技术等等的超高要求不言自明，好的控卫面临的最大障碍，实际上在于"掌控"二字。这是脱离"术"的层面，上升到"道"的高度的要求。好的控卫，技术、身材固然是基础条件，但真正顶级的控卫，是在掌控层面的成熟。

视野、节奏、大局观、球商，这些难以具体定义的词语，决定一名控卫的上限。这些要素的练就，绝非球场上的苦练就可以习得。更多时候需要的是超凡的天赋、经验的积淀以及对于篮球深入骨髓的洞察和理解。顶级掌控者之难得，便在于此。

放眼NBA历史，顶级控卫、顶级掌控者都是攻克上述困难，屹立在联盟金字塔尖，生涯也大多绵延十余载甚至更长。即便是身体机能随年龄下降，依旧可以凭借顶级的"掌控力"，成为球队的灵魂，在球场上演奏华丽的乐章，他们诠释了控球后卫、诠释了掌控者的魅力所在。

下面一起见证这些掌控者的伟大，排名不分先后。

CONTENTS
目录

克里斯·保罗

克里斯·保罗

小档案

中文名： 克里斯·保罗

外文名： Chris Paul

绰号： 蜂王、CP3

国籍： 美国　　**出生日期：** 1985年5月6日

身高： 1.85米　　**体重：** 79.4千克

选秀： 2005年首轮第4顺位被新奥尔良黄蜂队选中

效力球队： 黄蜂队、快船队、火箭队、雷霆队、太阳队

球衣号码： 3号

1

4个助攻王、6个抢断王、9次入选最佳防守阵容、9次入选最佳阵容，克里斯·保罗璀璨生涯收获的这些个人荣誉，足以诠释他的全能和伟大，他是联盟顶级控卫的最鲜明代表，他诠释了古典控卫的价值，却同样拥有现代控卫的全面能力，控球后卫集大成者非保罗莫属。

　　进攻端，保罗是带动全队的发动机，亦是无比锐利的终结者；防守端，他是球队的尖刀利刃，用敏锐的判断和出众的球场智慧弥补身高的短板。攻可借出众的大局观串联全队，亦可凭稳定的投射和突击摧城拔寨；守可成球队最尖锐利刃，亦可构建全队的防守体系。强硬、坚韧、稳定，顶级的大局观和球商、出众的技巧和判断，保罗定义了控球后卫的终极形态。

CHRIS PAUL

○ 主要奖项

1次NBA全明星MVP

2005-2006赛季最佳新秀

4次NBA助攻王

6次NBA抢断王

11次全明星阵容

9次NBA最佳阵容
（4次一阵、4次二阵、1次三阵）

9次NBA最佳防守阵容
（7次一阵、2次二阵）

2005-2006赛季NBA最佳新秀阵容一阵

8次月最佳球员

6次月最佳新秀

14次周最佳球员

○ 国家队荣誉

2008年北京奥运会冠军

2012年伦敦奥运会冠军

○ NBA历史纪录

NBA历史助攻排行榜第6位
（9953次）

NBA历史抢断排行榜第7位
（2273次）

NBA历史全明星赛助攻王
（128次）

截至2021年3月9日

常规赛数据（截至 2021 年 3 月 9 日）

赛季	球队	出场场次	首发次数	出场时间	命中率	三分命中率	篮板	助攻	抢断	盖帽	失误	助攻失误比	得分
2005-2006	黄蜂	78	78	36.0	43.00%	28.20%	5.1	7.8	2.2	0.1	2.3	3.39	16.1
2006-2007	黄蜂	64	64	36.8	43.70%	35.00%	4.4	8.9	1.8	0.0	2.5	3.56	17.3
2007-2008	黄蜂	80	80	37.6	48.80%	36.90%	4.0	11.6	2.7	0.1	2.5	4.64	21.1
2008-2009	黄蜂	78	78	38.5	50.30%	36.40%	5.5	11.0	2.8	0.1	3.0	3.67	22.8
2009-2010	黄蜂	45	45	38.0	49.30%	40.90%	4.2	10.7	2.1	0.2	2.5	4.28	18.7
2010-2011	黄蜂	80	80	36.0	46.30%	38.80%	4.1	9.8	2.4	0.1	2.2	4.45	15.9
2011-2012	快船	60	60	36.4	47.80%	37.10%	3.6	9.1	2.5	0.1	2.1	4.33	19.8
2012-2013	快船	70	70	33.4	48.10%	32.80%	3.7	9.7	2.4	0.1	2.3	4.22	16.9
2013-2014	快船	62	62	35.0	46.70%	36.80%	4.3	10.7	2.5	0.1	2.3	4.65	19.1
2014-2015	快船	82	82	34.8	48.50%	39.80%	4.6	10.2	1.9	0.2	2.3	4.43	19.1
2015-2016	快船	74	74	32.7	46.20%	37.10%	4.2	10.0	2.1	0.2	2.6	3.85	19.5
2016-2017	快船	61	61	31.5	47.60%	41.10%	5.0	9.2	2.0	0.1	2.4	3.83	18.1
2017-2018	火箭	58	58	31.8	46.00%	38.00%	5.4	7.9	1.7	0.2	2.2	3.59	18.6
2018-2019	火箭	58	58	32.0	41.90%	35.80%	4.6	8.2	2.0	0.3	2.6	3.15	15.6
2019-2020	雷霆	70	70	31.5	48.90%	36.50%	5.0	6.7	1.6	0.2	2.3	2.91	17.6
2020-2021	太阳	34	34	31.8	48.60%	39.10%	4.7	8.8	1.2	0.3	2.4	3.67	16.0
生涯数据		1054	1054	34.8	47.10%	37.00%	4.5	9.4	2.2	0.1	2.4	3.92	18.4

季后赛数据（截至 2019-2020 赛季结束）

赛季	球队	出场场次	首发次数	出场时间	命中率	三分命中率	篮板	助攻	抢断	盖帽	失误	助攻失误比	得分
2007-2008	黄蜂	12	12	40.5	50.20%	23.80%	4.9	11.3	2.3	0.2	1.8	6.28	24.1
2008-2009	黄蜂	5	5	40.2	41.10%	31.30%	4.4	10.4	1.6	0.0	4.8	2.17	16.6
2010-2011	黄蜂	6	6	41.7	54.50%	47.40%	6.7	11.5	1.8	0.0	3.7	3.11	22.0
2011-2012	快船	11	11	38.5	42.70%	33.30%	5.1	7.9	2.7	0.1	3.9	2.03	17.6
2012-2013	快船	6	6	37.3	53.30%	31.60%	4.0	6.3	1.8	0.0	1.5	4.20	22.8
2013-2014	快船	13	13	36.3	46.70%	45.70%	4.2	10.3	2.8	0.0	3.0	3.43	19.8
2014-2015	快船	12	12	37.1	50.30%	41.50%	4.4	8.8	1.8	0.3	2.2	4.00	22.1
2015-2016	快船	4	4	31.3	48.70%	30.00%	4.0	7.3	2.3	0.0	1.0	7.30	23.8
2016-2017	快船	7	7	37.1	49.60%	36.80%	5.0	9.9	1.7	0.1	2.7	3.67	25.3
2017-2018	火箭	15	15	34.5	45.90%	37.40%	5.9	5.8	2.0	0.3	1.9	3.05	21.1
2018-2019	火箭	11	11	36.1	44.60%	27.00%	6.4	5.5	2.2	0.6	3.4	1.62	17.0
2019-2020	雷霆	7	7	37.3	49.10%	37.20%	7.4	5.3	1.6	0.4	3.3	1.61	21.3
生涯数据		109	109	37.3	47.80%	36.50%	5.2	8.3	2.1	0.2	2.7	3.07	20.9

全明星赛数据（截至 2020-2021 赛季全明星赛）

赛季	球队	出场情况	出场时间	命中率	篮板	助攻	抢断	盖帽	失误	犯规	得分
2007-2008	黄蜂	替补	27:16	50.00%	3	14	4	0	2	5	16
2008-2009	黄蜂	首发	29:14	50.00%	7	14	3	0	1	4	14
2009-2010	黄蜂	缺席									
2010-2011	黄蜂	首发	28:32	42.90%	4	7	5	0	3	3	10
2011-2012	快船	首发	30:57	42.90%	5	12	1	0	2	1	8
2012-2013	快船	首发	27:17	70.00%	0	15	4	0	3	0	20
2013-2014	快船	替补	24:29	44.40%	4	13	4	0	3	1	11
2014-2015	快船	替补	26:46	46.20%	6	15	2	0	2	0	12
2015-2016	快船	替补	19:10	71.40%	4	16	1	0	4	1	14
2019-2020	雷霆	替补	25:31	61.50%	2	6	0	0	2	4	23
2020-2021	太阳	替补	31:00	50.00%	8	16	3	0	3	3	6

斯蒂芬·库里

斯蒂芬·库里

小档案

中文名： 斯蒂芬·库里

外文名： Stephen Curry

绰号： 萌神、小学生

国籍： 美国　　**出生日期：** 1988年3月14日

身高： 1.91米　　**体重：** 83.9千克

选秀： 2009年首轮第7顺位被勇士队选中

效力球队： 勇士队

球衣号码： 30号

全票当选MVP，4年3冠建立勇士王朝，以让人咋舌的远投能力开启全新的篮球潮流，斯蒂芬·库里无疑是NBA当代控卫的代表人物。

他用准到让对手绝望的远投，以及出色的无球创造机会的能力，前无古人地演绎着控卫的价值。在进攻端，库里并不需要持球发起，但只要给他留出分毫的空隙，他便能一击致命送上神准远投。在组织层面，库里同样不需要长时间的有球在手，他用传球输送炮弹。凭借惊人的远投威胁以及出色的无球跑动，他总能为队友拉开空间，诠释"库有引力"。库里演绎控卫的精准、无私以及大局观，用高准度和高球商掌控勇士队的进攻。

Stephen Curry

○ 主要奖项

3次NBA总冠军

2次NBA常规赛MVP

1次NBA得分王

1次NBA抢断王

7次全明星阵容

6次NBA最佳阵容

（3次一阵、2次二阵、1次三阵）

2009-2010赛季NBA最佳新秀阵容一阵

7次月最佳球员

3次月最佳新秀

15次周最佳球员

○ 国家队荣誉

2010年土耳其世锦赛冠军

2014年西班牙篮球世界杯冠军

○ 主要荣誉

2011年全明星技巧挑战赛冠军

2015年全明星三分球大赛冠军

2021年全明星三分球大赛冠军

2015年ESPY最佳男运动员奖和最佳NBA运动员奖

2015年美联社年度最佳男运动员

2016年青少年选择奖最佳男运动员

○ NBA历史纪录

NBA历史上三分命中数排行榜第2位（2664次）

截至2021年3月9日

常规赛数据（截至 2021 年 3 月 9 日）

赛季	球队	出场场次	首发次数	出场时间	命中率	三分命中率	篮板	助攻	抢断	盖帽	失误	助攻失误比	得分
2009–2010	勇士	80	77	36.2	46.20%	43.70%	4.5	5.9	1.9	0.2	3.0	1.97	17.5
2010–2011	勇士	74	74	33.6	48.00%	44.20%	3.9	5.8	1.5	0.3	3.1	1.87	18.6
2011–2012	勇士	26	23	28.2	49.00%	45.50%	3.4	5.3	1.5	0.3	2.5	2.12	14.7
2012–2013	勇士	78	78	38.2	45.10%	45.30%	4.0	6.9	1.6	0.2	3.1	2.23	22.9
2013–2014	勇士	78	78	36.5	47.10%	42.40%	4.3	8.5	1.6	0.2	3.8	2.24	24.0
2014–2015	勇士	80	80	32.7	48.70%	44.30%	4.3	7.7	2.0	0.2	3.1	2.48	23.8
2015–2016	勇士	79	79	34.2	50.40%	45.40%	5.4	6.7	2.1	0.2	3.3	2.03	30.1
2016–2017	勇士	79	79	33.4	46.80%	41.10%	4.5	6.6	1.8	0.2	3.0	2.20	25.3
2017–2018	勇士	51	51	32.0	49.50%	42.30%	5.1	6.1	1.6	0.2	3.0	2.03	26.4
2018–2019	勇士	69	69	33.8	47.20%	43.70%	5.3	5.2	1.3	0.4	2.8	1.86	27.3
2019–2020	勇士	5	5	27.8	40.20%	24.50%	5.2	6.6	1.0	0.4	3.2	2.06	20.8
2020–2021	勇士	35	35	34.1	47.80%	41.10%	5.5	6.3	1.3	0.1	3.2	1.97	29.7
生涯数据		734	728	34.3	47.60%	43.30%	4.6	6.6	1.7	0.2	3.1	2.13	23.8

季后赛数据（截至 2019-2020 赛季结束）

赛季	球队	出场场次	首发次数	出场时间	命中率	三分命中率	篮板	助攻	抢断	盖帽	失误	助攻失误比	得分
2012-2013	勇士	12	12	41.4	43.40%	39.60%	3.8	8.1	1.7	0.2	3.3	2.45	23.4
2013-2014	勇士	7	7	42.3	44.00%	38.60%	3.6	8.4	1.7	0.1	3.7	2.27	23.0
2014-2015	勇士	21	21	39.3	45.60%	42.20%	5.0	6.4	1.9	0.1	3.9	1.64	28.3
2015-2016	勇士	18	17	34.1	43.80%	40.40%	5.5	5.2	1.4	0.3	4.2	1.24	25.1
2016-2017	勇士	17	17	35.4	48.40%	41.90%	6.2	6.7	2.0	0.2	3.4	1.97	28.1
2017-2018	勇士	15	14	37.0	45.10%	39.50%	6.1	5.4	1.7	0.7	2.9	1.86	25.5
2018-2019	勇士	22	22	38.5	44.10%	37.70%	6.0	5.7	1.1	0.2	3.0	1.90	28.2
生涯数据		112	110	37.8	45.00%	40.10%	5.4	6.3	1.6	0.3	3.5	1.80	26.5

全明星赛数据（截至 2020-2021 赛季全明星赛）

赛季	球队	出场情况	出场时间	命中率	篮板	助攻	抢断	盖帽	失误	犯规	得分
2013-2014	勇士	首发	27:36	28.60%	3	11	1	0	2	1	12
2014-2015	勇士	首发	26:36	37.50%	9	5	1	0	5	1	15
2015-2016	勇士	首发	28:50	55.60%	5	6	4	0	2	1	26
2016-2017	勇士	首发	28:18	50.00%	4	6	1	0	0	3	21
2017-2018	勇士	首发	26:35	28.60%	6	5	1	0	6	0	11
2018-2019	勇士	首发	29:25	26.10%	9	7	0	0	2	0	17
2020-2021	勇士	首发	22:00	52.60%	4	4	2	0	1	0	28

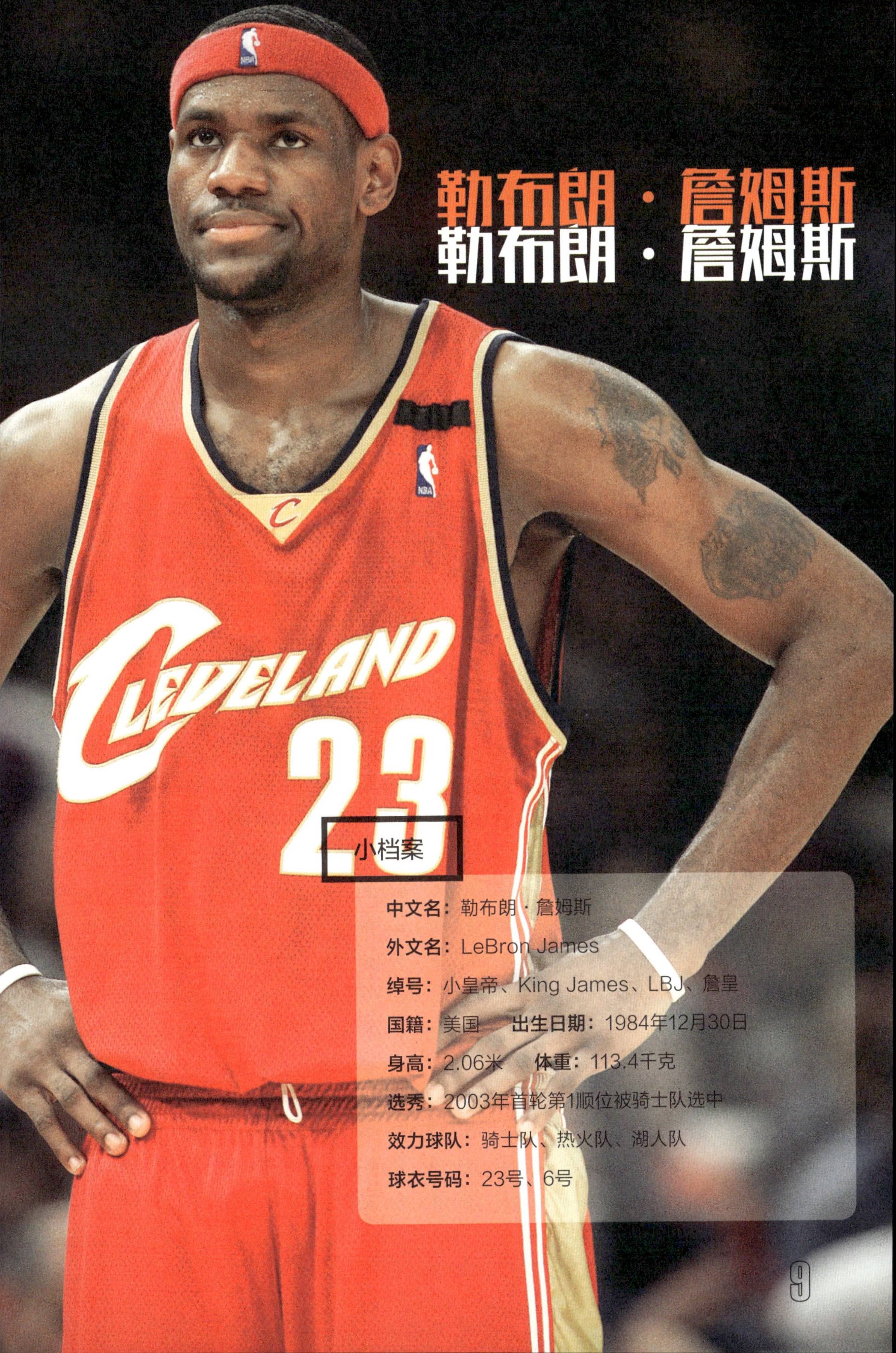

勒布朗·詹姆斯

勒布朗·詹姆斯

小档案

中文名：勒布朗·詹姆斯

外文名：LeBron James

绰号：小皇帝、King James、LBJ、詹皇

国籍：美国　　出生日期：1984年12月30日

身高：2.06米　　体重：113.4千克

选秀：2003年首轮第1顺位被骑士队选中

效力球队：骑士队、热火队、湖人队

球衣号码：23号、6号

5年4夺MVP，从2010年到2018年统治东部长达9个赛季，曾荣膺助攻王、得分王，多次入选最佳阵容和最佳防守阵容，总决赛上五项数据领跑两队，这是勒布朗·詹姆斯"掌控者"的最好诠释。

詹姆斯不是传统意义上的控卫，但他却是球队组织者的不二人选。拥有超过2米的身高却仍然具备出色的技巧和灵活性，以恐怖的球商和出色的传球技术带动队友，还能自主发起进攻摧毁对方的防线，这样的詹姆斯是震古烁今的掌控者，却已然突破掌控者的范畴。绵延十余载的生涯，只要他登场，就始终在展示着自己非凡的比赛影响力。

LeBron James

○ 主要奖项

4次NBA总冠军

4次NBA常规赛MVP

4次NBA总决赛MVP

3次NBA全明星MVP

2003-2004赛季最佳新秀

1次NBA得分王

1次NBA助攻王

17次全明星阵容

16次NBA最佳阵容

（13次一阵、2次二阵、1次三阵）

6次NBA最佳防守阵容

（5次一阵、1次二阵）

2003-2004赛季NBA最佳新秀阵容一阵

40次月最佳球员

6次月最佳新秀

64次周最佳球员

○ 国家队荣誉

2008年北京奥运会冠军

2012年伦敦奥运会冠军

○ 主要荣誉

3次ESPY年度最佳男运动员奖

5次ESPY最佳NBA运动员奖

3次美联社年度最佳男运动员

3次《体育画报》年度最佳运动员

4次《时代》全球年度100大最具影响力人物

2017年肯尼迪公民奖

○ NBA历史纪录

NBA历史三双数排行榜第5位（97次）

NBA历史助攻排行榜第8位（9626次）

NBA历史三分命中数排行榜第13位（1961次）

截至2021年3月9日

常规赛数据（截至 2021 年 3 月 9 日）

赛季	球队	出场场次	首发次数	出场时间	命中率	三分命中率	篮板	助攻	抢断	盖帽	失误	助攻失误比	得分
2003-2004	骑士	79	79	39.5	41.70%	29.00%	5.5	5.9	1.6	0.7	3.5	1.69	20.9
2004-2005	骑士	80	80	42.4	47.20%	35.10%	7.4	7.2	2.2	0.7	3.3	2.18	27.2
2005-2006	骑士	79	79	42.5	48.00%	33.50%	7.0	6.6	1.6	0.8	3.3	2.00	31.4
2006-2007	骑士	78	78	40.9	47.60%	31.90%	6.7	6.0	1.6	0.7	3.2	1.88	27.3
2007-2008	骑士	75	74	40.4	48.40%	31.50%	7.9	7.2	1.8	1.1	3.4	2.12	30.0
2008-2009	骑士	81	81	37.7	48.90%	34.40%	7.6	7.2	1.7	1.1	3.0	2.40	28.4
2009-2010	骑士	76	76	39.0	50.30%	33.30%	7.3	8.6	1.6	1.1	3.4	2.53	29.7
2010-2011	热火	79	79	38.8	51.00%	33.00%	7.5	7.0	1.6	0.6	3.6	1.94	26.7
2011-2012	热火	62	62	37.5	53.10%	36.20%	7.9	6.2	1.9	0.8	3.4	1.82	27.1
2012-2013	热火	76	76	37.9	56.50%	40.60%	8.0	7.3	1.7	0.9	3.0	2.43	26.8
2013-2014	热火	77	77	37.7	56.70%	37.90%	6.9	6.3	1.6	0.3	3.5	1.80	27.1
2014-2015	骑士	69	69	36.1	48.80%	35.40%	6.0	7.4	1.6	0.7	3.9	1.90	25.3
2015-2016	骑士	76	76	35.6	52.00%	30.90%	7.4	6.8	1.4	0.6	3.3	2.06	25.3
2016-2017	骑士	74	74	37.8	54.80%	36.30%	8.6	8.7	1.2	0.6	4.1	2.12	26.4
2017-2018	骑士	82	82	36.9	54.20%	36.70%	8.6	9.1	1.4	0.9	4.2	2.17	27.5
2018-2019	湖人	55	55	35.2	51.00%	33.90%	8.5	8.3	1.3	0.6	3.6	2.31	27.4
2019-2020	湖人	67	67	34.6	49.30%	34.80%	7.8	10.2	1.2	0.5	3.9	2.62	25.3
2020-2021	湖人	36	36	34.6	50.90%	35.80%	8.0	7.8	1.1	0.6	3.8	2.05	25.8
生涯数据		1301	1300	38.3	50.40%	34.40%	7.5	7.4	1.6	0.8	3.5	2.11	27.0

季后赛数据（截至 2019-2020 赛季结束）

赛季	球队	出场场次	首发次数	出场时间	命中率	三分命中率	篮板	助攻	抢断	盖帽	失误	助攻失误比	得分
2005-2006	骑士	13	13	46.5	47.60%	33.30%	8.1	5.8	1.4	0.7	5.0	1.16	30.8
2006-2007	骑士	20	20	44.7	41.60%	28.00%	8.1	8.0	1.7	0.5	3.3	2.42	25.1
2007-2008	骑士	13	13	42.5	41.10%	25.70%	7.8	7.6	1.8	1.3	4.2	1.81	28.2
2008-2009	骑士	14	14	41.4	51.00%	33.30%	9.1	7.3	1.6	0.9	2.7	2.70	35.3
2009-2010	骑士	11	11	41.8	50.20%	40.00%	9.3	7.6	1.7	1.8	3.8	2.00	29.1
2010-2011	热火	21	21	43.9	46.60%	35.30%	8.4	5.9	1.7	1.2	3.1	1.90	23.7
2011-2012	热火	23	23	42.7	50.00%	25.90%	9.7	5.6	1.9	0.7	3.5	1.60	30.3
2012-2013	热火	23	23	41.7	49.10%	37.50%	8.4	6.6	1.8	0.8	3.0	2.20	25.9
2013-2014	热火	20	20	38.2	56.50%	40.70%	7.1	4.8	1.8	0.6	3.1	1.55	27.4
2014-2015	骑士	20	20	42.2	41.70%	22.70%	11.3	8.5	1.7	1.1	4.1	2.07	30.1
2015-2016	骑士	21	21	39.1	52.50%	34.00%	9.5	7.6	2.3	1.3	3.6	2.11	26.3
2016-2017	骑士	18	18	41.3	56.50%	41.10%	9.1	7.8	1.9	1.3	4.0	1.95	32.8
2017-2018	骑士	22	22	41.9	53.90%	34.20%	9.1	9.0	1.4	1.0	4.3	2.09	34.0
2019-2020	湖人	21	21	36.3	56.00%	37.00%	10.8	8.8	1.2	0.9	4.0	2.20	27.6
生涯数据		260	260	41.6	49.60%	33.50%	9.0	7.2	1.7	1.0	3.7	1.95	28.8

全明星赛数据（截至 2020-2021 赛季全明星赛）

赛季	球队	出场情况	出场时间	命中率	篮板	助攻	抢断	盖帽	失误	犯规	得分
2004-2005	骑士	首发	31:25	46.20%	8	6	2	0	3	0	13
2005-2006	骑士	首发	30:34	57.10%	6	2	2	0	1	2	29
2006-2007	骑士	首发	32:16	55.00%	6	6	1	0	4	0	28
2007-2008	骑士	首发	30:15	54.50%	8	9	2	2	4	3	27
2008-2009	骑士	首发	26:50	42.10%	5	3	0	0	3	0	20
2009-2010	骑士	首发	32:28	45.50%	5	6	4	0	2	1	25
2010-2011	热火	首发	32:20	55.60%	12	10	0	0	4	3	29
2011-2012	热火	首发	32:09	65.20%	6	7	0	0	4	2	36
2012-2013	热火	首发	30:02	38.90%	3	5	1	0	4	0	19
2013-2014	热火	首发	33:08	50.00%	7	7	3	0	1	0	22
2014-2015	骑士	首发	31:45	52.40%	5	7	2	0	4	1	30
2015-2016	骑士	首发	20:13	46.20%	4	7	0	0	4	0	13
2016-2017	骑士	首发	19:29	58.80%	3	1	0	0	4	2	23
2017-2018	骑士	首发	31:17	70.60%	10	8	1	0	5	2	29
2018-2019	湖人	首发	26:32	52.90%	8	4	0	2	1	1	19
2019-2020	湖人	首发	18:48	45.00%	5	6	1	2	6	1	23
2020-2021	湖人	首发	13:00	28.60%	2	4	0	1	1	0	4

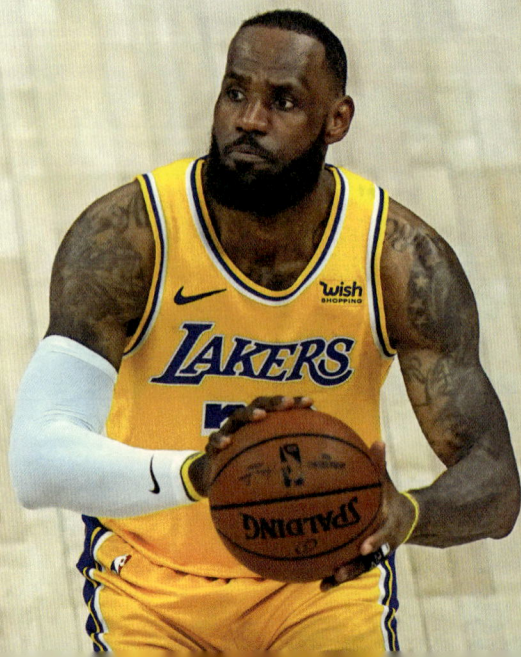

詹姆斯·哈登

詹姆斯·哈登

小档案

中文名：詹姆斯·哈登

外文名：James Harden

绰号：大胡子、登哥

国籍：美国　　出生日期：1989年8月26日

身高：1.96米　　体重：99.8千克

选秀：2009年首轮第3顺位被雷霆队选中

效力球队：雷霆队、火箭队、篮网队

球衣号码：13号

13

他司职得分后卫，却可以掌控全队荣膺助攻王；他组织能力突出，却仍能连续三年霸占得分榜——这就是詹姆斯·哈登。他是集个人进攻与组织全队为一身，进攻端无比全面的掌控者。他是全新篮球时代下，进攻全能的代表人物。

哈登拥有恐怖的单打能力，却不沉迷于单打。凭借其超高的篮球智商，他将自己的这项能力无限放大，进而造就让人咋舌的球场影响力。个人进攻，他的撤步三分无比精准、强力突破让对手望球兴叹；策应全队，他的精妙分球犀利准确、球场大局观卓群。60+三双震古烁今的表演，是他对于"掌控力"最好的诠释。

James Harden

○ **主要奖项**

1次NBA常规赛MVP

3次NBA得分王

1次NBA助攻王

9次全明星阵容

7次NBA最佳阵容（6次一阵、1次三阵）

2019-2020赛季最佳阵容第一阵容

2009-2010赛季NBA最佳新秀阵容一阵

9次月最佳球员

24次周最佳球员

○ **国家队荣誉**

2012年伦敦奥运会冠军

2014年西班牙男篮世界杯冠军

○ **主要荣誉**

2011-2012赛季最佳第六人

○ **NBA历史纪录**

NBA历史三双数排行榜第8位（54次）

NBA历史三分命中数排行榜第5位（2425次）

截至2021年3月9日

常规赛数据（截至 2021 年 3 月 9 日）

赛季	球队	出场场次	首发次数	出场时间	命中率	三分命中率	篮板	助攻	抢断	盖帽	失误	助攻失误比	得分
2009-2010	雷霆	76	0	22.9	40.30%	37.50%	3.2	1.8	1.1	0.3	1.4	1.29	9.9
2010-2011	雷霆	82	5	26.7	43.60%	34.90%	3.1	2.1	1.1	0.3	1.3	1.62	12.2
2011-2012	雷霆	62	2	31.4	49.10%	39.00%	4.1	3.7	1.0	0.2	2.2	1.68	16.8
2012-2013	火箭	78	78	38.3	43.80%	36.80%	4.9	5.8	1.8	0.5	3.8	1.53	25.9
2013-2014	火箭	73	73	38.0	45.60%	36.60%	4.7	6.1	1.6	0.4	3.6	1.69	25.4
2014-2015	火箭	81	81	36.8	44.00%	37.50%	5.7	7.0	1.9	0.7	4.0	1.75	27.4
2015-2016	火箭	82	82	38.1	43.90%	35.90%	6.1	7.5	1.7	0.6	4.6	1.63	29.0
2016-2017	火箭	81	81	36.4	44.00%	34.70%	8.1	11.2	1.5	0.5	5.7	1.96	29.1
2017-2018	火箭	72	72	35.4	44.90%	36.70%	5.4	8.8	1.8	0.7	4.4	2.00	30.4
2018-2019	火箭	78	78	36.8	44.20%	36.80%	6.6	7.5	2.0	0.7	5.0	1.50	36.1
2019-2020	火箭	68	68	36.5	44.40%	35.50%	6.6	7.5	1.8	0.9	4.5	1.67	34.3
2020-2021	火箭	8	8	36.3	44.40%	34.70%	5.1	10.4	0.9	0.8	4.3	2.42	24.8
2020-2021	篮网	23	23	38.4	49.70%	42.20%	8.7	11.4	1.3	0.7	4.2	2.71	25.5
生涯数据		864	651	34.4	44.50%	36.50%	5.4	6.5	1.6	0.5	3.7	1.76	25.2

季后赛数据（截至 2019-2020 赛季结束）

赛季	球队	出场场次	首发次数	出场时间	命中率	三分命中率	篮板	助攻	抢断	盖帽	失误	助攻失误比	得分
2009-2010	雷霆	6	0	20.0	38.70%	37.50%	2.5	1.8	1.0	0.2	0.5	3.60	7.7
2010-2011	雷霆	17	0	31.6	47.50%	30.30%	5.4	3.6	1.2	0.8	1.6	2.25	13.0
2011-2012	雷霆	20	0	31.5	43.50%	41.00%	5.1	3.4	1.6	0.1	2.1	1.62	16.3
2012-2013	火箭	6	6	40.5	39.10%	34.10%	6.7	4.5	2.0	1.0	4.5	1.00	26.3
2013-2014	火箭	6	6	43.8	37.60%	29.60%	4.7	5.8	2.0	0.2	3.5	1.66	26.8
2014-2015	火箭	17	17	37.4	43.90%	38.30%	5.7	7.5	1.6	0.4	4.5	1.67	27.2
2015-2016	火箭	5	5	38.6	41.00%	31.00%	5.2	7.6	2.4	0.2	5.2	1.46	26.6
2016-2017	火箭	11	11	37.0	41.30%	27.80%	5.5	8.5	1.9	0.5	5.4	1.57	28.5
2017-2018	火箭	17	17	36.5	41.00%	29.90%	5.2	6.8	2.2	0.6	3.8	1.79	28.6
2018-2019	火箭	11	11	38.5	41.30%	35.00%	6.9	6.6	2.2	0.9	4.6	1.43	31.6
2019-2020	火箭	12	12	37.3	47.80%	33.30%	5.6	7.7	1.5	0.8	3.8	2.03	29.6
生涯数据		128	85	35.3	42.50%	33.00%	5.4	5.8	1.7	0.5	3.5	1.66	23.5

全明星赛数据（截至 2020-2021 赛季全明星赛）

赛季	球队	出场情况	出场时间	命中率	篮板	助攻	抢断	盖帽	失误	犯规	得分
2012-2013	火箭	替补	25:50	46.20%	6	3	0	0	2	2	15
2013-2014	火箭	首发	23:46	42.90%	1	5	1	0	2	1	8
2014-2015	火箭	首发	26:36	68.80%	8	8	2	0	4	0	29
2015-2016	火箭	替补	21:05	57.10%	4	3	0	0	1	0	23
2016-2017	火箭	首发	30:23	44.40%	7	12	0	0	10	2	12
2017-2018	火箭	首发	27:04	26.30%	7	8	1	1	3	1	12
2018-2019	火箭	首发	26:13	30.80%	4	3	1	0	3	1	12
2019-2020	火箭	首发	17:31	33.30%	3	6	1	2	2	5	11
2020-2021	篮网	替补	32:00	50.00%	2	4	1	0	3	0	21

科比·布莱恩特

科比·布莱恩特

小档案

中文名： 科比·布莱恩特

外文名： Kobe Bryant

绰号： Black Mamba（黑曼巴）、小飞侠

国籍： 美国　　**出生日期：** 1978年8月23日

身高： 1.98米　　**体重：** 96千克

选秀： 1996年首轮第13顺位被黄蜂队选中

退役时间： 2016年4月14日

效力球队： 湖人队

球衣号码： 8号、24号

5个NBA总冠军、两届得分王、单场81分……科比的得分能力毋庸置疑，他如黑曼巴一般，迅速、精准、致命而且极具攻击性。科比曾12次入选NBA最佳防守阵容，也曾单场送出17次助攻，那美如画的跳投似乎掩盖了他的组织、防守能力。

虽然没有眼花缭乱的传球与助攻，但是在精神属性上，科比是毫无争议的球队灵魂！球场上科比永远是那个不知疲倦、永不放弃的斗士，他严苛的态度、对于胜利的极度渴望激励着队友，甚至到现在"曼巴精神"依旧影响着每一个NBA球员。所以，即便科比不是真正的控卫球员，但是因为其球场身份的特殊性，还是将他与众多控卫大神放在一起。试问有谁的灵魂属性超过科比呢？

Kobe Bryant

○ 主要奖项

5次NBA总冠军

1次NBA常规赛MVP

2次NBA总决赛MVP

4次NBA全明星MVP

2003-2004赛季最佳新秀

2次NBA得分王

18次全明星阵容

15次NBA最佳阵容

（11次一阵、2次二阵、2次三阵）

12次NBA最佳防守阵容

（9次一阵、3次二阵）

1996-1997赛季NBA最佳新秀阵容二阵

16次月最佳球员

33次周最佳球员

○ 国家队荣誉

2008年北京奥运会冠军

2012年伦敦奥运会冠军

○ 主要荣誉

2020年入选奈·史密斯篮球名人堂

2020年入选费城体育名人堂

8号、24号球衣被湖人队退役

2018年获得第90届奥斯卡最佳短片奖

21世纪头10年最佳NBA球员

NBA全明星赛扣篮大赛冠军

NBA全明星新秀挑战赛得分王

○ NBA历史纪录

NBA历史总得分排行榜第4位（33643分）

NBA历史场均得分排行榜第13位（25.0分）

NBA历史出场数排行榜第15位（1346场）

NBA历史抢断排行榜第17位（1944次）

截至2021年3月9日

常规赛数据

赛季	球队	出场场次	首发次数	出场时间	命中率	三分命中率	篮板	助攻	抢断	盖帽	失误	助攻失误比	得分
1996-1997	湖人	71	6	15.5	41.70%	37.50%	1.9	1.3	0.7	0.3	1.6	0.81	7.6
1997-1998	湖人	79	1	26.0	42.80%	34.10%	3.1	2.5	0.9	0.5	2.0	1.25	15.4
1998-1999	湖人	50	50	37.9	46.50%	26.70%	5.3	3.8	1.4	1.0	3.1	1.23	19.9
1999-2000	湖人	66	62	38.2	46.80%	31.90%	6.3	4.9	1.6	0.9	2.8	1.75	22.5
2000-2001	湖人	68	68	40.9	46.40%	30.50%	5.9	5.0	1.7	0.6	3.2	1.56	28.5
2001-2002	湖人	80	80	38.3	46.90%	25.00%	5.5	5.5	1.5	0.4	2.8	1.96	25.2
2002-2003	湖人	82	82	41.5	45.10%	38.30%	6.9	5.9	2.2	0.8	3.5	1.69	30.0
2003-2004	湖人	65	64	37.6	43.80%	32.70%	5.5	5.1	1.7	0.4	2.6	1.96	24.0
2004-2005	湖人	66	66	40.7	43.30%	33.90%	5.9	6.0	1.3	0.8	4.1	1.46	27.6
2005-2006	湖人	80	80	41.0	45.00%	34.70%	5.3	4.5	1.8	0.4	3.1	1.45	35.4
2006-2007	湖人	77	77	40.8	46.30%	34.40%	5.7	5.4	1.4	0.5	3.3	1.64	31.6
2007-2008	湖人	82	82	38.9	45.90%	36.10%	6.3	5.4	1.8	0.5	3.1	1.74	28.3
2008-2009	湖人	82	82	36.1	46.70%	35.10%	5.2	4.9	1.5	0.5	2.6	1.88	26.8
2009-2010	湖人	73	73	38.8	45.60%	32.90%	5.4	5.0	1.5	0.3	3.2	1.56	27.0
2010-2011	湖人	82	82	33.9	45.10%	32.30%	5.1	4.7	1.2	0.1	3.0	1.57	25.3
2011-2012	湖人	58	58	38.5	43.00%	30.30%	5.4	4.6	1.2	0.3	3.5	1.31	27.9
2012-2013	湖人	78	78	38.6	46.30%	32.40%	5.6	6.0	1.4	0.3	3.7	1.62	27.3
2013-2014	湖人	6	6	29.5	42.50%	18.80%	4.3	6.3	1.2	0.2	5.7	1.11	13.8
2014-2015	湖人	35	35	34.5	37.30%	29.30%	5.7	5.6	1.3	0.2	3.7	1.51	22.3
2015-2016	湖人	66	66	28.2	35.80%	28.50%	3.7	2.8	0.9	0.2	2.0	1.40	17.6
生涯数据		1346	1198	36.1	44.70%	32.90%	5.2	4.7	1.4	0.5	3.0	1.57	25.0

季后赛数据

赛季	球队	出场场次	首发次数	出场时间	命中率	三分命中率	篮板	助攻	抢断	盖帽	失误	助攻失误比	得分
1996-1997	湖人	9	0	14.8	38.20%	26.10%	1.2	1.2	0.3	0.2	1.6	0.75	8.2
1997-1998	湖人	11	0	20.0	40.80%	21.40%	1.9	1.5	0.3	0.7	1.0	1.50	8.7
1998-1999	湖人	8	8	39.4	43.00%	34.80%	6.9	4.6	1.9	1.3	3.9	1.18	19.8
1999-2000	湖人	22	22	39.0	44.20%	34.40%	4.5	4.4	1.5	1.5	2.5	1.76	21.1
2000-2001	湖人	16	16	43.4	46.90%	32.40%	7.3	6.1	1.6	0.8	3.2	1.91	29.4
2001-2002	湖人	19	19	43.8	43.40%	37.90%	5.8	4.6	1.4	0.9	2.8	1.64	26.6
2002-2003	湖人	12	12	44.3	43.20%	40.30%	5.1	5.2	1.2	0.1	3.5	1.49	32.1
2003-2004	湖人	22	22	44.2	41.30%	24.70%	4.7	5.5	1.9	0.3	2.8	1.96	24.5
2005-2006	湖人	7	7	44.9	49.70%	40.00%	6.3	5.1	1.1	0.4	4.7	1.09	27.9
2006-2007	湖人	5	5	43.0	46.20%	35.70%	5.2	4.4	1.0	0.4	4.4	1.00	32.8
2007-2008	湖人	21	21	41.1	47.90%	30.20%	5.7	5.6	1.7	0.4	3.3	1.70	30.1
2008-2009	湖人	23	23	40.9	45.70%	34.90%	5.3	5.5	1.7	0.9	2.6	2.12	30.2
2009-2010	湖人	23	23	40.1	45.80%	37.40%	6.0	5.5	1.3	0.7	3.4	1.62	29.2
2010-2011	湖人	10	10	35.4	44.60%	29.30%	3.4	3.3	1.6	0.3	3.1	1.06	22.8
2011-2012	湖人	12	12	39.7	43.90%	28.30%	4.8	4.3	1.3	0.2	2.8	1.54	30.0
生涯数据		220	200	39.3	44.80%	33.10%	5.1	4.7	1.4	0.7	2.9	1.62	25.6

全明星赛数据

赛季	球队	出场情况	出场时间	命中率	篮板	助攻	抢断	盖帽	失误	犯规	得分
1997-1998	湖人	首发	22:00	43.80%	6	1	2	0	1	1	18
1999-2000	湖人	首发	28:00	43.80%	1	3	2	0	1	3	15
2000-2001	湖人	首发	30:00	52.90%	4	7	1	0	3	3	19
2001-2002	湖人	首发	30:00	48.00%	5	5	1	0	0	2	31
2002-2003	湖人	首发	36:00	47.10%	7	6	3	2	5	5	22
2003-2004	湖人	首发	35:21	75.00%	4	4	5	1	6	3	20
2004-2005	湖人	首发	29:21	50.00%	6	7	3	1	4	5	16
2005-2006	湖人	首发	26:15	36.40%	7	8	3	0	3	5	8
2006-2007	湖人	首发	28:09	54.20%	5	6	6	0	4	1	31
2007-2008	湖人	首发	2:52		1	0	0	0	0	0	0
2008-2009	湖人	首发	29:14	52.20%	4	4	4	0	1	0	27
2009-2010	湖人	缺席									
2010-2011	湖人	首发	29:21	53.80%	14	3	3	0	4	2	37
2011-2012	湖人	首发	34:48	52.90%	1	1	2	0	1	2	27
2012-2013	湖人	首发	27:36	44.40%	4	8	2	2	1	2	9
2013-2014	湖人	缺席									
2014-2015	湖人	缺席									
2015-2016	湖人	首发	25:49	36.40%	6	7	1	0	1	1	10

埃尔文·约翰逊

小档案

中文名：埃尔文·约翰逊

外文名：Earvin Johnson

绰号：Magic（魔术师）

国籍：美国　　出生日期：1959年8月14日

身高：2.06米　　体重：98千克

选秀：1979年首轮第1顺位被湖人队选中

退役时间：1991年11月7日、1996年5月14日（短暂复出后再度退役）

效力球队：湖人队

球衣号码：32号

绰号"魔术师"的传奇控卫，身高2.06米的"巨人掌控者"。新秀赛季的约翰逊便无数次创造历史，季后赛首秀三双、20岁276天当选总决赛MVP，这些前无古人后罕有来者的斐然成就，诠释了约翰逊的卓群天赋。

出色的传控造诣，不俗的运动能力，卓越的关键球表现，跟随洛杉矶湖人队五度夺冠，带领"梦一队"惊艳巴塞罗那，生涯取得个人荣誉与团队战绩的无数伟大成就。如上种种，让"魔术师"约翰逊成为一个时代的代表，也让他成为NBA历史上当之无愧的最强控卫。

Earvin Johnson

○ 主要奖项

5个NBA总冠军

3次NBA常规赛MVP

3次NBA总决赛MVP

2次全明星MVP

4次NBA助攻王

2次NBA抢断王

10次NBA三双王

12次NBA全明星阵容

10次NBA最佳阵容

（9次一阵、1次二阵）

1979-1980赛季NBA最佳新秀阵容一阵

6次月最佳球员

18次周最佳球员

○ 国家队荣誉

1992年奥运会冠军

○ 主要荣誉

2002年入选奈·史密斯篮球名人堂

1992年32号球衣被湖人队退役

1996年入选NBA50大巨星

2019年荣获NBA终身成就奖

1992年肯尼迪最佳公民奖

○ NBA历史纪录

NBA历史总助攻排行榜第5位（10141次）

NBA历史场均助攻排行榜第1位（11.2次）

NBA历史三双数排行榜第3位（138次）

截至2021年3月9日

常规赛数据

赛季	球队	出场场次	首发次数	出场时间	命中率	三分命中率	篮板	助攻	抢断	盖帽	失误	助攻失误比	得分
1979-1980	洛杉矶湖人	77	\	36.3	53.00%	22.60%	7.7	7.3	2.4	0.5	4.0	1.83	18.0
1980-1981	洛杉矶湖人	37	\	37.1	53.20%	17.60%	8.6	8.6	3.4	0.7	3.9	2.21	21.6
1981-1982	洛杉矶湖人	78	77	38.3	53.70%	20.70%	9.6	9.5	2.7	0.4	3.7	2.57	18.6
1982-1983	洛杉矶湖人	79	79	36.8	54.80%	0.00%	8.6	10.5	2.2	0.6	3.8	2.76	16.8
1983-1984	洛杉矶湖人	67	66	38.3	56.50%	20.70%	7.3	13.1	2.2	0.7	4.6	2.85	17.6
1984-1985	洛杉矶湖人	77	77	36.1	56.10%	18.90%	6.2	12.6	1.5	0.3	4.0	3.15	18.3
1985-1986	洛杉矶湖人	72	70	35.8	52.60%	23.30%	5.9	12.6	1.6	0.2	3.8	3.32	18.8
1986-1987	洛杉矶湖人	80	80	36.3	52.20%	20.50%	6.3	12.2	1.7	0.5	3.8	3.21	23.9
1987-1988	洛杉矶湖人	72	70	36.6	49.20%	19.60%	6.2	11.9	1.6	0.2	3.7	3.22	19.6
1988-1989	洛杉矶湖人	77	77	37.5	50.90%	31.40%	7.9	12.8	1.8	0.3	4.1	3.12	22.5
1989-1990	洛杉矶湖人	79	79	37.2	48.00%	38.40%	6.6	11.5	1.7	0.4	3.7	3.11	22.3
1990-1991	洛杉矶湖人	79	79	37.1	47.70%	32.00%	7.0	12.5	1.3	0.2	4.0	3.13	19.4
1995-1996	洛杉矶湖人	32	9	29.9	46.60%	37.90%	5.7	6.9	0.8	0.4	3.2	2.16	14.6
生涯数据		906	763	36.7	52.00%	30.30%	7.2	11.2	1.9	0.4	3.9	2.87	19.5

季后赛数据

赛季	球队	出场场次	首发	出场时间	命中率	三分命中率	篮板	助攻	抢断	盖帽	失误	助攻失误比	得分
1979-1980	湖人	16	\	41.1	51.80%	25.00%	10.5	9.4	3.1	0.4	4.1	2.29	18.3
1980-1981	湖人	3	\	42.3	38.80%	0.00%	13.7	7.0	2.7	1.0	3.7	1.89	17.0
1981-1982	湖人	14	\	40.1	52.90%	0.00%	11.3	9.3	2.9	0.2	3.1	3.00	17.4
1982-1983	湖人	15	\	42.9	48.50%	0.00%	8.5	12.8	2.3	0.8	4.3	2.98	17.9
1983-1984	湖人	21	\	39.9	55.10%	0.00%	6.6	13.5	2.0	1.0	3.8	3.55	18.2
1984-1985	湖人	19	19	36.2	51.30%	14.30%	7.1	15.2	1.7	0.2	4.0	3.80	17.5
1985-1986	湖人	14	14	38.6	53.70%	0.00%	7.1	15.1	1.9	0.1	3.2	4.72	21.6
1986-1987	湖人	18	18	37.0	53.90%	20.00%	7.7	12.2	1.7	0.4	2.8	4.36	21.8
1987-1988	湖人	24	24	40.2	51.40%	50.00%	5.4	12.6	1.4	0.2	3.5	3.60	19.9
1988-1989	湖人	14	14	37.0	48.90%	28.60%	5.9	11.8	1.9	0.2	3.8	3.11	18.4
1989-1990	湖人	9	9	41.8	49.00%	20.00%	6.3	12.8	1.2	0.1	4.0	3.20	25.2
1990-1991	湖人	19	19	43.3	44.00%	29.60%	8.1	12.6	1.2	0.0	4.1	3.07	21.8
1995-1996	湖人	4	0	33.8	38.50%	33.30%	8.5	6.5	0.0	0.3	3.0	2.17	15.3
生涯数据		190	117	39.7	50.60%	24.10%	7.7	12.3	1.9	0.3	3.7	3.32	19.5

23

全明星赛数据

赛季	球队	出场情况	出场时间	命中率	篮板	助攻	抢断	盖帽	失误	犯规	得分
1979-1980	湖人	首发	24:00	62.50%	2	4	3	2	2	3	12
1981-1982	湖人	替补	23:00	55.60%	4	7	0	0	1	5	16
1982-1983	湖人	首发	33:00	43.80%	5	16	5	0	7	2	17
1983-1984	湖人	首发	37:00	46.20%	9	22	3	2	4	3	15
1984-1985	湖人	首发	31:00	50.00%	5	15	1	0	3	2	21
1985-1986	湖人	首发	28:00	33.30%	4	15	1	0	9	4	6
1986-1987	湖人	首发	34:00	40.00%	7	13	4	0	1	2	9
1987-1988	湖人	首发	39:00	26.70%	6	19	2	2	8	2	17
1988-1989	湖人	缺席									
1989-1990	湖人	首发	25:00	60.00%	6	4	0	1	3	1	22
1990-1991	湖人	首发	28:00	43.80%	4	3	0	0	3	1	16
1991-1992	湖人	首发	29:00	75.00%	5	9	2	0	7	0	25

奥斯卡·罗伯特森

奥斯卡·罗伯特森

小档案

中文名：奥斯卡·罗伯特森

外文名：Oscar Robertson

绰号：大O

国籍：美国　　出生日期：1938年11月24日

身高：1.96米　　体重：93千克

选秀：1960年首轮第1顺位被辛辛那提皇家队
（现萨克拉门托国王队）选中

退役时间：1974年9月3日

效力球队：皇家队、雄鹿队

球衣号码：14号、1号

场均三双神迹震古烁今，6次助攻王成就斐然，打破张伯伦和拉塞尔MVP垄断震惊全美，奥斯卡·罗伯特森生涯的传奇性无须赘言。NBA50大巨星之列、NBA终身成就奖、两队退役球衣的殊荣，如上种种不过是罗伯特森伟大的注脚。

绰号"大O"的罗伯特森，被当时的媒体定义为"超越时代"，他的全能属性闪耀那个年代的联盟，非凡的创造性和掌控力，让他成为球队核心的不二选择，拥有1.96米的身高却如同小后卫般灵活，拥有出色的攻击能力却乐于串联全队，这样的"大O"绝对是那个时代独一无二的天才球员。

Oscar Robertson

○ 主要奖项

1个NBA总冠军

1次NBA常规赛MVP

3次NBA全明星MVP

6次NBA助攻王

6次NBA三双王

12次全明星阵容

1960-1961赛季次NBA最佳新秀

11次NBA最佳阵容

（9次一阵、2次二阵）

○ 国家队荣誉

1960年奥运会冠军

○ 主要荣誉

1980年入选奈·史密斯篮球名人堂

14号球衣在国王队退役

1号球衣在雄鹿队退役

1980年入选NBA35周年最佳阵容

1996年入选NBA50大巨星

2018年NBA终身成就奖

○ NBA历史纪录

NBA历史三双数排行榜第1位（181次）

NBA历史总助攻排行榜第6位（9887次）

NBA历史场均助攻排行榜第3位（9.5次）

NBA历史总得分排行榜第15位（26710分）

NBA历史第一次单赛季场均三双（1961-1962赛季）

截至2021年3月9日

常规赛数据

赛季	球队	出场次数	出场时间	命中率	篮板	助攻	抢断	盖帽	犯规	得分
1960-1961	皇家	71	42.7	47.30%	10.1	9.7	\	\	3.1	30.5
1961-1962	皇家	79	44.3	47.80%	12.5	11.4	\	\	3.3	30.8
1962-1963	皇家	80	44.0	51.80%	10.4	9.5	\	\	3.7	28.3
1963-1964	皇家	79	45.1	48.30%	9.9	11.0	\	\	3.5	31.4
1964-1965	皇家	75	45.6	48.00%	9.0	11.5	\	\	2.7	30.4
1965-1966	皇家	76	46.0	47.50%	7.7	11.1	\	\	3.0	31.3
1966-1967	皇家	79	43.9	49.30%	6.2	10.7	\	\	2.9	30.5
1967-1968	皇家	65	42.5	50.00%	6.0	9.7	\	\	3.1	29.2
1968-1969	皇家	79	43.8	48.60%	6.4	9.8	\	\	2.9	24.7
1969-1970	皇家	69	41.5	51.10%	6.1	8.1	\	\	2.5	25.3
1970-1971	雄鹿	81	39.4	49.60%	5.7	8.2	\	\	2.5	19.4
1971-1972	雄鹿	64	37.3	47.20%	5.0	7.7	\	\	1.8	17.4
1972-1973	雄鹿	73	37.5	45.40%	4.9	7.5	\	\	2.3	15.5
1973-1974	雄鹿	70	35.4	43.80%	4.0	6.4	1.1	0.1	1.9	12.7
生涯数据		1040	42.2	48.50%	7.5	9.5	1.1	0.1	2.8	25.7

季后赛数据

赛季	球队	出场次数	出场时间	命中率	篮板	助攻	抢断	盖帽	犯规	得分
1961-1962	皇家	4	46.3	51.90%	11.0	11.0	\	\	4.5	28.8
1962-1963	皇家	12	47.5	47.00%	13.0	9.0	\	\	3.4	31.8
1963-1964	皇家	10	47.1	45.50%	8.9	8.4	\	\	3.0	29.3
1964-1965	皇家	4	48.8	42.70%	4.8	12.0	\	\	3.5	28.0
1965-1966	皇家	5	44.8	40.80%	7.6	7.8	\	\	4.0	31.8
1966-1967	皇家	4	45.8	51.60%	4.0	11.3	\	\	2.3	24.8
1970-1971	雄鹿	14	37.1	48.60%	5.0	8.9	\	\	2.8	18.3
1971-1972	雄鹿	11	34.5	40.70%	5.8	7.5	\	\	2.6	13.1
1972-1973	雄鹿	6	42.7	50.00%	4.7	7.5	\	\	3.5	21.2
1973-1974	雄鹿	16	43.1	45.00%	3.4	9.3	0.9	0.3	2.9	14.0
生涯数据		86	42.7	46.00%	6.7	8.9	0.9	0.3	3.1	22.2

注：NBA从1973-1974赛季开始统计抢断、盖帽数据。

全明星赛数据

赛季	球队	出场情况	出场时间	命中率	篮板	助攻	犯规	得分
1960-1961	皇家	首发	34:00	61.50%	9	14	5	23
1961-1962	皇家	首发	37:00	45.00%	7	13	3	26
1962-1963	皇家	首发	37:00	60.00%	3	6	5	21
1963-1964	皇家	首发	42:00	43.50%	14	8	4	26
1964-1965	皇家	首发	40:00	44.40%	6	8	5	28
1965-1966	皇家	首发	25:00	50.00%	10	8	0	17
1966-1967	皇家	首发	34:00	45.00%	2	5	4	26
1967-1968	皇家	首发	22:00	77.80%	1	5	2	18
1968-1969	皇家	首发	32:00	50.00%	6	5	3	24
1969-1970	皇家	首发	29:00	81.80%	6	4	3	21
1970-1971	雄鹿	替补	24:00	33.30%	2	2	3	5
1971-1972	雄鹿	替补	24:00	33.30%	3	3	4	11

约翰·斯托克顿

小档案

中文名：约翰·斯托克顿

外文名：John Stockton

绰号：Stock

国籍：美国　出生日期：1962年3月26日

身高：1.85米　体重：77千克

选秀：1984年首轮第16顺位被爵士队选中

退役时间：2003年5月2日

效力球队：爵士队

球衣号码：12号

29

将简单的事做到极致便是伟大，约翰·斯托克顿的生涯，很好地诠释了这句话。连续8年荣膺助攻王，绵延19年跨越两个世纪的生涯，斯托克顿像一个精密的机器，不差分毫地在球场上运转。

朴实的控球、准确的传球、扎实的防守，一招一式一板一眼，斯托克顿是史上最好的半场攻防控卫，是NBA历史上古典控卫的不二代表，是球场上顶级掌控力的最佳诠释。他如冰般冷峻掌控全场、如火般燃烧追逐胜利。尽管斯托克顿成为迈克尔·乔丹的最佳背景，但他用永不屈服的韧劲塑造了让后人敬仰的生涯。

John Stockton

○ **主要奖项**

1次NBA全明星MVP

9次NBA助攻王

2次NBA抢断王

6次NBA三双王

10次全明星阵容

11次NBA最佳阵容

（2次一阵、6次二阵、3次三阵）

5次NBA最佳防守阵容

1次月最佳球员

6次周最佳球员

○ **国家队荣誉**

1992年巴塞罗那奥运会冠军

1996年亚特兰大奥运会冠军

○ **主要荣誉**

2009年入选奈·史密斯篮球名人堂

12号球衣在爵士队退役

1996年入选NBA50大巨星

○ **NBA历史纪录**

NBA历史总助攻排行榜第1位（15806次）

NBA历史场均助攻排行榜第2位（10.5次）

NBA历史总抢断排行榜第1位（3265次）

NBA历史出赛总场数第3位（1504场）

截至2021年3月9日

常规赛数据

赛季	球队	出场场次	首发次数	出场时间	命中率	三分命中率	篮板	助攻	抢断	盖帽	失误	助攻失误比	得分
1984-1985	爵士	82	5	18.2	47.10%	18.20%	1.3	5.1	1.3	0.1	1.8	2.83	5.6
1985-1986	爵士	82	38	23.6	48.90%	13.30%	2.2	7.4	1.9	0.1	2.0	3.70	7.7
1986-1987	爵士	82	2	22.7	49.90%	17.90%	1.8	8.2	2.2	0.2	2.0	4.10	7.9
1987-1988	爵士	82	79	34.7	57.40%	35.80%	2.9	13.8	3.0	0.2	3.2	4.31	14.7
1988-1989	爵士	82	82	38.7	53.80%	24.20%	3.0	13.6	3.2	0.2	3.8	3.58	17.1
1989-1990	爵士	78	78	37.4	51.40%	41.60%	2.6	14.5	2.7	0.2	3.5	4.14	17.2
1990-1991	爵士	82	82	37.8	50.70%	34.50%	2.9	14.2	2.9	0.2	3.6	3.94	17.2
1991-1992	爵士	82	82	36.6	48.20%	40.70%	3.3	13.7	3.0	0.3	3.5	3.91	15.8
1992-1993	爵士	82	82	34.9	48.60%	38.50%	2.9	12.0	2.4	0.3	3.2	3.75	15.1
1993-1994	爵士	82	82	36.2	52.80%	32.20%	3.1	12.6	2.4	0.3	3.2	3.94	15.1
1994-1995	爵士	82	82	35.0	54.20%	44.90%	3.1	12.3	2.4	0.3	3.3	3.73	14.7
1995-1996	爵士	82	82	35.5	53.80%	42.20%	2.8	11.2	1.7	0.2	3.0	3.73	14.7
1996-1997	爵士	82	82	35.3	54.80%	42.20%	2.8	10.5	2.0	0.2	3.0	3.50	14.4
1997-1998	爵士	64	64	29.0	52.80%	42.90%	2.6	8.5	1.4	0.2	2.5	3.40	12.0
1998-1999	爵士	50	50	28.2	48.80%	32.00%	2.9	7.5	1.6	0.3	2.2	3.41	11.1
1999-2000	爵士	82	82	29.7	50.10%	35.50%	2.6	8.6	1.7	0.2	2.2	3.91	12.1
2000-2001	爵士	82	82	29.2	50.40%	46.20%	2.8	8.7	1.6	0.3	2.5	3.48	11.5
2001-2002	爵士	82	82	31.3	51.70%	32.10%	3.2	8.2	1.9	0.3	2.5	3.28	13.4
2002-2003	爵士	82	82	27.7	48.30%	36.30%	2.5	7.7	1.7	0.2	2.2	3.50	10.8
生涯数据		1504	1300	31.8	51.50%	38.40%	2.7	10.5	2.2	0.2	2.8	3.75	13.1

季后赛数据

赛季	球队	出场场次	首发	出场时间	命中率	三分命中率	篮板	助攻	抢断	盖帽	失误	助攻失误比	得分
1984-1985	爵士	10	0	18.6	46.70%	0.00%	2.8	4.3	1.1	0.2	1.6	2.69	6.8
1985-1986	爵士	4	0	18.3	52.90%	100.00%	1.5	3.5	1.3	0.0	1.0	3.50	6.8
1986-1987	爵士	5	2	31.4	62.10%	80.00%	2.2	8.0	3.0	0.2	2.2	3.64	10.0
1987-1988	爵士	11	11	43.5	50.70%	28.60%	4.1	14.8	3.4	0.3	4.4	3.36	19.5
1988-1989	爵士	3	3	46.3	50.80%	75.00%	3.3	13.7	3.7	1.7	3.7	3.70	27.3
1989-1990	爵士	5	5	38.8	42.00%	7.70%	3.2	15.0	1.2	0.0	2.8	5.36	15.0
1990-1991	爵士	9	9	41.4	53.70%	40.70%	4.7	13.8	2.2	0.3	3.6	3.83	18.2
1991-1992	爵士	16	16	38.9	42.30%	31.00%	2.9	13.6	2.1	0.3	3.6	3.78	14.8
1992-1993	爵士	5	5	38.6	45.10%	38.50%	2.4	11.0	2.4	0.0	3.0	3.67	13.2
1993-1994	爵士	16	16	37.3	45.60%	16.70%	3.3	9.8	1.7	0.5	2.5	3.92	14.4
1994-1995	爵士	5	5	38.6	45.90%	40.00%	3.4	10.2	1.4	0.2	2.8	3.64	17.8
1995-1996	爵士	18	18	37.7	44.60%	28.90%	3.2	10.8	1.6	0.4	3.2	3.38	11.1
1996-1997	爵士	20	20	37.0	52.10%	38.00%	3.9	9.6	1.7	0.3	3.1	3.10	16.1
1997-1998	爵士	20	20	29.8	49.40%	34.60%	3.0	7.8	1.6	0.2	2.4	3.25	11.1
1998-1999	爵士	11	11	32.0	40.00%	33.30%	3.3	8.4	1.6	0.1	2.8	3.00	11.1
1999-2000	爵士	10	10	35.0	46.10%	38.90%	3.0	10.3	1.3	0.2	2.6	3.96	11.2
2000-2001	爵士	5	5	37.2	45.90%	0.00%	5.6	11.4	2.0	0.6	1.4	8.14	9.8
2001-2002	爵士	4	4	35.3	45.00%	28.60%	4.0	10.0	2.8	0.3	2.0	5.00	12.5
2002-2003	爵士	5	5	29.8	46.20%	0.00%	3.2	5.2	1.6	0.2	2.8	1.86	11.2
生涯数据		182	165	35.2	47.30%	32.60%	3.3	10.1	1.9	0.3	2.8	3.61	13.4

全明星赛数据

赛季	球队	出场情况	出场时间	命中率	篮板	助攻	抢断	盖帽	失误	犯规	得分
1988-1989	爵士	首发	32:00	83.30%	2	17	5	0	12	4	11
1989-1990	爵士	首发	15:00	25.00%	0	6	1	1	3	1	2
1990-1991	爵士	替补	12:00	16.70%	1	2	0	0	0	2	4
1991-1992	爵士	替补	18:00	62.50%	1	5	3	0	3	2	12
1992-1993	爵士	首发	31:00	50.00%	6	15	2	0	5	3	9
1993-1994	爵士	替补	26:00	60.00%	5	10	1	0	4	2	13
1994-1995	爵士	替补	14:00	33.30%	1	6	2	0	0	0	4
1995-1996	爵士	替补	18:00	22.20%	1	3	0	0	1	2	4
1996-1997	爵士	首发	20:00	83.30%	0	5	1	0	1	2	12
1999-2000	爵士	替补	11:00	100.00%	0	2	1	0	0	2	10

贾森·基德

小档案

中文名： 贾森·基德

外文名： Jason Kidd

绰号： 老妖

国籍： 美国　　**出生日期：** 1973年3月23日

身高： 1.93米　　**体重：** 95千克

选秀： 1994年首轮第2顺位被独行侠队（原小牛队，2018年中文译名
　　　　变更为独行侠队，本书统一称为独行侠队）选中

退役时间： 2013年10月17日

效力球队： 独行侠队、太阳队、篮网队、尼克斯队

球衣号码： 5号、32号、2号

助攻总数和抢断总数均位列NBA历史第二，9次入选NBA最佳防守阵容、5次拿到NBA助攻王，以上这组数据，将贾森·基德的球场特点诠释得淋漓尽致。

基德是NBA历史上的顶级掌控者，攻，他拥有出色的大局观和空间感，总能给队友创造出最好的得分机会；守，他拥有敏锐的洞察力和出色的意识，总能在恰到好处的位置让对手的进攻难以施展。基德拥有顶级的球商和技巧，巅峰时期他是NBA最出色的控卫之一，暮年加盟达拉斯终圆冠军梦，基德在身体状态严重下滑的情况下，仍然可以凭借自己的技巧、经验和球商，给球队带来巨大的帮助。

Jason Kidd

○ **主要奖项**

1次NBA总冠军

1994-1995赛季最佳新秀

5次NBA助攻王

10次全明星阵容

6次NBA最佳阵容

（5次一阵、1次二阵）

9次NBA最佳防守阵容

（4次一阵、5次二阵）

1994-1995赛季NBA最佳新秀阵容一阵

3次月最佳球员

1次月最佳新秀

17次周最佳球员

○ **国家队荣誉**

2000年悉尼奥运会冠军

2008年北京奥运会冠军

○ **主要荣誉**

2018年入选奈·史密斯篮球名人堂

5号球衣在篮网队退役

2003年全明星技巧挑战赛冠军

2012年NBA体育道德风尚奖

2013年NBA体育道德风尚奖

○ **NBA历史纪录**

NBA历史助攻总数排名第2位（12091次）

NBA历史抢断总数排名第2位（2684次）

NBA历史三双总数排名第4位（107次）

NBA历史三分命中数排名第10位（1988球）

截至2021年3月9日

常规赛数据

赛季	球队	出场场次	首发次数	出场时间	命中率	三分命中率	篮板	助攻	抢断	盖帽	失误	助攻失误比	得分
1994-1995	独行侠	79	79	33.8	38.50%	27.20%	5.4	7.7	1.9	0.3	3.2	2.41	11.7
1995-1996	独行侠	81	81	37.5	38.10%	33.60%	6.8	9.7	2.2	0.3	4.0	2.43	16.6
1996-1997	独行侠	22	22	36.0	36.90%	32.30%	4.1	9.1	2.0	0.4	3.0	3.03	9.9
1996-1997	太阳	33	23	35.5	42.30%	40.00%	4.8	9.0	2.4	0.4	2.3	3.91	11.6
1997-1998	太阳	82	82	38.0	41.60%	31.30%	6.2	9.1	2.0	0.3	3.2	2.84	11.6
1998-1999	太阳	50	50	41.2	44.40%	36.60%	6.8	10.8	2.3	0.4	3.0	3.60	16.9
1999-2000	太阳	67	67	39.0	40.90%	33.70%	7.2	10.1	2.0	0.4	3.4	2.97	14.3
2000-2001	太阳	77	76	39.8	41.10%	29.70%	6.4	9.8	2.2	0.3	3.7	2.65	16.9
2001-2002	篮网	82	82	37.3	39.10%	32.10%	7.3	9.9	2.1	0.2	3.5	2.83	14.7
2002-2003	篮网	80	80	37.4	41.40%	34.10%	6.3	8.9	2.2	0.3	3.7	2.41	18.7
2003-2004	篮网	67	66	36.6	38.40%	32.10%	6.4	9.2	1.8	0.2	3.2	2.88	15.5
2004-2005	篮网	66	65	36.9	39.80%	36.00%	7.4	8.3	1.9	0.1	2.5	3.32	14.4
2005-2006	篮网	80	80	37.2	40.40%	35.20%	7.3	8.4	1.9	0.4	2.4	3.50	13.3
2006-2007	篮网	80	80	36.7	40.60%	34.30%	8.2	9.2	1.6	0.3	2.7	3.41	13.0
2007-2008	篮网	51	51	37.2	36.60%	46.10%	8.1	10.4	1.5	0.3	3.6	2.89	11.3
2007-2008	独行侠	29	29	34.9	42.60%	35.60%	6.5	9.5	2.1	0.4	2.8	3.39	9.9
2008-2009	独行侠	81	81	35.6	41.60%	40.60%	6.2	8.7	2.0	0.5	2.3	3.78	9.0
2009-2010	独行侠	80	80	36.0	42.30%	42.50%	5.6	9.1	1.8	0.4	2.4	3.79	10.3
2010-2011	独行侠	80	80	33.2	36.10%	34.00%	4.4	8.2	1.7	0.4	2.2	3.73	7.9
2011-2012	独行侠	48	48	28.7	36.30%	35.40%	4.1	5.5	1.7	0.2	1.9	2.89	6.2
2012-2013	尼克斯	76	48	26.9	37.20%	35.10%	4.3	3.3	1.6	0.3	1.0	3.30	6.0
生涯数据		1391	1350	36.0	40.00%	34.90%	6.3	8.7	1.9	0.3	2.9	3.00	12.6

季后赛数据

赛季	球队	出场场次	首发	出场时间	命中率	三分命中率	篮板	助攻	抢断	盖帽	失误	助攻失误比	得分
1996-1997	太阳	5	5	41.4	39.60%	36.40%	6.0	9.8	2.2	0.4	2.6	3.77	12.0
1997-1998	太阳	4	4	42.8	37.90%	0.00%	5.8	7.8	4.0	0.5	3.0	2.60	14.3
1998-1999	太阳	3	3	42.0	41.90%	25.00%	2.3	10.3	1.7	0.3	3.0	3.43	15.0
1999-2000	太阳	6	6	38.2	40.00%	36.40%	6.7	8.8	1.8	0.2	3.8	2.32	9.8
2000-2001	太阳	4	4	41.5	31.90%	23.50%	6.0	13.3	2.0	0.0	3.0	4.43	14.3
2001-2002	篮网	20	20	40.2	41.50%	18.90%	8.2	9.1	1.7	0.4	3.4	2.68	19.6
2002-2003	篮网	20	20	42.6	40.20%	32.70%	7.7	8.2	1.8	0.2	4.0	2.05	20.1
2003-2004	篮网	11	11	43.1	33.30%	20.80%	6.6	9.0	2.3	0.5	3.9	2.31	12.6
2004-2005	篮网	4	4	45.5	38.80%	36.70%	9.0	7.3	2.5	0.0	2.3	3.17	17.3
2005-2006	篮网	11	11	40.9	37.10%	30.00%	7.6	9.6	1.5	0.2	2.2	4.36	12.0
2006-2007	篮网	12	12	40.3	43.20%	42.00%	10.9	10.9	1.8	0.4	3.4	3.21	14.6
2007-2008	独行侠	5	5	36.0	42.10%	46.20%	6.4	6.8	1.4	0.4	1.8	3.78	8.6
2008-2009	独行侠	10	10	38.6	45.80%	44.70%	5.8	5.9	2.2	0.3	2.0	2.95	11.4
2009-2010	独行侠	6	6	40.5	30.40%	32.10%	6.8	7.0	2.3	0.2	1.5	4.67	8.0
2010-2011	独行侠	21	21	35.4	39.80%	37.40%	4.5	7.3	1.9	0.5	2.7	2.70	9.3
2011-2012	独行侠	4	4	36.0	34.10%	34.60%	6.0	6.0	3.0	0.3	2.8	2.14	11.5
2012-2013	尼克斯	12	0	20.6	12.00%	17.60%	3.5	2.0	1.0	0.3	1.1	1.82	0.9
生涯数据		158	146	38.5	39.10%	32.20%	6.7	8.0	1.9	0.3	2.8	2.86	12.9

全明星赛数据

赛季	球队	出场情况	出场时间	命中率	篮板	助攻	抢断	盖帽	失误	犯规	得分
1995-1996	独行侠	首发	22:00	75.00%	6	10	2	0	2	1	7
1997-1998	太阳	替补	19:00	0.00%	1	9	0	0	2	2	0
1999-2000	太阳	首发	34:00	44.40%	5	14	4	0	6	0	11
2000-2001	太阳	首发	30:00	66.70%	4	2	5	0	5	3	11
2001-2002	篮网	首发	18:00	50.00%	1	3	1	0	1	0	2
2002-2003	篮网	替补	33:00	44.40%	5	10	5	0	1	0	11
2003-2004	篮网	替补	21:56	66.70%	3	10	2	0	3	1	14
2006-2007	篮网	缺席									
2007-2008	篮网	首发	25:05	50.00%	4	10	4	0	1	0	2
2009-2010	独行侠	替补	6:11	0.00%	2	1	1	0	1	0	0

史蒂夫·纳什

史蒂夫·纳什

小档案

中文名：史蒂夫·纳什

外文名：Steve Nash

国籍：加拿大　出生日期：1974年2月7日

身高：1.91米　体重：82千克

选秀：1996年首轮第15顺位被太阳队选中

退役时间：2015年3月22日

效力球队：太阳队、独行侠队、湖人队

球衣号码：13号、10号

37

连续两年荣膺MVP，五度霸占NBA赛季助攻榜，率领太阳队掀起快打旋风，史蒂夫·纳什缔造了自己的时代，也诠释了何为球场艺术家。

纳什眼花缭乱的控球技术完美支配着篮球，华丽精准的传球表现引领全队的进攻，快慢自如的节奏掌控让菲尼克斯成为彼时NBA最耀眼的秀场。纳什演绎控卫的娴熟、精准和洞察力，掀起席卷联盟的快打旋风，他如大师一般掌控全局。媲美球风的飘逸长发，连同鬼魅到让人叫绝的传球，定义那支让人为之疯狂的太阳队以及那个时代。

Steve Nash

○ 主要奖项

2次NBA常规赛MVP

5次NBA助攻王

8次全明星阵容

7次NBA最佳阵容

（3次一阵、2次二阵、2次三阵）

3次月最佳球员

8次周最佳球员

4次名列180俱乐部（史上最多）

○ 主要荣誉

2018年入选奈·史密斯篮球名人堂

3次加拿大年度最佳男运动员

2005年加拿大最佳运动员

2005年全明星技巧挑战赛冠军

2010年全明星技巧挑战赛冠军

2008年肯尼迪公民奖

2012年"魔术师"约翰逊奖

2015年太阳队荣誉之戒

○ NBA生涯纪录

NBA历史助攻总数排名第3位（10335次）

NBA历史罚球命中率排名第2位（90.4%）

截至2021年3月9日

常规赛数据

赛季	球队	出场场次	首发次数	出场时间	命中率	三分命中率	篮板	助攻	抢断	盖帽	失误	助攻失误比	得分
1996–1997	太阳	65	2	10.5	42.30%	41.80%	1.0	2.1	0.3	0.0	1.0	2.10	3.3
1997–1998	太阳	76	9	21.9	45.90%	41.50%	2.1	3.4	0.8	0.1	1.3	2.62	9.1
1998–1999	独行侠	40	40	31.7	36.30%	37.40%	2.9	5.5	0.9	0.1	2.1	2.62	7.9
1999–2000	独行侠	56	27	27.4	47.70%	40.30%	2.2	4.9	0.7	0.1	1.8	2.72	8.6
2000–2001	独行侠	70	70	34.1	48.70%	40.60%	3.2	7.3	1.0	0.1	2.9	2.52	15.6
2001–2002	独行侠	82	82	34.6	48.30%	45.50%	3.1	7.7	0.6	0.0	2.8	2.75	17.9
2002–2003	独行侠	82	82	33.1	46.50%	41.30%	2.9	7.3	1.0	0.1	2.3	3.17	17.7
2003–2004	独行侠	78	78	33.5	47.00%	40.50%	3.0	8.8	0.9	0.1	2.7	3.26	14.5
2004–2005	太阳	75	75	34.3	50.20%	43.10%	3.3	11.5	1.0	0.1	3.3	3.48	15.5
2005–2006	太阳	79	79	35.4	51.20%	43.90%	4.2	10.5	0.8	0.2	3.5	3.00	18.8
2006–2007	太阳	76	76	35.3	53.20%	45.50%	3.5	11.6	0.8	0.1	3.8	3.05	18.6
2007–2008	太阳	81	81	34.3	50.40%	47.00%	3.5	11.1	0.7	0.1	3.6	3.08	16.9
2008–2009	太阳	74	74	33.6	50.30%	43.90%	3.0	9.7	0.7	0.1	3.4	2.85	15.7
2009–2010	太阳	81	81	32.8	50.70%	42.60%	3.3	11.0	0.5	0.1	3.6	3.06	16.5
2010–2011	太阳	75	75	33.3	49.20%	39.50%	3.5	11.4	0.6	0.1	3.5	3.26	14.7
2011–2012	太阳	62	62	31.6	53.20%	39.00%	3.0	10.7	0.6	0.1	3.7	2.89	12.5
2012–2013	湖人	50	50	32.5	49.70%	43.80%	2.8	6.7	0.6	0.1	2.5	2.68	12.7
2013–2014	湖人	15	10	20.9	38.30%	33.30%	1.9	5.7	0.5	0.1	2.1	2.71	6.8
生涯数据		1217	1053	31.3	49.00%	42.80%	3.0	8.5	0.7	0.1	2.9	2.93	14.3

季后赛数据

赛季	球队	出场场次	首发	出场时间	命中率	三分命中率	篮板	助攻	抢断	盖帽	失误	助攻失误比	得分
1996-1997	太阳	4	0	3.8	22.20%	25.00%	0.3	0.3	0.3	0.3	0.5	0.60	1.3
1997-1998	太阳	4	1	12.8	44.40%	20.00%	2.5	1.8	0.5	0.0	0.8	2.25	5.5
2000-2001	独行侠	10	10	37.0	41.70%	41.00%	3.2	6.4	0.6	0.1	2.5	2.56	13.6
2001-2002	独行侠	8	8	40.4	43.20%	44.40%	4.0	8.8	0.5	0.0	3.8	2.32	19.5
2002-2003	独行侠	20	20	36.5	44.70%	48.70%	3.5	7.3	0.9	0.1	2.6	2.81	16.1
2003-2004	独行侠	5	5	39.4	38.60%	37.50%	5.2	9.0	0.8	0.0	2.4	3.75	13.6
2004-2005	太阳	15	15	40.7	52.00%	38.90%	4.8	11.3	0.9	0.2	4.7	2.40	23.9
2005-2006	太阳	20	20	39.9	50.20%	36.80%	3.7	10.2	0.4	0.3	3.4	3.00	20.4
2006-2007	太阳	11	11	37.5	46.30%	48.70%	3.2	13.3	0.4	0.1	4.4	3.02	18.9
2007-2008	太阳	5	5	36.6	45.70%	30.00%	2.8	7.8	0.4	0.2	2.4	3.25	16.2
2009-2010	太阳	16	16	33.7	51.80%	38.00%	3.3	10.1	0.3	0.1	3.8	2.66	17.8
2012-2013	湖人	2	2	30.5	43.50%	0.00%	2.5	4.5	0.0	0.0	1.5	3.00	12.5
生涯数据		120	113	35.7	47.30%	40.60%	3.5	8.8	0.6	0.1	3.2	2.75	17.3

全明星赛数据

赛季	球队	出场情况	出场时间	命中率	篮板	助攻	抢断	盖帽	失误	犯规	得分
2001-2002	独行侠	替补	24:00	33.30%	3	9	1	0	0	1	8
2002-2003	独行侠	替补	16:00	33.30%	5	3	1	0	4	1	2
2004-2005	太阳	替补	17:48	50.00%	0	6	0	0	3	0	2
2005-2006	太阳	首发	27:34	50.00%	5	6	1	0	2	2	2
2006-2007	太阳	缺席									
2007-2008	太阳	替补	19:42	50.00%	0	6	0	1	1	3	8
2009-2010	太阳	首发	19:59	50.00%	1	13	0	0	2	0	4
2011-2012	太阳	替补	4:40		0	4	0	0	1	0	0

拉塞尔·威斯布鲁克

小档案

中文名：拉塞尔·威斯布鲁克

外文名：Russell Westbrook

绰号：威少

国籍：美国　　**出生日期：**1988年11月12日

身高：1.91米　　**体重：**90.7千克

选秀：2008年首轮第4顺位被雷霆队选中

效力球队：雷霆队、火箭队、奇才队

球衣号码：0号、4号

以震古烁今的赛季场均三双，重现奥斯卡·罗伯特森昔日神迹，拉塞尔·威斯布鲁克的巅峰让人疯狂、让人如痴如醉。他两度拿下得分王，也两度荣膺助攻王。传统控卫的一些特质并未在他的身上显现，诸如稳定的投射、出色的传球、华丽的运控等等，但巅峰的他却是球场顶级的掌控者。

凭借极其炸裂的身体素质，威斯布鲁克总能用速度撕碎对手的防线，进而给队友创造出得分良机。他恐怖的爆发力、超大的步幅以及不讲理的直线型突破，视觉效果极佳。巅峰时期的威斯布鲁克，只要将球交给他，他就会让防守球员感受到梦魇般的存在。

Russell Westbrook

○ 主要奖项

1次NBA常规赛MVP

2次NBA全明星MVP

2次NBA得分王

2次NBA助攻王

9次全明星阵容

9次NBA最佳阵容

（2次一阵、5次二阵、2次三阵）

2008-2009赛季NBA最佳新秀阵容一阵

8次月最佳球员

2次月最佳新秀

19次周最佳球员

○ 国家队荣誉

2010年土耳其世锦赛冠军

2012年伦敦奥运会冠军

○ 主要荣誉

2017年ESPY最佳男运动员奖

○ NBA历史纪录

NBA历史三双数排行榜第2位（156次）

NBA历史助攻排行榜第13位（7563次）

连续三个赛季场均三双（2016-2017赛季、2017-2018赛季、2018-2019赛季）

截至2021年3月9日

常规赛数据（截至 2021 年 3 月 9 日）

赛季	球队	出场场次	首发次数	出场时间	命中率	三分命中率	篮板	助攻	抢断	盖帽	失误	助攻失误比	得分
2008-2009	雷霆	82	65	32.5	39.80%	27.10%	4.9	5.3	1.3	0.2	3.3	1.61	15.3
2009-2010	雷霆	82	82	34.3	41.80%	22.10%	4.9	8.0	1.3	0.4	3.3	2.42	16.1
2010-2011	雷霆	82	82	34.7	44.20%	33.00%	4.6	8.2	1.9	0.4	3.9	2.10	21.9
2011-2012	雷霆	66	66	35.3	45.70%	31.60%	4.6	5.5	1.7	0.3	3.6	1.53	23.6
2012-2013	雷霆	82	82	34.9	43.80%	32.30%	5.2	7.4	1.8	0.3	3.3	2.24	23.2
2013-2014	雷霆	46	46	30.7	43.70%	31.80%	5.7	6.9	1.9	0.2	3.8	1.82	21.8
2014-2015	雷霆	67	67	34.4	42.60%	29.90%	7.3	8.6	2.1	0.2	4.4	1.95	28.1
2015-2016	雷霆	80	80	34.4	45.40%	29.60%	7.8	10.4	2.0	0.3	4.3	2.42	23.5
2016-2017	雷霆	81	81	34.6	42.50%	34.30%	10.7	10.4	1.6	0.4	5.4	1.93	31.6
2017-2018	雷霆	80	80	36.4	44.90%	29.80%	10.1	10.3	1.8	0.3	4.8	2.15	25.4
2018-2019	雷霆	73	73	36.0	42.80%	29.00%	11.1	10.7	1.9	0.5	4.5	2.38	22.9
2019-2020	火箭	57	57	35.9	47.20%	25.80%	7.9	7.0	1.6	0.4	4.5	1.56	27.2
2020-2021	奇才	27	27	34.2	42.80%	29.40%	9.7	9.8	1.1	0.3	4.8	2.04	20.3
生涯数据		905	888	34.6	43.70%	30.40%	7.2	8.4	1.7	0.3	4.1	2.05	23.2

季后赛数据（截至 2019-2020 赛季结束）

赛季	球队	出场场次	首发次数	出场时间	命中率	三分命中率	篮板	助攻	抢断	盖帽	失误	助攻失误比	得分
2009-2010	雷霆	6	6	35.3	47.30%	41.70%	6.0	6.0	1.7	0.2	2.3	2.61	20.5
2010-2011	雷霆	17	17	37.5	39.40%	29.20%	5.4	6.4	1.4	0.4	4.6	1.39	23.8
2011-2012	雷霆	20	20	38.4	43.50%	27.70%	5.5	5.9	1.6	0.4	2.3	2.57	23.1
2012-2013	雷霆	2	2	34.0	41.50%	22.20%	6.5	7.0	3.0	0.0	4.0	1.75	24.0
2013-2014	雷霆	19	19	38.7	42.00%	28.00%	7.3	8.1	2.2	0.3	4.4	1.84	26.7
2015-2016	雷霆	18	18	37.4	40.50%	32.40%	6.9	11.0	2.6	0.1	4.3	2.56	26.0
2016-2017	雷霆	5	5	38.8	38.80%	26.50%	11.6	10.8	2.4	0.4	6.0	1.80	37.4
2017-2018	雷霆	6	6	39.2	39.80%	35.70%	12.0	7.5	1.5	0.0	5.2	1.44	29.3
2018-2019	雷霆	5	5	39.4	36.00%	32.40%	8.8	10.6	1.0	0.6	4.6	2.30	22.8
2019-2020	火箭	8	8	32.8	42.10%	24.20%	7.0	4.6	1.5	0.3	3.8	1.21	17.9
生涯数据		106	106	37.6	41.10%	29.80%	7.0	7.7	1.8	0.3	4.0	1.93	24.8

全明星赛数据（截至 2020-2021 赛季全明星赛）

赛季	球队	出场情况	出场时间	命中率	篮板	助攻	抢断	盖帽	失误	犯规	得分
2010-2011	雷霆	替补	14:08	50.00%	5	2	0	0	0	1	12
2011-2012	雷霆	替补	27:31	58.80%	5	2	2	0	1	3	21
2012-2013	雷霆	替补	18:06	53.80%	4	3	1	0	2	1	14
2014-2015	雷霆	替补	25:33	57.10%	5	3	0	1	1	0	41
2015-2016	雷霆	首发	22:11	52.20%	8	5	5	0	3	1	31
2016-2017	雷霆	替补	19:42	61.50%	5	7	1	0	2	1	41
2017-2018	雷霆	首发	28:28	36.40%	8	8	0	0	2	2	11
2018-2019	雷霆	替补	19:20	40.00%	4	3	1	0	1	0	17
2019-2020	火箭	替补	27:04	20.00%	3	3	0	0	1	0	6

阿伦·艾弗森
阿伦·艾弗森

小档案

中文名：阿伦·艾弗森

外文名：Allen Iverson

绰号：The Answer（答案）、A.I

国籍：美国　出生日期：1975年6月7日

身高：1.83米　体重：75千克

选秀：1996年首轮第1顺位被76人队选中

退役时间：2013年10月30日

效力球队：76人队、掘金队、活塞队、灰熊队

球衣号码：3号、1号

3次荣膺NBA抢断王，生涯场均送出超过6次助攻，以1.83米的身高以及略显消瘦的身体屹立于NBA顶峰，以一己之力在总决赛中对抗如日中天的"OK组合"（奥尼尔和科比），艾弗森的生涯璀璨夺目让人痴迷。

　　76人时期巅峰的艾弗森是不可思议的天才，他的天赋与才气让无数人为之倾倒，他的速度和敏捷性让防守球员苦不堪言，篮球之神迈克尔·乔丹也只能被他晃过，当他掌控进攻时，防守者如临大敌、队友得分轻而易举。他矮小的身材里蕴藏着巨大的能力，勇往直前、所向披靡的个性搭配上华丽的控运、出色的判断力，巅峰时期的艾弗森就是联盟的顶级掌控者。

Allen Iverson

○ 主要奖项

1次NBA常规赛MVP

2次NBA全明星赛MVP

1996-1997赛季NBA最佳新秀

4次NBA得分王

3次NBA抢断王

11次全明星阵容

7次NBA最佳阵容

（3次一阵、3次二阵、1次三阵）

1996-1997赛季NBA最佳新秀阵容一阵

4次月最佳球员

2次月最佳新秀

23次周最佳球员

○ 主要荣誉

2016年入选奈·史密斯篮球名人堂

3号球衣在76人队退役

1997年全明星新秀挑战赛MVP

2001年美国体育协会年度最佳运动员

2001年ESPY年度最佳运动员

2次ESPY最受欢迎运动员

○ NBA生涯纪录

NBA历史场均得分排名第7位（26.7分）

NBA历史抢断总数排名第15位（1983次）

截至2021年3月9日

45

常规赛数据

赛季	球队	出场场次	首发次数	出场时间	命中率	三分命中率	篮板	助攻	抢断	盖帽	失误	助攻失误比	得分
1996-1997	76人	76	74	40.1	41.60%	34.10%	4.1	7.5	2.1	0.3	4.4	1.70	23.5
1997-1998	76人	80	80	39.4	46.10%	29.80%	3.7	6.2	2.2	0.3	3.1	2.00	22.0
1998-1999	76人	48	48	41.5	41.20%	29.10%	4.9	4.6	2.3	0.1	3.5	1.31	26.8
1999-2000	76人	70	70	40.8	42.10%	34.10%	3.8	4.7	2.1	0.1	3.3	1.42	28.4
2000-2001	76人	71	71	42.0	42.00%	32.00%	3.8	4.6	2.5	0.3	3.3	1.39	31.1
2001-2002	76人	60	59	43.7	39.80%	29.10%	4.5	5.5	2.8	0.2	4.0	1.38	31.4
2002-2003	76人	82	82	42.5	41.40%	27.70%	4.2	5.5	2.7	0.2	3.5	1.57	27.6
2003-2004	76人	48	47	42.5	38.70%	28.60%	3.7	6.8	2.4	0.1	4.4	1.55	26.4
2004-2005	76人	75	75	42.3	42.40%	30.80%	4.0	7.9	2.4	0.1	4.6	1.72	30.7
2005-2006	76人	72	72	43.1	44.70%	32.30%	3.2	7.4	1.9	0.1	3.4	2.18	33.0
2006-2007	76人	15	15	42.7	41.30%	34.70%	2.7	7.3	2.2	0.1	4.4	1.66	31.2
2006-2007	掘金	50	49	42.4	45.40%	22.60%	3.0	7.2	1.8	0.2	4.0	1.80	24.8
2007-2008	掘金	82	82	41.8	45.80%	34.50%	3.0	7.1	2.0	0.1	3.0	2.37	26.4
2008-2009	掘金	3	3	41.0	45.00%	25.00%	2.7	6.7	1.0	0.3	3.3	2.03	18.7
2008-2009	活塞	54	50	36.5	41.60%	28.60%	3.1	4.9	1.6	0.1	2.5	1.96	17.4
2009-2010	灰熊	3	0	22.3	57.70%	100.00%	1.3	3.7	0.3	0.0	2.3	1.61	12.3
2009-2010	76人	25	24	31.9	41.70%	33.30%	3.0	4.1	0.7	0.1	2.3	1.78	13.9
生涯数据		914	901	41.1	42.50%	31.30%	3.7	6.2	2.2	0.2	3.6	1.72	26.7

季后赛数据

赛季	球队	出场场次	首发次数	出场时间	命中率	三分命中率	篮板	助攻	抢断	盖帽	失误	助攻失误比	得分
1998-1999	76人	8	8	44.8	41.10%	21.40%	4.1	4.9	2.5	0.3	3.0	1.63	28.5
1999-2000	76人	10	10	44.4	38.40%	29.40%	4.0	4.5	1.2	0.1	3.2	1.41	26.2
2000-2001	76人	22	22	46.2	38.90%	41.40%	4.7	6.1	2.4	0.3	2.9	2.10	32.9
2001-2002	76人	5	5	41.8	38.10%	34.50%	3.6	4.2	2.6	0.0	2.4	1.75	30.0
2002-2003	76人	12	12	46.4	41.60%	33.30%	4.3	7.4	2.4	0.1	3.9	1.90	31.7
2004-2005	76人	5	5	47.6	46.80%	33.80%	2.2	10.0	2.0	0.4	4.2	2.38	31.2
2006-2007	掘金	5	5	44.6	36.80%	30.80%	0.6	5.8	1.4	0.0	3.0	1.93	22.8
2007-2008	掘金	4	4	39.5	43.40%	28.30%	3.0	4.5	1.0	0.3	1.8	2.50	24.5
生涯数据		71	71	45.1	40.10%	32.70%	3.8	6.0	2.1	0.2	3.1	1.94	29.7

全明星赛数据

赛季	球队	出场情况	出场时间	命中率	篮板	助攻	抢断	盖帽	失误	犯规	得分
1999-2000	76人	首发	28:00	55.60%	2	9	2	0	5	0	26
2000-2001	76人	首发	27:00	42.90%	2	5	4	0	4	0	25
2001-2002	76人	首发	25:00	22.20%	4	3	0	0	2	0	5
2002-2003	76人	首发	41:00	56.50%	5	7	5	0	6	2	35
2003-2004	76人	首发	23:12	16.70%	1	11	0	0	4	3	3
2004-2005	76人	首发	31:50	28.60%	4	10	5	0	7	0	15
2005-2006	76人	首发	26:14	35.70%	2	2	0	0	3	0	12
2006-2007	掘金	缺席									
2007-2008	掘金	首发	20:44	42.90%	2	6	4	1	6	0	7
2008-2009	掘金	首发	15:39	25.00%	1	3	1	0	1	1	2
2009-2010	76人	缺席									

德里克·罗斯
德里克·罗斯

小档案

中文名：德里克·罗斯

外文名：Derrick Rose

绰号：风城玫瑰

国籍：美国　　出生日期：1988年10月4日

身高：1.91米　　体重：82千克

选秀：2008年首轮第1顺位被公牛队选中

退役时间：2015年3月22日

效力球队：公牛队、尼克斯队、骑士队、森林狼队、活塞队

球衣号码：1号、25号

47

史上最年轻MVP德里克·罗斯的巅峰，璀璨却又短暂。连续的伤病几乎摧毁他的天赋，但不朽的斗志又让他一次次地站起来，他是一名另类的掌控者——巅峰时期，他能掌控全队的进攻，用恐怖的身体素质撕开对手的防线；重伤之后，他又掌控自己的生涯，不断地调整和改变让玫瑰永不凋零。

公牛队时代的巅峰罗斯，绝非绝对意义上的传统控卫。他没有华丽的传球技巧，也很少通过挡拆发起进攻。但凭借其恐怖的爆发力，他总能撕碎防线，或是暴扣终结，或是为队友创造机会。随后接二连三的重伤之下，罗斯失去这样的能力，此时的他开始顺应现状的改变。他的挡拆发起、他的外线投篮持续提升并愈发稳定。尽管无法重回巅峰，但在任何状况下都能掌控球队、掌控自己的罗斯，无愧顶级掌控者。

Derrick Rose

○ **主要奖项**

1届NBA常规赛MVP

2008-2009赛季最佳新秀

3次全明星阵容

1次NBA最佳阵容一阵

2008-2009赛季NBA最佳新秀一阵

2次月最佳球员

3次月最佳新秀

5次周最佳球员

○ **国家队荣誉**

2010年土耳其男篮世锦赛冠军

2014年西班牙男篮世界杯冠军

○ **主要荣誉**

2009年NBA全明星技巧大赛冠军

2012年球衣销量全球第一

截至2021年3月9日

常规赛数据（截至 2021 年 3 月 9 日）

赛季	球队	出场场次	首发次数	出场时间	命中率	三分命中率	篮板	助攻	抢断	盖帽	失误	助攻失误比	得分
2008-2009	公牛	81	80	37.0	47.50%	22.20%	3.9	6.3	0.8	0.2	2.5	2.52	16.8
2009-2010	公牛	78	78	36.8	48.90%	26.70%	3.8	6.0	0.7	0.3	2.8	2.14	20.8
2010-2011	公牛	81	81	37.4	44.50%	33.20%	4.1	7.7	1.0	0.6	3.4	2.26	25.0
2011-2012	公牛	39	39	35.3	43.50%	31.20%	3.4	7.9	0.9	0.7	3.1	2.55	21.8
2012-2013	公牛	缺席											
2013-2014	公牛	10	10	31.1	35.40%	34.00%	3.2	4.3	0.5	0.1	3.4	1.26	15.9
2014-2015	公牛	51	51	30.0	40.50%	28.00%	3.2	4.9	0.7	0.3	3.2	1.53	17.7
2015-2016	公牛	66	66	31.8	42.70%	29.30%	3.4	4.7	0.7	0.2	2.7	1.74	16.4
2016-2017	尼克斯	64	64	32.5	47.10%	21.70%	3.8	4.4	0.7	0.3	2.3	1.91	18.0
2017-2018	骑士	16	7	19.3	43.90%	25.00%	1.8	1.6	0.2	0.3	1.8	0.89	9.8
2017-2018	森林狼	9	0	12.4	42.60%	16.70%	0.7	1.2	0.4	0.0	0.8	1.50	5.8
2018-2019	森林狼	51	13	27.3	48.20%	37.00%	2.7	4.3	0.6	0.2	1.6	2.69	18.0
2019-2020	活塞	50	15	26.0	49.00%	30.60%	2.4	5.6	0.8	0.3	2.5	2.24	18.1
2020-2021	活塞	15	0	22.8	42.90%	33.30%	1.9	4.2	1.2	0.3	1.9	2.21	14.2
2020-2021	尼克斯	10	3	24.6	43.10%	45.50%	2.6	4.9	1.1	0.6	1.9	2.58	12.5
生涯数据		621	507	32.2	45.50%	30.70%	3.4	5.5	0.8	0.3	2.6	2.12	18.6

季后赛数据（截至 2019-2020 赛季结束）

赛季	球队	出场场次	首发次数	出场时间	命中率	三分命中率	篮板	助攻	抢断	盖帽	失误	助攻失误比	得分
2008-2009	公牛	7	7	44.7	49.20%	0.00%	6.3	6.4	0.6	0.7	5.0	1.28	19.7
2009-2010	公牛	5	5	42.4	45.60%	33.30%	3.4	7.2	0.8	0.0	2.6	2.77	26.8
2010-2011	公牛	16	16	40.6	39.60%	24.80%	4.3	7.7	1.4	0.7	3.7	2.08	27.1
2011-2012	公牛	1	1	37.0	39.10%	50.00%	9.0	9.0	1.0	1.0	5.0	1.80	23.0
2014-2015	公牛	12	12	37.8	39.60%	34.80%	4.8	6.5	1.2	0.5	3.2	2.03	20.3
2017-2018	森林狼	5	0	23.8	50.90%	70.00%	1.8	2.6	0.4	0.0	1.6	1.63	14.2
生涯数据		46	41	38.8	42.30%	31.10%	4.5	6.6	1.0	0.5	3.4	1.94	22.7

全明星赛数据（截至 2020-2021 赛季全明星赛）

赛季	球队	出场情况	出场时间	命中率	篮板	助攻	抢断	盖帽	失误	犯规	得分
2009-2010	公牛	替补	15:25	50.00%	0	4	3	0	1	0	8
2010-2011	公牛	首发	29:57	38.50%	3	5	1	0	1	0	11
2011-2012	公牛	首发	18:17	75.00%	1	3	0	0	2	1	14

拉简·朗多

拉简·朗多

小档案

中文名：拉简·朗多

外文名：Rajon Rondo

国籍：美国　出生日期：1986年2月22日

身高：1.85米　体重：77.6千克

选秀：2009年首轮第21顺位被太阳队选中

效力球队：凯尔特人队、独行侠队、国王队、公牛队、

鹈鹕队、湖人队、老鹰队

球衣号码：9号、7号

跟随波士顿凯尔特人队以及洛杉矶湖人队拿下总冠军，3度荣膺助攻王，4次入选最佳防守阵容，拉简·朗多的生涯极富传奇。他乖张性格下蕴藏的掌控力，让他在任何一支球队都是组织者的不二人选，沉着、自信、冷静、坚毅，他是球场的顶级指挥家。

朗多拥有超长的臂展以及巨大的手掌，这让他能够轻而易举地掌握皮球。辅以媲美NBA教练的洞察力和战术素养，朗多的比赛好似降维打击。他总能用自己的球商判断对手的战术，进而用自己超长的手臂施以干扰。只要将球交给他，朗多总能通过精妙的传导和指挥跑位，为全队打开进攻。

Rajon Rondo

○ 主要奖项

2次NBA总冠军

3次NBA助攻王

1次NBA抢断王

4次全明星阵容

1次NBA最佳阵容三阵

4次NBA最佳防守阵容

（2次一阵、2次二阵）

2009-2010赛季NBA最佳新秀二阵

1次周最佳球员

○ 主要荣誉

2017年球员工会最佳队友奖

截至2021年3月9日

全明星赛数据（截至 2020-2021 赛季全明星赛）

赛季	球队	出场情况	出场时间	命中率	篮板	助攻	抢断	盖帽	失误	犯规	得分
2009-2010	凯尔特人	替补	19:49	66.70%	1	5	1	0	2	1	4
2010-2011	凯尔特人	替补	20:34	60.00%	2	8	0	0	2	0	6
2011-2012	凯尔特人	替补	15:34	33.30%	2	8	0	0	4	1	2
2012-2013	凯尔特人	缺席									

常规赛数据（截至 2021 年 3 月 9 日）

赛季	球队	出场场次	首发次数	出场时间	命中率	三分命中率	篮板	助攻	抢断	盖帽	失误	助攻失误比	得分
2006-2007	凯尔特人	78	25	23.5	41.80%	20.70%	3.7	3.8	1.6	0.1	1.8	2.11	6.4
2007-2008	凯尔特人	77	77	29.9	49.20%	26.30%	4.2	5.1	1.7	0.2	1.9	2.68	10.6
2008-2009	凯尔特人	80	80	33.0	50.50%	31.30%	5.2	8.2	1.9	0.1	2.6	3.15	11.9
2009-2010	凯尔特人	81	81	36.6	50.80%	21.30%	4.4	9.8	2.3	0.1	3.0	3.27	13.7
2010-2011	凯尔特人	68	68	37.2	47.50%	23.30%	4.4	11.2	2.3	0.2	3.4	3.29	10.6
2011-2012	凯尔特人	53	53	36.9	44.80%	23.80%	4.8	11.7	1.8	0.1	3.6	3.25	11.9
2012-2013	凯尔特人	38	38	37.4	48.40%	24.00%	5.6	11.1	1.8	0.2	3.9	2.85	13.7
2013-2014	凯尔特人	30	30	33.3	40.30%	28.90%	5.5	9.8	1.3	0.1	3.3	2.97	11.7
2014-2015	凯尔特人	22	22	31.8	40.50%	25.00%	7.5	10.8	1.7	0.1	3.4	3.18	8.3
2014-2015	独行侠队	46	46	28.7	43.60%	35.20%	4.5	6.5	1.2	0.1	2.9	2.24	9.3
2015-2016	国王	72	72	35.2	45.40%	36.50%	6.0	11.7	2.0	0.1	3.9	3.00	11.9
2016-2017	公牛	69	42	26.7	40.80%	37.60%	5.1	6.7	1.4	0.2	2.4	2.79	7.8
2017-2018	鹈鹕	65	63	26.2	46.80%	33.30%	4.0	8.2	1.1	0.2	2.3	3.57	8.3
2018-2019	湖人	46	29	29.8	40.50%	35.90%	5.3	8.0	1.2	0.2	2.8	2.86	9.2
2019-2020	湖人	48	3	20.5	41.80%	32.80%	3.0	5.0	0.8	0.0	1.9	2.63	7.1
2020-2021	老鹰	20	2	15.0	39.20%	38.20%	2.2	3.5	0.6	0.1	1.4	2.50	3.6
生涯数据		893	731	30.7	45.80%	31.80%	4.7	8.2	1.6	0.1	2.8	2.93	10.1

季后赛数据（截至 2019-2020 赛季结束）

赛季	球队	出场场次	首发次数	出场时间	命中率	三分命中率	篮板	助攻	抢断	盖帽	失误	助攻失误比	得分
2007-2008	凯尔特人	26	26	32.0	40.70%	25.00%	4.1	6.6	1.7	0.3	1.8	3.67	10.2
2008-2009	凯尔特人	14	14	41.2	41.70%	25.00%	9.7	9.8	2.5	0.2	2.7	3.63	16.9
2009-2010	凯尔特人	24	24	40.6	46.30%	37.50%	5.6	9.3	1.9	0.1	3.0	3.10	15.8
2010-2011	凯尔特人	9	9	38.3	47.70%	0.00%	5.4	9.6	1.1	0.0	3.7	2.59	14.0
2011-2012	凯尔特人	19	19	42.6	46.80%	26.70%	6.7	11.9	2.4	0.1	3.8	3.13	17.3
2014-2015	独行侠队	2	2	18.5	45.00%	50.00%	1.0	3.0	0.0	0.0	1.0	3.00	9.5
2016-2017	公牛	2	2	33.5	42.30%	0.00%	8.5	10.0	3.5	0.5	2.0	5.00	11.5
2017-2018	鹈鹕	9	9	33.6	41.30%	42.10%	7.6	12.2	1.4	0.2	3.7	3.30	10.3
2019-2020	湖人	16	0	24.7	45.50%	40.00%	4.3	6.6	1.4	0.1	2.1	3.14	8.9
生涯数据		121	105	35.9	44.40%	32.00%	5.9	9.0	1.8	0.2	2.8	3.21	13.3

托尼·帕克

托尼·帕克

小档案

中文名：托尼·帕克

外文名：Tony Parker

绰号：法国跑车

国籍：法国　　出生日期：1982年5月17日

身高：1.88米　　体重：84千克

选秀：2001年首轮第28顺位被马刺队选中

退役时间：2019年6月10日

效力球队：马刺队、黄蜂队

球衣号码：9号

53

4夺NBA总冠军并成为首位非美国球员的FMVP（总决赛最有价值球员），托尼·帕克的生涯与"GDP组合"（吉诺比利、邓肯、帕克）以及马刺队紧紧联系在一起。这种联系，甚至让人忽视他的伟大和掌控力。

作为一名控球后卫，帕克拥有极其出色的球商和判断能力，突与投、攻与传、电光火石之间他总能做出最正确的判断。鬼魅的突破能轻而易举地撕碎对手的防线，打磨到极致的抛投让对手的中锋好似摆设，娴熟的技巧让他的分球总能恰到好处。帕克在球场上就像一个精灵，绰号"法国跑车"的他用速度、准度掌控全场。

Tony Parker

○ 主要奖项

4次NBA总冠军

1次NBA总决赛MVP

6次全明星阵容

4次NBA最佳阵容（3次二阵、1次三阵）

2001-2002赛季NBA最佳新秀阵容一阵

1次月最佳球员

8次周最佳球员

○ 国家队荣誉

2000年欧洲U18篮球锦标赛冠军

2013年欧洲篮球锦标赛冠军

○ 主要荣誉

9号球衣在马刺队退役

2012年全明星技巧挑战赛冠军

2007年法国荣誉军团勋章

2011年欧锦赛得分王

2013年欧锦赛MVP、得分王

2013年、2014年FIBA欧洲年度最佳球员

截至2021年3月9日

全明星赛数据

赛季	球队	出场情况	出场时间	命中率	篮板	助攻	抢断	盖帽	失误	犯规	得分
2005-2006	马刺	替补	20:26	37.50%	0	4	0	0	5	1	8
2006-2007	马刺	替补	23:44	57.10%	2	10	1	0	4	0	8
2008-2009	马刺	替补	20:08	63.60%	4	4	2	0	2	0	14
2011-2012	马刺	替补	12:16	60.00%	2	4	1	0	1	0	6
2012-2013	马刺	替补	21:58	50.00%	1	5	2	0	3	0	13
2013-2014	马刺	替补	11:25	40.00%	2	1	0	0	1	0	4

常规赛数据

赛季	球队	出场场次	首发次数	出场时间	命中率	三分命中率	篮板	助攻	抢断	盖帽	失误	助攻失误比	得分
2001-2002	马刺	77	72	29.4	41.90%	32.30%	2.6	4.3	1.2	0.1	2.0	2.15	9.2
2002-2003	马刺	82	82	33.8	46.40%	33.70%	2.6	5.3	0.9	0.0	2.4	2.21	15.5
2003-2004	马刺	75	75	34.4	44.70%	31.20%	3.2	5.5	0.8	0.1	2.4	2.29	14.7
2004-2005	马刺	80	80	34.2	48.20%	27.60%	3.7	6.1	1.2	0.1	2.7	2.26	16.6
2005-2006	马刺	80	80	33.9	54.80%	30.60%	3.3	5.8	1.0	0.1	3.1	1.87	18.9
2006-2007	马刺	77	77	32.5	52.00%	39.50%	3.2	5.5	1.1	0.1	2.5	2.20	18.6
2007-2008	马刺	69	68	33.5	49.40%	25.80%	3.2	6.0	0.8	0.1	2.4	2.50	18.8
2008-2009	马刺	72	71	34.1	50.60%	29.20%	3.1	6.9	0.9	0.1	2.6	2.65	22.0
2009-2010	马刺	56	50	30.9	48.70%	29.40%	2.4	5.7	0.5	0.1	2.7	2.11	16.0
2010-2011	马刺	78	78	32.4	51.90%	35.70%	3.1	6.6	1.2	0.0	2.6	2.54	17.5
2011-2012	马刺	60	60	32.1	48.00%	23.00%	2.9	7.7	1.0	0.1	2.6	2.96	18.3
2012-2013	马刺	66	66	32.9	52.20%	35.30%	3.0	7.6	0.8	0.1	2.6	2.92	20.3
2013-2014	马刺	68	68	29.4	49.90%	37.30%	2.3	5.7	0.5	0.1	2.2	2.59	16.7
2014-2015	马刺	68	68	28.7	48.60%	42.70%	1.9	4.9	0.6	0.0	2.1	2.33	14.4
2015-2016	马刺	72	72	27.5	49.30%	41.50%	2.4	5.3	0.8	0.2	1.8	2.94	11.9
2016-2017	马刺	63	63	25.2	46.60%	33.30%	1.8	4.5	0.5	0.0	1.4	3.21	10.1
2017-2018	马刺	55	21	19.5	45.90%	27.00%	1.7	3.5	0.5	0.0	1.2	2.92	7.7
2018-2019	黄蜂	56	0	17.9	46.00%	25.50%	1.5	3.7	0.4	0.1	1.3	2.85	9.5
生涯数据		1254	1151	30.5	49.10%	32.40%	2.7	5.6	0.8	0.1	2.3	2.43	15.5

季后赛数据

赛季	球队	出场场次	首发次数	出场时间	命中率	三分命中率	篮板	助攻	抢断	盖帽	失误	助攻失误比	得分
2001-2002	马刺	10	10	34.1	45.60%	37.00%	2.9	4.0	0.9	0.1	2.2	1.82	15.5
2002-2003	马刺	24	24	33.9	40.30%	26.80%	2.8	3.5	0.9	0.1	2.0	1.75	14.7
2003-2004	马刺	10	10	38.6	42.90%	39.50%	2.1	7.0	1.3	0.1	3.1	2.26	18.4
2004-2005	马刺	23	23	37.3	45.40%	18.80%	2.9	4.3	0.7	0.1	3.1	1.39	17.2
2005-2006	马刺	13	13	36.5	46.00%	22.20%	3.6	3.8	1.0	0.1	3.1	1.23	21.1
2006-2007	马刺	20	20	37.6	48.00%	33.30%	3.4	5.8	1.1	0.0	3.3	1.76	20.8
2007-2008	马刺	17	17	38.5	49.70%	35.00%	3.7	6.1	0.9	0.1	2.9	2.10	22.4
2008-2009	马刺	5	5	36.2	54.60%	21.40%	4.2	6.8	1.2	0.2	4.2	1.62	28.6
2009-2010	马刺	10	2	33.5	47.40%	66.70%	3.8	5.4	0.6	0.0	2.2	2.45	17.3
2010-2011	马刺	6	6	36.8	46.20%	12.50%	2.7	5.2	1.3	0.3	3.3	1.58	19.7
2011-2012	马刺	14	14	36.1	45.30%	33.30%	3.6	6.8	0.9	0.1	3.1	2.19	20.1
2012-2013	马刺	21	21	36.4	45.80%	35.50%	3.2	7.0	1.1	0.1	2.5	2.80	20.6
2013-2014	马刺	23	23	31.3	48.60%	37.10%	2.0	4.8	0.7	0.1	2.7	1.78	17.4
2014-2015	马刺	7	7	30.0	36.30%	0.00%	3.3	3.6	0.3	0.0	1.6	2.25	10.9
2015-2016	马刺	10	10	26.4	44.90%	25.00%	2.2	5.3	0.6	0.2	1.8	2.94	10.4
2016-2017	马刺	8	8	26.4	52.60%	57.90%	2.5	3.1	0.5	0.0	1.5	2.07	15.9
2017-2018	马刺	5	0	13.4	37.80%	0.00%	0.8	1.2	0.4	0.0	0.8	1.50	6.6
生涯数据		226	213	34.3	46.10%	30.90%	2.9	5.1	0.9	0.1	2.6	1.96	17.9

鲍勃·库西

鲍勃·库西

中文名：鲍勃·库西

外文名：Bob Cousy

绰号：地板魔术师、硬木霍德尼

国籍：美国　　出生日期：1928年8月9日

身高：1.85米　　体重：79干克

选秀：1950年首轮第3顺位被凯尔特人队选中

退役时间：1963年（1969-1970赛季，库西出任辛辛那提
皇家队主教练时，曾以球员身份出战7场比赛）

效力球队：凯尔特人队

球衣号码：14号

8次当选NBA助攻王、10次入选NBA最佳阵容一阵、6次拿到NBA总冠军，穷尽全部生涯为波士顿凯尔特人队鞠躬尽瘁，绰号"地板魔术师"的鲍勃·库西，可以说是NBA顶级控卫的最早代表。

曾经受伤摔断右手，让鲍勃·库西因祸得福，左手的运球、传球以及控球能力大幅度提升，进而成为一名左右手技巧纯熟的后场掌控者。以超越时代的控运技巧颠覆整个篮球圈，库西在斐然的成就之外，还有跨时代的意义。他传控技巧之娴熟、空间感觉之卓越完全领先于那个时代。

○ 主要奖项

6次NBA总冠军

1次NBA常规赛MVP

2次NBA全明星MVP

8次NBA助攻王

5次NBA三双王

13次全明星阵容

12次NBA最佳阵容

（10次一阵、2次二阵）

○ 主要荣誉

1971年入选奈·史密斯篮球名人堂

1996年入选NBA50大巨星

14号球衣在凯尔特人队退役

○ NBA历史纪录

NBA历史上总助攻排行榜第20位（6955次）

NBA历史上三双总数排行榜第11位（33次）

截至2021年3月9日

常规赛数据

赛季	球队	出场场次	出场时间	命中率	篮板	助攻	犯规	得分
1950-1951	凯尔特人	69	\	35.20%	6.9	4.9	2.7	15.6
1951-1952	凯尔特人	66	40.6	36.90%	6.4	6.7	2.9	21.7
1952-1953	凯尔特人	71	41.5	35.20%	6.3	7.7	3.2	19.8
1953-1954	凯尔特人	72	39.7	38.50%	5.5	7.2	2.8	19.2
1954-1955	凯尔特人	71	38.7	39.70%	6.0	7.8	2.3	21.2
1955-1956	凯尔特人	72	38.4	36.00%	6.8	8.9	2.9	18.8
1956-1957	凯尔特人	64	36.9	37.80%	4.8	7.5	2.1	20.6
1957-1958	凯尔特人	65	34.2	35.30%	5.0	7.1	2.1	18.0
1958-1959	凯尔特人	65	37.0	38.40%	5.5	8.6	2.1	20.0
1959-1960	凯尔特人	75	34.5	38.40%	4.7	9.5	1.9	19.4
1960-1961	凯尔特人	76	32.5	37.10%	4.4	7.7	2.6	18.1
1961-1962	凯尔特人	75	28.2	39.10%	3.5	7.8	1.8	15.7
1962-1963	凯尔特人	76	26.0	39.70%	2.5	6.8	2.3	13.2
1969-1970	皇家	7	4.9	33.30%	0.7	1.4	1.6	0.7
生涯数据		924	35.3	37.50%	5.2	7.5	2.4	18.4

季后赛数据

赛季	球队	出场场次	出场时间	命中率	篮板	助攻	犯规	得分
1950-1951	凯尔特人	2	\	21.40%	7.5	6.0	4.0	14.0
1951-1952	凯尔特人	3	46.0	40.00%	4.0	6.3	4.3	31.0
1952-1953	凯尔特人	6	45.0	38.30%	4.2	6.2	3.5	25.5
1953-1954	凯尔特人	6	43.3	28.40%	5.3	6.3	3.3	21.0
1954-1955	凯尔特人	7	42.7	38.10%	6.1	9.3	3.7	21.7
1955-1956	凯尔特人	3	41.3	50.00%	8.0	8.7	1.3	26.3
1956-1957	凯尔特人	10	44.0	32.40%	6.1	9.3	2.7	20.2
1957-1958	凯尔特人	11	41.5	34.20%	6.5	7.5	1.8	18.0
1958-1959	凯尔特人	11	41.8	32.60%	6.9	10.8	2.5	19.5
1959-1960	凯尔特人	13	36.0	30.50%	3.7	8.9	2.1	15.3
1960-1961	凯尔特人	10	33.7	34.00%	4.3	9.1	3.3	16.7
1961-1962	凯尔特人	14	33.9	35.70%	4.6	8.8	3.1	16.0
1962-1963	凯尔特人	13	30.2	35.30%	2.5	8.9	3.4	14.1
生涯数据		109	38.5	34.20%	5.0	8.6	2.9	18.5

全明星赛数据

赛季	球队	出场场次	出场时间	命中率	篮板	助攻	犯规	得分
1950-1951	凯尔特人	首发	\	16.70%	9	8	3	8
1951-1952	凯尔特人	首发	33:00	28.60%	4	13	3	9
1952-1953	凯尔特人	首发	36:00	36.40%	5	3	1	15
1953-1954	凯尔特人	首发	34:00	40.00%	11	4	1	20
1954-1955	凯尔特人	首发	35:00	50.00%	9	5	1	20
1955-1956	凯尔特人	首发	24:00	25.00%	7	2	6	7
1956-1957	凯尔特人	首发	28:00	28.60%	5	7	0	10
1957-1958	凯尔特人	首发	31:00	40.00%	5	10	0	20
1958-1959	凯尔特人	首发	32:00	50.00%	5	4	0	13
1959-1960	凯尔特人	首发	26:00	14.30%	5	8	2	2
1960-1961	凯尔特人	首发	33:00	18.20%	3	8	6	4
1961-1962	凯尔特人	首发	31:00	30.80%	6	8	2	11
1962-1963	凯尔特人	首发	25:00	36.40%	4	6	2	8

伊赛亚·托马斯

伊赛亚·托马斯

小档案

中文名： 伊赛亚·托马斯

外文名： Isiah Thomas

绰号： Baby-Faced Assassin（微笑刺客）

国籍： 美国　　**出生日期：** 1961年4月30日

身高： 1.85米　　**体重：** 82千克

选秀： 1981年首轮第2顺位被活塞队选中

退役时间： 1994年5月11日

效力球队： 活塞队

球衣号码： 11号

身高1.85米的伊赛亚·托马斯，是掌控者的另一种代表。生涯仅在1985年当选助攻王，他在比赛风格层面，没有太过华丽的技巧、没有太多所谓的艺术性，但这位坚韧的小个子，身体里却蕴藏着大大的能量，这位被称作"历史上最伟大的矮个子"的后卫，凶狠强硬、充满能量。

托马斯是一名危险的投手、一个聪明的传球手、一名充满智慧的进攻组织者，他将自己的全部生涯奉献给底特律活塞队，并如愿收获总冠军。数次阻击迈克尔·乔丹，与"篮球之神"结下的种种恩怨，更是成了NBA历史上为人津津乐道的故事。

○ **主要奖项**

2次NBA总冠军

1次NBA总决赛MVP

2次NBA全明星MVP

1次NBA助攻王

12次全明星阵容

5次NBA最佳阵容（3次一阵、2次二）

1981-1982赛季最佳新秀阵容一阵

6次周最佳球员

○ **主要荣誉**

2000年入选奈·史密斯篮球名人堂

11号球衣在活塞队退役

1996年入选NBA50大巨星

1987年肯尼迪公民奖

○ **NBA历史纪录**

NBA历史助攻总数排名第9位（9061次）

NBA历史抢断总数排名第18位（1861次）

截至2021年3月9日

全明星赛数据

赛季	球队	出场情况	出场时间	命中率	篮板	助攻	抢断	盖帽	失误	犯规	得分
1981-1982	活塞	首发	17:00	71.40%	1	4	3	0	1	1	12
1982-1983	活塞	首发	29:00	64.30%	4	7	4	0	5	0	19
1983-1984	活塞	首发	39:00	52.90%	5	15	4	0	6	4	21
1984-1985	活塞	首发	25:00	64.30%	2	5	2	0	1	2	22
1985-1986	活塞	首发	36:00	57.90%	1	10	5	0	5	2	30
1986-1987	活塞	替补	24:00	66.70%	3	9	0	0	5	3	16
1987-1988	活塞	首发	28:00	40.00%	2	15	1	0	6	1	8
1988-1989	活塞	首发	33:00	53.80%	2	14	0	0	6	2	19
1989-1990	活塞	首发	27:00	58.30%	4	9	3	0	1	0	15
1990-1991	活塞	缺席									
1991-1992	活塞	首发	28:00	50.00%	1	5	3	0	3	0	15
1992-1993	活塞	首发	32:00	57.10%	2	4	2	0	2	2	8
生涯数据			318	57.10%	27	97	31	0	41	17	185

常规赛数据

赛季	球队	出场场次	首发次数	出场时间	命中率	三分命中率	篮板	助攻	抢断	盖帽	失误	助攻失误比	得分
1981-1982	活塞	72	72	33.8	42.40%	28.80%	2.9	7.8	2.1	0.2	4.2	1.86	17.0
1982-1983	活塞	81	81	38.2	47.20%	28.80%	4.0	7.8	2.5	0.4	4.0	1.95	22.9
1983-1984	活塞	82	82	36.7	46.20%	33.80%	4.0	11.1	2.5	0.4	3.7	3.00	21.3
1984-1985	活塞	81	81	38.1	45.80%	25.70%	4.5	13.9	2.3	0.3	3.7	3.76	21.2
1985-1986	活塞	77	77	36.2	48.80%	31.00%	3.6	10.8	2.2	0.3	3.8	2.84	20.9
1986-1987	活塞	81	81	37.2	46.30%	19.40%	3.9	10.0	1.9	0.2	4.2	2.38	20.6
1987-1988	活塞	81	81	36.1	46.30%	30.90%	3.4	8.4	1.7	0.2	3.4	2.47	19.5
1988-1989	活塞	80	76	36.6	46.40%	27.30%	3.4	8.3	1.7	0.3	3.7	2.24	18.2
1989-1990	活塞	81	81	37.0	43.80%	30.90%	3.8	9.4	1.7	0.2	4.0	2.35	18.4
1990-1991	活塞	48	46	34.5	43.50%	29.20%	3.3	9.3	1.6	0.2	3.9	2.38	16.2
1991-1992	活塞	78	78	37.4	44.60%	29.10%	3.2	7.2	1.5	0.2	3.2	2.25	18.5
1992-1993	活塞	79	79	37.0	41.80%	30.80%	2.9	8.5	1.6	0.3	3.6	2.36	17.6
1993-1994	活塞	58	56	30.2	41.70%	31.00%	2.7	6.9	1.2	0.1	3.5	1.97	14.8
生涯数据		979	971	36.3	45.20%	29.00%	3.6	9.3	1.9	0.3	3.8	2.45	19.2

季后赛数据

赛季	球队	出场场次	首发次数	出场时间	命中率	三分命中率	篮板	助攻	抢断	盖帽	失误	助攻失误比	得分
1983-1984	活塞	5	\	39.6	47.00%	33.30%	3.8	11.0	2.6	1.2	4.6	2.39	21.4
1984-1985	活塞	9	9	39.4	50.00%	40.00%	5.2	11.2	2.1	0.4	3.3	3.39	24.3
1985-1986	活塞	4	4	40.8	45.10%	0.00%	5.5	12.0	2.3	0.8	4.3	2.79	26.5
1986-1987	活塞	15	15	37.5	45.10%	30.30%	4.5	8.7	2.6	0.3	2.8	3.11	24.1
1987-1988	活塞	23	23	39.6	43.70%	29.50%	4.7	8.7	2.9	0.3	3.7	2.35	21.9
1988-1989	活塞	17	17	37.2	41.20%	26.70%	4.3	8.3	1.6	0.2	2.5	3.32	18.2
1989-1990	活塞	20	20	37.9	46.30%	47.10%	5.5	8.2	2.2	0.4	3.6	2.28	20.5
1990-1991	活塞	13	11	33.5	40.30%	27.30%	4.2	8.5	1.0	0.2	3.2	2.66	13.5
1991-1992	活塞	5	5	40.0	33.80%	36.40%	5.2	7.4	1.0	0.0	3.2	2.31	14.0
生涯数据		111	104	38.0	44.10%	34.60%	4.7	8.9	2.1	0.3	3.3	2.70	20.4

昌西·比卢普斯

昌西·比卢普斯

小档案

中文名：昌西·比卢普斯

外文名：Chauncey Billups

绰号：Mr. Big Shot（关键先生）

国籍：美国　　出生日期：1976年9月25日

身高：1.91米　　体重：91.6千克

选秀：1994年首轮第3顺位被凯尔特人队选中

退役时间：2014年9月10日

效力球队：凯尔特人队、猛龙队、掘金队、森林狼队、
　　　　　活塞队、尼克斯队、快船队

球衣号码：4号、3号、7号、1号

平民活塞队的终极掌控者、阻击湖人队四连冠的终结者，昌西·比卢普斯朴实无华的球风背后，将扎实的基本功发挥到极致。

比卢普斯绰号"关键先生"，他具备稳定的投篮能力，并且敢于承担球队的关键进攻。常规时间，他善于传球乐于组织，能用自己出色的支配球能力，最大化球队的进攻。关键时刻，他勇敢坚韧，绝不手软，扛起球队攻坚的大旗。拥有超出普通控卫的身材优势，加上磨炼到极致的基本功，比卢普斯的一招一式虽不华丽却足够实用，这位看似平平无奇的后卫，却是球场上最值得信赖的掌控者。

○ **主要奖项**

1次NBA总冠军

1次NBA总决赛MVP

5次全明星阵容

3次NBA最佳阵容

（1次二阵、2次三阵）

2次NBA最佳防守阵容二阵

2次月最佳球员

6次周最佳球员

○ **主要荣誉**

2010年土耳其世锦赛冠军

○ **NBA历史纪录**

1号球衣在活塞队退役

2008年肯尼迪公民奖

截至2021年3月9日

全明星赛数据

赛季	球队	出场情况	出场时间	命中率	篮板	助攻	抢断	盖帽	失误	犯规	得分
2005-2006	活塞	替补	15:48	60.00%	4	7	0	0	2	1	15
2006-2007	活塞	替补	16:12	37.50%	4	6	0	0	0	0	8
2007-2008	活塞	替补	18:07	30.00%	1	4	0	0	1	1	6
2008-2009	掘金	替补	19:09	40.00%	2	3	1	0	3	2	5
2009-2010	掘金	替补	25:44	54.50%	0	5	1	0	2	1	17

常规赛数据

赛季	球队	出场场次	首发次数	出场时间	命中率	三分命中率	篮板	助攻	抢断	盖帽	失误	助攻失误比	得分
1997-1998	凯尔特人	51	44	25.4	39.00%	33.90%	2.2	4.3	1.5	0.0	2.3	1.87	11.1
1997-1998	猛龙	29	26	31.7	34.90%	31.60%	2.7	3.3	1.0	0.1	1.9	1.74	11.3
1998-1999	掘金	45	41	33.1	38.60%	36.20%	2.1	3.8	1.3	0.3	2.2	1.73	13.9
1999-2000	掘金	13	5	23.5	33.70%	17.10%	2.6	3.0	0.8	0.2	1.8	1.67	8.6
2000-2001	森林狼	77	33	23.2	42.20%	37.60%	2.1	3.4	0.7	0.1	1.4	2.43	9.3
2001-2002	森林狼	82	54	28.7	42.30%	39.40%	2.8	5.5	0.8	0.2	1.7	3.24	12.5
2002-2003	活塞	74	74	31.4	42.10%	39.20%	3.7	3.9	0.9	0.2	1.8	2.17	16.2
2003-2004	活塞	78	78	35.4	39.40%	38.80%	3.5	5.7	1.1	0.2	2.4	2.38	16.9
2004-2005	活塞	80	80	35.8	44.20%	42.60%	3.4	5.8	1.0	0.1	2.3	2.52	16.5
2005-2006	活塞	81	81	36.1	41.80%	43.30%	3.1	8.6	0.9	0.1	2.1	4.10	18.5
2006-2007	活塞	70	70	36.2	42.70%	34.50%	3.4	7.2	1.2	0.2	2.0	3.60	17.0
2007-2008	活塞	78	78	32.3	44.80%	40.10%	2.7	6.8	1.3	0.2	2.1	3.24	17.0
2008-2009	活塞	2	2	35.0	33.30%	41.00%	5.0	7.5	1.5	0.5	2.0	3.75	12.5
2008-2009	掘金	77	77	35.3	42.00%	28.60%	3.0	6.4	1.2	0.2	2.2	2.91	17.9
2009-2010	掘金	73	73	34.1	41.80%	38.60%	3.1	5.6	1.1	0.1	2.4	2.33	19.5
2010-2011	掘金	51	51	32.3	43.80%	44.10%	2.5	5.3	1.0	0.2	2.5	2.12	16.5
2010-2011	尼克斯	21	21	31.6	40.30%	32.80%	3.1	5.5	0.9	0.1	2.3	2.39	17.5
2011-2012	快船	20	20	30.4	36.40%	38.40%	2.5	4.0	0.5	0.2	1.9	2.11	15.0
2012-2013	快船	22	22	19.0	40.20%	36.70%	1.5	2.2	0.5	0.0	1.2	1.83	8.4
2013-2014	活塞	19	7	16.3	30.40%	29.20%	1.5	2.2	0.4	0.1	1.3	1.69	3.8
生涯数据		1043	937	31.6	41.50%	38.70%	2.9	5.4	1.0	0.2	2.0	2.70	15.2

季后赛数据

赛季	球队	出场场次	首发次数	出场时间	命中率	三分命中率	篮板	助攻	抢断	盖帽	失误	助攻失误比	得分
2000-2001	森林狼	3	0	8.7	16.70%	0.00%	1.7	0.7	0.0	0.0	0.3	2.33	1.0
2001-2002	森林狼	3	3	44.7	45.10%	40.00%	5.0	5.7	1.0	0.3	3.0	1.90	22.0
2002-2003	活塞	14	14	34.6	37.40%	31.00%	3.4	4.7	0.6	0.1	2.4	1.96	18.0
2003-2004	活塞	23	23	38.3	38.50%	34.60%	3.0	5.9	1.3	0.1	2.6	2.27	16.4
2004-2005	活塞	25	25	39.4	42.80%	34.90%	4.3	6.5	1.0	0.2	2.0	3.25	18.7
2005-2006	活塞	18	18	39.2	40.60%	34.00%	3.4	6.5	1.2	0.1	2.4	2.71	17.9
2006-2007	活塞	16	16	40.6	43.50%	38.90%	3.3	5.7	1.0	0.1	2.9	1.97	18.6
2007-2008	活塞	15	15	32.0	40.10%	37.50%	2.9	5.5	0.6	0.1	1.3	4.23	16.1
2008-2009	掘金	16	16	38.7	45.70%	46.80%	3.8	6.8	1.3	0.3	1.9	3.58	20.6
2009-2010	掘金	6	6	34.5	44.60%	35.50%	2.3	6.3	1.0	0.1	3.0	2.10	20.3
2010-2011	尼克斯	1	1	35.0	27.30%	33.30%	2.0	4.0	0.0	0.0	3.0	1.33	10.0
2012-2013	快船	6	6	19.2	30.60%	35.30%	2.0	1.0	0.2	0.0	1.3	0.77	6.2
生涯数据		146	143	36.4	41.10%	36.60%	3.4	5.7	1.0	0.2	2.2	2.59	17.3

加里·佩顿

加里·佩顿

小档案

中文名：加里·佩顿

外文名：Gary Payton

绰号：The Glove（手套）

国籍：美国　　出生日期：1968年7月23日

身高：1.93米　　体重：82千克

选秀：1990年首轮第2顺位被超音速队选中

退役时间：2008年8月2日

效力球队：超音速队、雄鹿队、湖人队、凯尔特人队、热火队

球衣号码：20号

绰号"手套"的加里·佩顿，是NBA强硬掌控者的代表，生涯9次入选最佳防守阵容、1996年荣膺最佳防守球员，佩顿恐怖的抢断能力让他成为无数后场的梦魇。

他没有华丽的运球、没有天马行空的妙传，但他却成为20世纪90年代联盟控卫的代表。冷血、强硬、全面——个人防守出色并帮助球队打造出铁血的防守体系，进攻端能突善投还有一手稳定的低位单打技能，以及让对手心态炸裂的垃圾话水准，佩顿是一名"非典型控卫"，却是一名强硬的掌控者。

○ 主要奖项

1次NBA总冠军

1996年NBA年度最佳阵容

1次NBA抢断王

9次全明星阵容

9次NBA最佳阵容

（2次一阵、5次二阵、2次三阵）

9次NBA最佳防守阵容一阵

1990-1991赛季最佳新秀阵容二阵

1次月最佳球员

3次周最佳球员

○ 国家队荣誉

1996年亚特兰大奥运会冠军

2000年悉尼奥运会冠军

○ 主要荣誉

2013年入选奈·史密斯篮球名人堂

20号球衣在超音速队退役（非正式）

○ NBA历史纪录

NBA历史助攻总数排名第10位（8966次）

NBA历史抢断总数排名第4位（2445次）

截至2021年3月9日

全明星赛数据

赛季	球队	出场情况	出场时间	命中率	篮板	助攻	抢断	盖帽	失误	犯规	得分
1993-1994	超音速	替补	17:00	75.00%	6	9	0	0	0	2	6
1994-1995	超音速	替补	23:00	30.00%	5	15	3	0	3	1	6
1995-1996	超音速	替补	28:00	60.00%	5	5	5	0	6	1	18
1996-1997	超音速	首发	28:00	46.70%	1	10	2	0	4	2	17
1997-1998	超音速	首发	24:00	42.90%	3	13	2	0	4	0	7
1999-2000	超音速	替补	20:00	12.50%	4	5	2	0	2	1	5
2000-2001	超音速	替补	18:00	0.00%	4	5	2	0	1	2	0
2001-2002	超音速	替补	22:00	53.80%	1	6	3	0	3	1	18
2002-2003	超音速	替补	15:00	66.70%	1	2	0	0	3	3	8

常规赛数据

赛季	球队	出场场次	首发次数	出场时间	命中率	三分命中率	篮板	助攻	抢断	盖帽	失误	助攻失误比	得分
1990-1991	超音速	82	82	27.4	45.00%	7.70%	3.0	6.4	2.0	0.2	2.2	2.91	7.2
1991-1992	超音速	81	79	31.5	45.10%	13.00%	3.6	6.2	1.8	0.3	2.1	2.95	9.4
1992-1993	超音速	82	78	31.1	49.40%	20.60%	3.4	4.9	2.2	0.3	1.8	2.72	13.5
1993-1994	超音速	82	82	35.1	50.40%	27.80%	3.3	6.0	2.3	0.2	2.1	2.86	16.5
1994-1995	超音速	82	82	36.8	50.90%	30.20%	3.4	7.1	2.5	0.2	2.5	2.84	20.6
1995-1996	超音速	81	81	39.0	48.40%	32.80%	4.2	7.5	2.9	0.2	3.2	2.34	19.3
1996-1997	超音速	82	82	39.2	47.60%	31.30%	4.6	7.1	2.4	0.2	2.6	2.73	21.8
1997-1998	超音速	82	82	38.4	45.30%	33.80%	4.6	8.3	2.3	0.2	2.8	2.96	19.2
1998-1999	超音速	50	50	40.2	43.40%	29.50%	4.9	8.7	2.2	0.2	3.1	2.81	21.7
1999-2000	超音速	82	82	41.8	44.80%	34.00%	6.5	8.9	1.9	0.2	2.7	3.30	24.2
2000-2001	超音速	79	79	41.1	45.60%	37.50%	4.6	8.1	1.6	0.3	2.6	3.12	23.1
2001-2002	超音速	82	82	40.3	46.70%	31.40%	4.8	9.0	1.6	0.3	2.5	3.60	22.1
2002-2003	超音速	52	52	40.8	44.80%	29.80%	4.8	8.8	1.8	0.2	2.5	3.52	20.8
2002-2003	雄鹿	28	28	38.8	46.60%	29.40%	3.1	7.4	1.4	0.3	2.0	3.70	19.6
2003-2004	湖人	82	82	34.5	47.10%	33.30%	4.2	5.5	1.2	0.2	1.8	3.06	14.6
2004-2005	凯尔特人	77	77	33.0	46.80%	32.60%	3.1	6.1	1.1	0.2	1.9	3.21	11.3
2005-2006	热火	81	25	28.5	42.00%	28.70%	2.9	3.2	0.9	0.1	1.3	2.46	7.7
2006-2007	热火	68	28	22.1	39.30%	26.00%	1.9	3.0	0.6	0.0	1.0	3.00	5.3
生涯数据		1335	1233	35.3	46.60%	31.70%	3.9	6.7	1.8	0.2	2.3	2.91	16.3

季后赛数据

赛季	球队	出场场次	首发次数	出场时间	命中率	三分命中率	篮板	助攻	抢断	盖帽	失误	助攻失误比	得分
1990-1991	超音速	5	5	27.0	40.70%	0.00%	2.6	6.4	1.6	0.2	1.8	3.56	4.8
1991-1992	超音速	8	8	27.6	46.60%	29.30%	2.6	4.8	1.0	0.3	1.3	3.69	7.6
1992-1993	超音速	19	19	31.8	44.30%	7.10%	3.3	3.7	1.8	0.2	1.8	2.06	12.3
1993-1994	超音速	5	5	36.2	49.30%	25.00%	3.4	5.6	1.6	0.4	1.6	3.50	15.8
1994-1995	超音速	4	4	43.0	47.80%	6.70%	2.5	5.3	1.3	0.0	2.0	2.65	17.8
1995-1996	超音速	21	21	43.4	48.50%	26.70%	5.1	6.8	1.8	0.3	3.0	2.27	20.7
1996-1997	超音速	12	12	45.5	41.20%	39.10%	5.4	8.7	2.2	0.3	2.9	3.00	23.8
1997-1998	超音速	10	10	42.8	47.50%	38.00%	3.4	7.0	1.8	0.1	2.6	2.69	24.0
1999-2000	超音速	5	5	44.2	44.20%	33.30%	7.6	7.4	1.8	0.2	3.6	2.06	25.8
2001-2002	超音速	5	5	41.4	42.50%	41.00%	8.6	5.8	0.6	0.4	2.6	2.23	22.2
2002-2003	雄鹿	6	6	41.8	42.90%	20.00%	3.0	8.7	1.3	0.2	2.2	3.95	18.5
2003-2004	湖人	22	22	35.1	36.60%	33.30%	3.3	5.3	1.0	0.2	1.3	4.08	7.8
2004-2005	凯尔特人	7	7	34.1	44.60%	16.70%	4.1	4.6	0.9	0.1	1.6	2.88	10.3
2005-2006	热火	23	0	24.3	42.20%	0.00%	1.7	1.6	1.0	0.1	0.8	2.00	5.8
2006-2007	热火	2	0	16.0	0.00%	0.00%	2.0	1.5	0.0	0.0	2.0	0.75	0.0
生涯数据		154	129	35.6	44.10%	31.50%	3.7	5.3	1.4	0.2	1.9	2.79	14.0

杰里·韦斯特

小档案

中文名：杰里·韦斯特

外文名：Jerry West

绰号：LOGO男、教父、关键先生

国籍：美国　　出生日期：1938年5月28日

身高：1.91米　　体重：84千克

选秀：1960年首轮第2顺位被湖人队选中

退役时间：1974年

效力球队：湖人队

球衣号码：44号

司职得分后卫却具备出众的组织能力，曾斩获得分王，也曾荣膺助攻王，职业生涯的悲情却并不妨碍他的伟大，杰里·韦斯特同样是一名极其出色的掌控者。14年生涯14次入选全明星，31岁成为NBA有史以来唯一一个败者总决赛MVP，绰号"教父"的韦斯特，虽然仅斩获1次总冠军，但他的生涯依旧足够光辉。

得分王、助攻王、最佳阵容、最佳防守阵容……全面的荣誉诠释着他全面的能力，更是证明他顶级掌控者的存在。球场之上，他攻可摧城拔寨、守可一夫当关，更能串联全队成为紫金军团的大脑。退役之后，他只手打造勇士王朝，数次关键决定改变球队命运，更凸显出他的"掌控力"。

Jerry West

○ 主要奖项

1次NBA总冠军

1次NBA总决赛MVP

1次NBA全明星MVP

1次NBA得分王

1次NBA助攻王

14次全明星阵容

12次NBA最佳阵容（10次一阵、2次二阵）

5次NBA最佳防守阵容（4次一阵、1次二阵）

○ 国家队荣誉

1960年奥运会冠军

○ 主要荣誉

1980年入选奈·史密斯篮球名人堂

1983年44号球衣被湖人队退役

1980年入选NBA35周年最佳阵容

1996年入选NBA50大巨星

2004年NBA年度最佳经理奖（湖人队）

1995年NBA年度最佳经理奖（灰熊队）

○ NBA历史纪录

NBA历史场均得分排行榜第6位（27.0分）

常规赛数据

赛季	球队	出场场次	出场时间	命中率	篮板	助攻	抢断	盖帽	犯规	得分
1960-1961	湖人	79	35.4	41.90%	7.7	4.2	\	\	2.7	17.6
1961-1962	湖人	75	41.2	44.50%	7.9	5.4	\	\	2.3	30.8
1962-1963	湖人	55	39.3	46.10%	7.0	5.6	\	\	2.7	27.1
1963-1964	湖人	72	40.4	48.40%	6.0	5.6	\	\	2.8	28.7
1964-1965	湖人	74	41.4	49.70%	6.0	4.9	\	\	3.0	31.0
1965-1966	湖人	79	40.7	47.30%	7.1	6.1	\	\	3.1	31.3
1966-1967	湖人	66	40.5	46.40%	5.9	6.8	\	\	2.4	28.7
1967-1968	湖人	51	37.6	51.40%	5.8	6.1	\	\	3.0	26.3
1968-1969	湖人	61	39.2	47.10%	4.3	6.9	\	\	2.6	25.9
1969-1970	湖人	74	42.0	49.70%	4.6	7.5	\	\	2.2	31.2
1970-1971	湖人	69	41.2	49.40%	4.6	9.5	\	\	2.6	26.9
1971-1972	湖人	77	38.6	47.70%	4.2	9.7	\	\	2.7	25.8
1972-1973	湖人	69	35.7	47.90%	4.2	8.8	\	\	2.0	22.8
1973-1974	湖人	31	31.2	44.70%	3.7	6.6	2.6	0.7	2.6	20.3
生涯数据		932	39.2	47.40%	5.8	6.7	2.6	0.7	2.6	27.0

季后赛数据

赛季	球队	出场场次	出场时间	命中率	篮板	助攻	抢断	盖帽	犯规	得分
1960-1961	湖人	12	38.4	49.00%	8.7	5.3	\	\	3.3	22.9
1961-1962	湖人	13	42.8	46.50%	6.8	4.4	\	\	2.9	31.5
1962-1963	湖人	13	41.4	50.30%	8.2	4.7	\	\	2.6	27.8
1963-1964	湖人	5	41.2	49.60%	7.2	3.4	\	\	4.0	31.2
1964-1965	湖人	11	42.7	44.20%	5.7	5.3	\	\	3.4	40.6
1965-1966	湖人	14	44.2	51.80%	6.3	5.6	\	\	2.9	34.2
1966-1967	湖人	1	1.0	\	1.0	0.0	\	\	0.0	0.0
1967-1968	湖人	15	41.5	52.70%	5.4	5.5	\	\	3.1	30.8
1968-1969	湖人	18	42.1	46.30%	3.9	7.5	\	\	2.9	30.9
1969-1970	湖人	18	46.1	46.90%	3.7	8.4	\	\	3.1	31.2
1971-1972	湖人	15	40.5	37.60%	4.9	8.9	\	\	2.6	22.9
1972-1973	湖人	17	37.5	44.90%	4.5	7.8	\	\	2.9	23.6
1973-1974	湖人	1	14.0	22.20%	2.0	1.0	0.0	0.0	1.0	4.0
生涯数据		153	41.3	46.90%	5.6	6.3	0.0	0.0	2.9	29.1

注：NBA从1973-1974赛季开始统计抢断、盖帽数据。

全明星赛数据

赛季	球队	出场情况	出场时间	命中率	篮板	助攻	犯规	得分
1960–1961	湖人	替补	25:00	25.00%	2	4	3	9
1961–1962	湖人	首发	31:00	50.00%	3	1	2	18
1962–1963	湖人	首发	32:00	33.30%	7	5	1	13
1963–1964	湖人	首发	42:00	40.00%	4	5	3	17
1964–1965	湖人	首发	40:00	50.00%	5	6	2	20
1965–1966	湖人	首发	11:00	20.00%	1	0	2	4
1966–1967	湖人	首发	30:00	54.50%	3	6	3	16
1967–1968	湖人	首发	32:00	41.20%	6	6	4	17
1968–1969	湖人	缺席						
1969–1970	湖人	首发	31:00	58.30%	5	5	3	22
1970–1971	湖人	首发	20:00	50.00%	1	9	1	5
1971–1972	湖人	首发	27:00	66.70%	6	5	2	13
1972–1973	湖人	首发	20:00	50.00%	4	3	2	6
1973–1974	湖人	缺席						

NBA 历史助攻榜前三十

排名	球员	助攻数
1	斯托克顿	15806
2	杰森·基德	12091
3	史蒂夫·纳什	10335
4	马克·杰克逊	10334
5	埃尔文·约翰逊	10141
6	克里斯·保罗	9953
7	奥斯卡·罗伯特森	9887
8	勒布朗·詹姆斯	9626
9	伊赛亚·托马斯	9061
10	加里·佩顿	8966
11	安德烈·米勒	8524
12	罗德·斯特里克兰	7987
13	威斯布鲁克	7563
14	莫里斯·奇克斯	7392
15	拉简·朗多	7285
16	兰尼·威尔肯斯	7211
17	特里·波特	7160
18	蒂姆·哈达威	7095
19	托尼·帕克	7036
20	鲍勃·库西	6955
21	盖伊·罗杰斯	6917
22	德隆·威廉姆斯	6819
23	博格斯	6726
24	凯文·约翰逊	6711
25	德里克·哈珀	6577
26	奈特·阿奇博尔德	6476
27	斯蒂芬·马布里	6471
28	约翰·卢卡斯二世	6454
29	雷杰·瑟乌斯	6453
30	诺姆·尼克松	6386

NBA 历史抢断榜前三十

排名	球员	抢断数
1	斯托克顿	3265
2	杰森·基德	2684
3	迈克尔·乔丹	2514
4	加里·佩顿	2445
5	莫里斯·奇克斯	2310
6	皮蓬	2307
7	克里斯·保罗	2273
8	朱利叶斯·欧文	2272
9	德雷克斯勒	2207
10	奥拉朱旺	2162
11	奥斯卡·罗伯特森	2112
12	卡尔·马龙	2085
13	布雷洛克	2075
14	勒布朗·詹姆斯	2056
15	艾伦·艾弗森	1983
16	德里克·哈珀	1957
17	科比·布莱恩特	1944
18	伊赛亚·托马斯	1861
19	凯文·加内特	1859
20	唐·布斯	1818
21	肖恩·马里昂	1759
22	保罗·皮尔斯	1752
23	埃尔文·约翰逊	1724
24	慈世平	1721
25	罗恩·哈珀	1716
26	伊戈达拉	1684
27	法特·利夫	1666
28	巴克利	1648
29	盖斯·威廉姆斯	1638
30	何塞·霍金斯	1622

注：截至2021年3月9日。

NBA 历史百大控卫一览（排名不分先后）

埃尔文·约翰逊	蒂姆·哈达威	约翰·卢卡斯二世	法特·利夫
斯蒂芬·库里	凯文·波特	雷杰·瑟乌斯	达蒙·斯塔德迈尔
奥斯卡·罗伯特森	盖伊·罗杰斯	穆奇·布雷洛克	特里尔·布兰登
约翰·斯托克顿	里基·卢比奥	萨姆·卡塞尔	贾马尔·廷斯利
杰里·韦斯特	马格西·博格斯	埃弗里·约翰逊	戴夫·宾
克里斯·保罗	拜伦·戴维斯	迈克·毕比	迪克·马克圭尔
伊赛亚·托马斯	莫里斯·奇克斯	贾森·威廉姆斯	道格·里弗斯
鲍勃·库西	兰尼·威尔肯斯	何塞·卡尔德隆	肯尼·史密斯
史蒂夫·纳什	阿伦·艾弗森	贾米尔·尼尔森	贾莱特·杰克
杰森·基德	德里克·罗斯	杰夫·蒂格	肯巴·沃克
沃尔特·弗雷泽	约翰尼·摩尔	科克·辛里奇	安迪·菲利普
吉尔伯特·阿里纳斯	罗德·斯特里克兰	特雷·杨	小伊赛亚·托马斯
詹姆斯·哈登	迈克尔·雷·理查德森	马克·普莱斯	内特·罗宾逊
拉塞尔·威斯布鲁克	卢卡·东契奇	郎佐·鲍尔	唐·布斯
马克·杰克逊	迈克·康利	尼克·范埃克塞尔	乔乔·怀特
加里·佩顿	凯尔·洛瑞	史蒂夫·弗朗西斯	丹尼斯·约翰逊
昌西·比卢普斯	达米安·利拉德	雷蒙德·费尔顿	保罗·韦斯特法尔
凯里·欧文	穆罕默德·阿布杜尔·拉乌夫	戈兰·德拉季奇	埃里克·布莱德索
哈弗里切克	拉夫·阿尔斯通	林书豪	贾·莫兰特
托尼·帕克	本·西蒙斯	诺姆·范里尔	狄龙·福克斯
德隆·威廉姆斯	丹尼斯·施罗德	普尔·理查德森	达伦·科里森
拉简·朗多	诺姆·尼克松	斯科特·斯凯尔斯	何塞·巴里亚
奈特·阿奇博尔德	斯蒂芬·马布里	迈克尔·亚当斯	卡尔文·墨菲
凯文·约翰逊	德里克·哈珀	朱·霍勒迪	德文·哈里斯
约翰·沃尔	安德烈·米勒	菲尔·福特	莫·威廉姆斯

历史如同大浪淘沙，迎来送往，克里斯·保罗这个球场掌控者的杰出代表又如同一个时代的见证者。

　　在保罗职业生涯初期，他见证纳什、基德、比卢普斯为代表的传统控卫的老去；在其生涯上升时期，他与托尼·帕克、德隆·威廉姆斯、拉简·朗多、德里克·罗斯等人缠斗；在其巅峰时期，他又见证以库里、哈登、威斯布鲁克为代表的现代控卫崛起；而现在，他正见证东契奇、米切尔、特雷·杨、西蒙斯、布克这些NBA联盟未来势力的成长。

　　与其同一时期出道的德隆、罗伊、卡尔德隆等人早已远离球场，保罗却宝刀不老，依旧为奥布莱恩杯而奋斗。而保罗、库里、哈登也有老去的时刻，NBA联盟未来如何？球场将由谁来掌控？谁又将成为一队甚至一城的灵魂？我们拭目以待……

CHRIS
PAUL

直笔体育巨星系列

典藏版

ZB直笔巨献

控球至圣
克里斯·保罗传

管超 编著

北京时代华文书局

图书在版编目（CIP）数据

控球至圣：克里斯·保罗传 / 管超编著 . -- 北京：北京时代华文书局，2021.4

ISBN 978-7-5699-4106-7

Ⅰ.①控… Ⅱ.①管… Ⅲ.①克里斯·保罗—传记 Ⅳ.① K837.125.47

中国版本图书馆 CIP 数据核字 (2021) 第 042551 号

控球至圣：克里斯·保罗传

KongQiu ZhiSheng Kelisi Baoluo Zhuan

编 著 者 | 管　超

出 版 人 | 陈　涛

选题策划 | 董振伟　直笔体育

责任编辑 | 周连杰

执行编辑 | 王振强　马彰羚

责任校对 | 陈冬梅

装帧设计 | 程　慧　迟　稳

责任印制 | 訾　敬

出版发行 | 北京时代华文书局 http://www.bjsdsj.com.cn

　　　　　北京市东城区安定门外大街 138 号皇城国际大厦 A 座 8 楼

　　　　　邮编：100011　电话：010 - 64267955　64267677

印　　刷 | 北京盛通印刷股份有限公司　010-52249888

　　　　　（如发现印装质量问题，请与印刷厂联系调换）

开　　本 | 710 mm × 1000 mm　1/16　　　　印　张 | 21.5　　字　数 | 313 千字

版　　次 | 2021 年 4 月第 1 版　　　　　　印　次 | 2021 年 4 月第 1 次印刷

书　　号 | ISBN 978-7-5699-4106-7

定　　价 | 88.00 元

推荐序：控球至圣的秘密

文 / 硬币

克里斯·保罗，是一位控卫。

顾名思义，控卫是球场上的掌控者，是队友们的指挥官，是战术系统的大脑。

一位优秀的控卫，要具备敏锐的观察力，能够阅读对手的攻防走势，还要有杰出的球商，可以随机应变给予回应。他要技术全面，不留可以让对方利用的死角。他要攻守兼备，影响力覆盖球场两端。

更重要的是，他要无私，但也要在需要的时候挺身而出，能够带动球队，也可以扛起球队。

保罗，就是这样一位控卫。

你在保罗身上，可以看到篮球的古典，他能像约翰·斯托克顿那样井井有条地梳理球队的进攻，也能像加里·佩顿那样锁住对手的"箭头"，还能像"魔术师"约翰逊那样以充沛的灵感点燃赛场上的激情。同时，保罗又与"微笑刺客"伊塞亚·托马斯有着相似之处，矮小精悍、见血封喉。

古典的保罗，却也有着浓厚的现代篮球特点，快速推进、挡拆突分、三分投射，成长于阵地战时代的保罗，在小球时代依旧游刃有余。

控卫保罗，NBA生涯4次成为联盟助攻王，在联盟征战16年，场均助攻9.5次，现役第一，他的场均助攻失误比为4，这项数据高于NBA历史助攻王斯托克顿。保罗的控球与输送放在任何时代都是出类拔萃的，他是当今NBA最杰出的纯控卫，这一点毋庸置疑。

但是，如果你将保罗定义为一名纯粹的组织者，又低估了他的实力。保罗拥有赛季场均20+的火力水准，他是突破高手，是中投王，还拥有37%的三分命中率，保罗既可以是进攻的发起者，也可以是进攻的终结者，全能的身手让他可以满足球队在进攻端的任何需求。

保罗曾6次领跑联盟抢断榜，2011年至2014年期间实现抢断榜四连霸，是控球大师，也是断球达人，9次入选赛季最佳阵容是对保罗进攻的认可，而9次入选赛季最佳防守阵容则是对他在赛场另一端统治力的肯定。

衡量一位控卫是否卓越，不仅仅看他的个人数据，更要看他给球队和队友带去了什么。黄蜂队史最佳战绩由保罗带队取得，快船队史5个50胜赛季都是创造于保罗时代，拥有保罗的火箭队杀到西部决赛与独孤求败的"宇宙勇"鏖战7场。而雷霆队这支在2019-2020赛季开始前被公认为将进入重建期的球队，被保罗带到了西部第五。

韦斯特与钱德勒在保罗身边迎来生涯巅峰，格里芬与小乔丹在保罗的推动下登上生涯山顶，哈登与保罗合作的首个赛季包揽得分王与MVP，亚历山大与施罗德也在保罗的助力下打出了职业生涯具有代表作意义的赛季。

保罗每到一处，都能给球队和队友带来赛场战力的飞升，这就是顶级控卫的终极解码，是篮球魅力的释放，将个人能力与团队协作相融合，共同通过努力一起取得进步，做到最好的自己，保罗的非凡正在于此。

但是，保罗绝非篮球领域的"天选之子"，他不像乔丹那样飞天遁地，不及奥尼尔那般天生神力，保罗在学生时代曾只能栖身篮球预备队，进入NBA后其职业之路更是坎坷波折，每每在距离收获最近的地方，被伤病阻碍，留下许许多多的遗憾，也引发纷纷扰扰的怀疑乃至嘲讽。

读懂保罗，就是读懂篮球的真谛，梦想、勤奋、刻苦、坚韧、勇气、技巧、团队、成功后的喜悦、失败后的从头再来，"圣保罗"的故事不是天降幸运的神话，而是脚踏实地的奋斗。

控球至圣的秘密，就在这里了。

序言：我命由我不由天

文 / 管超

《哪吒之魔童降世》中那句"我命由我不由天"，喊得人心潮澎湃。在"天劫"面前，人是如此渺小，但总有些人会选择勇敢地与命运抗争，明知不可为而为之，演绎豪迈的、波澜壮阔的故事，克里斯·保罗便是其中之一。

保罗经历的与篮球相关的"天劫"可谓数不胜数——

幼时便天赋绝佳，最终只能拥有1.85米的身高，成为生涯最大掣肘；

曾无限接近MVP，却憾负科比·布莱恩特，错失了生涯最重要的个人荣誉；

也曾无限接近联手科比，却被联盟叫停交易，他与科比的组合成为NBA历史上最大的"如果"之一；

西部半决赛天王山之战的胜利唾手可得之时，裁判的争议判罚毁掉了他的破咒之夜，离奇输球制造"514惨案"，成为生涯最难回首的记忆；

力拼"宇宙勇"，一度看到胜利的曙光，却在赢下天王山之战的夜晚遭遇重伤，几乎与奥布莱恩杯彻底告别……

运气并不偏爱保罗，但他却在一次次有力回击着命运。加盟快船队缔造队史最佳时期，几乎打破"西决魔咒"；驰援火箭队风头直逼"宇宙勇"，险圆航空城冠军梦；即便是在不被看好的雷霆队，保罗也用率队闯入季后赛的表现，回击着所有的质疑和轻视。

他以执着到近乎偏执的好胜心，练就了一个完美的个体，并一次次地融入不同的团队之中，不断向生涯的极限发起挑战。

然而竞技体育是残酷的，想要赢得冠军，需要努力、天赋、运气等因素，至今保罗都未能填平这个让人绝望的赢下冠军的鸿沟。他的生涯足够辉煌，但他的命运却不够完美。不被命运宠爱的保罗，与他渴望的奥布莱恩杯渐行渐远。

正是这种悲壮，让保罗的伟大显得很特别。绵延近二十载的生涯，保罗给我们讲述了这样一段故事。他是一个近乎完美的控卫，却拥有几乎最坏的运气。他以不屈和豪迈对抗不被垂青的命运，却一次次地证明所谓的波澜壮阔和失之毫厘不过是失败的注脚而已。但走向生涯的终点，凡可竭尽全力绝不尽力而为的保罗，可以顶着1.85米的伟岸身躯，问心无愧地回溯那些或是澎湃或是遗憾的瞬间。

不是每个人都能拥有王座加冕的荣耀时刻，但每个人都可以迸发出最大的能量，以勇敢迈向意志，向命运发起不屈的挑战。

你说对吗？克里斯·保罗。

CONTENTS

目录

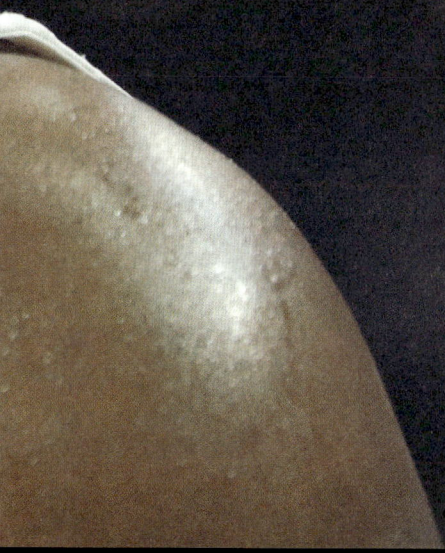

家有雏鹰初振翅

① 运动之家

　　北卡罗来纳州温斯顿·塞勒姆，热爱运动的CP家族，篮球梦想开始的地方。

　　1985年5月6日，查尔斯·保罗（Charles Paul）与妻子罗宾·琼斯迎来了他们的第二个孩子，此时夫妇两人的大儿子查尔斯·C.J·保罗（Charles C.J.Paul）刚刚两岁，查尔斯与罗宾为他们的新生儿起名克里斯·保罗（Chris Paul）。

因为与父亲和哥哥有着相同的名字缩写，这个小男孩被称为"CP3"，是CP家族的第三位男子汉。

查尔斯与罗宾都是体育迷，橄榄球与篮球是他们的最爱。夫妻两人都是业余球队"专业地毯体系"的成员，查尔斯是球员，罗宾负责数据统计。那支球队是企业战队，队员大多来自当地的一家地毯清洁公司，但查尔斯并不是，他想方设法弄到一套地毯清洁工的服装，冒充公司职员进入球队，只因为"专业地毯体系"很强，在业余联赛中处于争冠行列，查尔斯很好胜，他渴望成为赛场上的赢家。

保罗很小的时候，就与哥哥C.J.一起去看查尔斯的比赛，当场上出现暂停，两个小家伙会冲上去，拿起球学着大人的样子投篮。比赛结束后，他们也会跑上场，争取打几个球，直至球馆管理员熄灯，才恋恋不舍地离开。

"我们是不是应该为孩子们做点什么？"当看到两个孩子对球场是那样眷恋时，查尔斯有了一个想法。

查尔斯买来一个儿童篮筐，安装在家中地下室的墙壁上，用红色的胶带布置出罚球线等场地标记，组成一个家用迷你篮球场，那里成为小保罗与哥哥的体育乐园。

不过，那时候的保罗最爱的并不是篮球，而是橄榄球。小保罗身材并不高大，看上去并不适合打橄榄球，但他有着独特的赛场风格，球商高、速度快，并且小小年纪就有更衣室领导力。

"我弟弟打橄榄球非常拼，而且很有智慧，他在运动场上拒绝平庸。"哥哥C.J.谈到保罗年幼时在橄榄球赛场上的表现说。

作为一位资深橄榄球迷，查尔斯当然不会错过儿子的任何一场比赛，他发现球队教练很少让保罗下场，因为保罗是场上的四分卫，是指挥官，正如他在篮球场上的角色。

在场边观看儿子打球的查尔斯，有一个意外的收获，他看到橄榄球队教练用专业设备铺设训练场地受到启发，在自家的后院做了一个比地下球室更标准的篮球场，这样一来两个孩子随时随地可以进行橄榄球与篮球的训练。

运动是CP家族的挚爱，查尔斯近乎将他们在温斯顿·塞勒姆的家改造成一座小型体育馆。但是作为父母，查尔斯与罗宾深知平衡的重要性，运动是生活的一部分，但并非全部，他们对C.J.与保罗有着严格的要求：在学校必须好好学习，拿到高分数，不允许说脏话，电子游戏只可以在周末的时间玩。

如果孩子们违规怎么办？查尔斯准备了一个木制的船桨，在桨的一面写上"改错板"，另一面写有"受罚者签名"，无论C.J.还是保罗，一旦违背家规，他们的名字就会出现在船桨名单上，后果可想而知。

少年时代，总是免不了一些疯狂的举动。中学时期的保罗，最喜欢的球星是艾弗森，他不但模仿艾弗森的招牌交叉步过人，还渴望自己能与偶像一样梳辫子头，尽管这在父母看来简直是离经叛道。

得不到父母许可的保罗，找一位朋友帮忙，弄出与艾弗森相似的发型，然后信心满满地前往球馆参加比赛。当查尔斯带着家人来到场边看到保罗的一刹那，空气仿佛在那瞬间凝结。

"老爸的那个眼神能杀人。"保罗回忆道。

查尔斯狠狠地瞪了保罗一眼，挥挥手将儿子叫到身边，表情严肃、语气冰冷地说："你最好不要让我看到带着这样一个发型上场打球，否则的话，你的名字将出现在船桨上。"

结果，保罗的艾弗森发型只存在了十几分钟，他就不得不去洗手间将辫子一根根拆开，回到场上的时候，头上顶着一个不忍直视的爆炸头，时至今日，家人还会拿那个场景笑话他。

尊重纪律，严以律己，保罗的性格，传承于他的父母，来源于他的家庭。

尊重纪律，严以律己，保罗的性格，
传承于他的父母，来源于他的家庭。

② 兄弟情深

2004年秋天的时候，保罗在Jay-Z的演唱会上遇到了进入NBA一年的勒布朗·詹姆斯。当时保罗还在大学打球，提前一步迈入职业联赛的詹姆斯，给保罗提供了一些建议。

"我那时候还不知道，当我进入职业联赛的时候，需要做些什么，"保罗说，"勒布朗告诉我，'当你去NBA，需要一位商务经理，他必须是你最信任的人，还有谁比C.J.更合适吗？'"

对于保罗来说，C.J.是亲密无间的哥哥，保罗曾送给C.J.一条项链，上面写着"Brothers 4 Life"。在保罗的成长过程中，C.J.扮演的角色不仅仅是兄长，还是朋友，同时也是赛场上的伙伴与对手。

没有人比C.J.在塑造保罗竞争热情方面影响更大，地下室的小篮筐，后院的篮球架，都留下两兄弟单挑的一连串记忆。他们两人之间的比赛没有温和谦让，而是激烈残酷，充满身体对抗，很多时候比赛会以输球一方痛苦到流泪收场，但擦干泪水后，仍会咬牙切齿地再次约战。

正是那些年少时在赛场上洒下的汗水与泪水，浇灌了保罗篮球生涯的苍天大树，而C.J.就是那位勤恳的"园丁"。

保罗最初是打橄榄球，如果不是C.J.的带动，保罗或许不会迷上篮球。C.J.经常开玩笑说保罗个子太矮，打篮球没前途，这反而激发了保罗的斗志。由于年纪相差两岁，少年时期的C.J.要比保罗更高更壮，保罗想要在哥哥的防守下得分，必须通过运球创造出更好的出手空间，寻找到更佳的投篮角度，这在潜移默化之中磨炼出保罗的技巧与阅读比赛的能力。

虽然是哥哥，但C.J.在球场上对保罗可是毫不留情，当他无法阻挡弟弟的凌厉攻势时，就会采用凶狠的犯规，而保罗从不退缩，每一次都是勇猛地回击，小小的身板内蕴藏着巨大的能量。保罗在NBA赛场上不服输的态度、凶悍的球风，起源于和C.J.在往昔岁月中的拼斗，球场上的保罗从来都是冷血的刺客，绝非微笑的大男孩。

"他打球的时候就是恶魔，我这样讲不是贬义，如果你不能成为对手眼中的恶魔，你是进不了NBA的，赛场上和善的人真做不到。"C.J.说。

兄弟两人的竞争无处不在，坐车上学谁占前排的位置，打游戏谁过的关更多，总之无论大事小情，只要能分出高下的，他们就要比一比。这种日复一日的PK，一度让保罗对C.J.有些厌烦情绪，但当C.J.去汉普顿读书后，保罗才意识到哥哥对他多么重要。

"当C.J.去上大学的时候，克里斯非常想念他，"查尔斯说，"虽然我经常和孩子们一起玩，但我代替不

第一章 家有雏鹰初振翅

Chris Paul

了C.J.。他们兄弟两人总是在对战，从球场到电子游戏都是如此，突然间其中一个人不在，你就会深刻感受到什么是失去才知珍惜。"

兄弟俩只是短暂分别，当保罗进入NBA，C.J.大学毕业，保罗接受詹姆斯的建议，让哥哥负责自己的商业事务。参加签名会，出席商务活动，每场比赛的亲友门票申请，接受媒体采访……事无巨细都由C.J.负责，保罗只需要专注于训练和比赛就可以。

"如果没有哥哥，我会压力很大，"保罗说，"有哥哥在我身边处理那些工作，我需要关注的就是如何打好每场比赛争取胜利，他会照顾好其他的一切事情。"

保罗对C.J.有一种特别的依赖，尤其是职业生涯初期。当时C.J.偶尔回家去看望父母，妈妈会催促他尽早回去，因为保罗一个人会很孤单。

"有时候当C.J.回家，克里斯一个人待在那边，我就会说：'C.J.，你什么时候回去？'"罗宾说，"克里斯不喜欢一个人独处，他讨厌孤单。当C.J.和他在一起，我们睡觉都会很香，因为知道没什么需要担心的了。"

C.J.会很细心地为保罗设计日程表，哪一天比赛，什么时间训练，有哪些活动需要参加，何时与好友聚会，C.J.都会做好安排，不需要保罗分心。

"我就是想让他能多一些休息时间。"C.J.说。

C.J.还是保罗的头号球迷，当保罗效力快船队时，球队专门为C.J.安排场边的专属座位，但C.J.很少坐下来看球，大多时候是站在那里高声喊叫着为弟弟助威，为此他还曾遭到后排观众的投诉。

"有一次比赛散场，一位球迷找到我问道：'你是不是刚才那个站在第一排，我怎么大声喊，都不愿意坐下的那个家伙？'"C.J.笑着说，"我说没错，那肯定是我。他问我为什么不能老老实实坐下看球，我告诉他，这是我从小养成的习惯，看到我弟弟的比赛，就会激动得整场亢奋。"

3

爱的"加油站"

在NBA，保罗是"蜂王"，是"船长"，是未来将进入名人堂的巨星，但在温斯顿·塞勒姆，他是琼斯先生的外孙。无论保罗的名气有多大，家乡的人们谈到他的时候，还是这样说：

"真不愧是琼斯老爹的外孙呀，篮球打得很不错。"

纳撒尼亚尔·琼斯，保罗的外祖父，是第一位在北卡罗来纳州开办加油站的非洲裔美国人。当地人将琼斯称为"冷酷老爹"，其实他一点儿也不冷，但确实很酷。

无论是当地的居民，还是外来的客人，当他们的车出故障时，都会到琼斯老爹的加油站寻求帮助。琼斯老爹会穿着那淡蓝色的工装上衣、深蓝色的工装裤，胸口用红色的线绣着"Jones"，一边抽着温斯顿香烟，一边拿着满是油渍的红色抹布擦着手，不慌不忙地说着："小伙子，别着急，我做这行的时间比你的年纪都大，没有我修不好的车，我一眼就看出来你这是滤油器的问题。来，把它带到车库，我会搞定它。"

琼斯老爹是当地的传奇，每个人都尊敬他、亲近他，无论你是需要修车，还

是只想找人聊天，琼斯老爹都是最佳选择，因为他友善，更因为他勤奋，是蓝领精神的代言人，每一天都在努力工作，他的双手就是最好的说明。

"很多次，当我们吃饭的时候，我会说：'外公，快去洗手吧。'"保罗回忆道，"他总是会说：'我已经洗干净了。'外公没有说谎，他真的洗手了，但因为工作年头太久，油渍仿佛已经刻在他的手上，已经入肤三分。"

那些肥皂也洗不掉的痕迹，记录着琼斯老爹饱经风霜、努力不懈的岁月，对于小保罗有着深刻的启发。当保罗进入职业联赛，他的双手同样被刻下印记，上面布满老茧，那是长年累月训练造成的皮肤损伤，也是勤奋工作的勋章。

琼斯老爹是保罗与C.J.的外公，也是他们最亲密的朋友。当两个孩子惹父母生气，当他们在训练中让教练恼火，都会去找外公聊天诉苦，琼斯老爹的加油站，是兄弟俩温暖的花园，那些油渍是他们儿时记忆中的鲜花，有着独特的生活芬芳。

"每当我闻到汽油的味道，我都会想起那些日子，"保罗说，"我们是密不可分的一家人，一起去吃饭，一起去教堂，一起去比赛，总是不分开。外公对于我究竟意味着什么？我无法用言语准确地表述出来，那种感觉就是他会永远陪着我，永远了解我的内心。"

琼斯宠爱他的外孙，但从不娇惯孩子。"你想要的，必须通过自己的双手去创造。"这是琼斯老爹教给保罗与C.J.的生活理念，当孩子们想买篮球鞋，方法很简单，来加油站干活，用自己的辛勤付出换取收益。

小时候的保罗，每到暑假的时候，会一大早被外公叫醒，琼斯老爹不允许外孙偷懒，他会带着孩子们去吃早餐，喝着能让人瞬间抛开睡意的福爵咖啡，然后精力充沛地穿上工作服，用劳动赚取小费。

每当有车子开入加油站，保罗与C.J.都会冲过去，抢着为客人加油，那样的劲头绝对不输后来在赛场上拼抢一次宝贵的球权。如果是客人驶向自助服务的柜台，兄弟俩会飞奔过去，抢在客人下车前拿起加油设备，萌萌地问道："自助加油？那是什么东西？女士，还是让我们来帮您加油吧。"

谁又能拒绝两个可爱又勤劳的孩子呢？

就在这样一个又一个的夏天，保罗与哥哥打工赚钱，攒够就去买心爱的篮球鞋。他们也会偶尔向外公撒娇，盯着琼斯老爹口袋里的一大捆零钱请求道："外公，我们想买球鞋。"

琼斯老爹总是这样回答："没问题呀，你们当然可以买，但得靠工作来换呀。记住，孩子，你可以拥有，但前提是你要去追求。"

琼斯老爹从不吝啬，他只是希望让孩子们懂得"一分耕耘才会有一分收获"的道理。家庭教育是孩子最好的生活老师，琼斯老爹并不会打篮球，但保罗在篮球路上的挥汗如雨，正来自在外公加油站中顶着炎炎烈日的一次次奔跑。

外公是保罗的"老板"，也是他的球迷，唯一能够让琼斯老爹提前下班的事情，就是去看保罗打球。"我要早点打烊，去看外孙的比赛。"琼斯老爹总是快乐地说。

从保罗开始打篮球，外公就会每场比赛准时带着家人去给外孙助威，每次全家人都整整齐齐坐在体育馆的同一个区域，保罗的每一个进球、每一次助攻都会让琼斯老爹兴奋不已，他会冲着其他的观众喊道："看到了吗？那是我的外孙，他多棒呀！"

在高三赛季结束后，保罗决定高中毕业后加入维克森林大学，琼斯老爹在现场见证那一刻，他还专门戴了一顶维克森林的帽子。外公亲手将那顶帽子戴在保罗的头上，然后给心爱的外孙一个大大的拥抱。

"我记得外公那一天笑得非常灿烂，我都能看清楚他嘴里松动的牙齿，因为他戴的是假牙，"保罗说，"外公无比骄傲，他告诉我，会永远记住这一天。"

保罗也会永远记住那一天，那就像外公手掌上的油污，标志着奋斗与热爱，永远不会被时间冲刷而去。

④

全美冠军

在NBA的巨星中，大多在高中生涯初期就已经展示出非同凡响的体育才华，成为教练的宠儿，但刚刚进入西福尔赛斯高中的保罗，起点却很低，不要说王牌地位，或者主力位置，他甚至连一线队的替补都不是，只是预备队成员。保罗的篮球技术非常出色，有着同龄人难以比拟的成熟与扎实，但作为一名篮球运动员，初入高中的保罗有一个非常严重的缺陷，他的个子太矮，只是刚过一米五，在一寸高一寸强的篮球场，这个劣势制约着保罗的篮球上限。

高一赛季的保罗，主要跟着预备队训练和比赛，但主教练大卫·卢顿也允许保罗参加一线队的练习。这段经历对于保罗来说很宝贵，他可以近距离观察学长们练球，了解教练的战术打法，但只能局限于训练场，一线队的比赛与他无关，这令好胜的保罗有一种自尊被刺痛的感觉，他用自己的方式去释放愤怒与沮丧的情绪。

"每一次我们进行冲刺跑或者其他任何训练，我都要努力拿到第一，让大家知道我是怎样的人，我愿意付出一切去争取机会。"保罗说。

升入高二赛季的保罗，身材并没有明显长高，但他出色的技术与比赛意识让卢顿教练难以舍弃，教练找到保罗，给出两个选项。

"克里斯，留在预备队再打一年，进入一线队但上场时间有限，你怎么选？"卢顿教练问道。

保罗沉默了，他对于加入一线队有着强烈的渴望，除好胜的性格驱动外，还有一个原因，那就是与哥哥C.J.一起打球，C.J.是一线队的主力，当时已经进入高中生涯最后一季，如果保罗不去一线队，很可能就此错过在西福尔赛斯与哥哥并肩作战的机会。

"教练，我想留在预备队。"保罗思考许久，终于给出答案。

卢顿教练很吃惊，他不明白保罗为什么要放弃这个机会。"克里斯，你是认真的吗？"卢顿教练诧异地问道。

"教练，我知道这个机会难得，但我需要上场时间，如果打不上球，去一线队就失去价值。"保罗下定决心，他认准的事情，轻易不会改变，无论在高中，还是在 NBA。

继续留在预备队的保罗，在高二赛季场均砍下30分，带队取得20胜0负的不败战绩。作为奖励，卢顿教练在一线队打季后赛的时候，安排保罗与C.J.共同上场打了一会儿，满足兄弟俩携手出战的心愿。

"那场比赛我一直记得，是对格林斯博罗，"保罗说，"临近比赛结束的时候，我和哥哥一起上场打了大概15秒，能够穿着一线队的球衣上场，对于我来说是巨大的激励，让我渴望做得更好。"

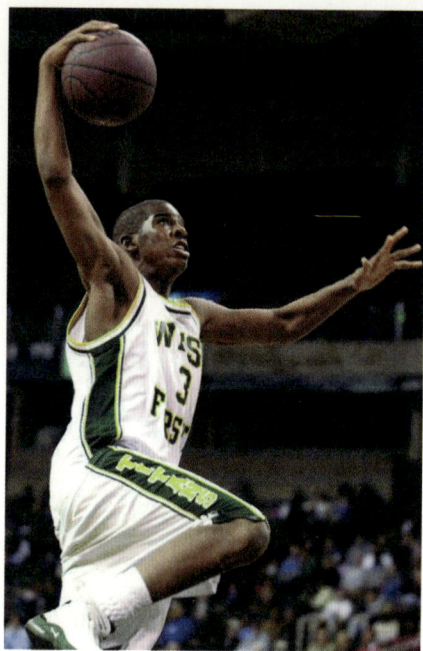

高三赛季之前的那个夏天，保罗长高8英寸，虽然这个高度在篮球场并无优势可言，但对于其他方面已远超大部分同龄球员的保罗而言就是如虎添翼，他的篮球天空变得浩瀚无垠。

进入一线队再无障碍的保罗，在高三赛季场均贡献25分5.3次助攻4.4次抢断，带队进入州半决赛。此时的保罗已经不再是场边观看训练的龙套球员，已经成为球队的领袖。

在高三赛季结束的那个夏天，保罗有一项重要的赛事要去参加，那就是AAU全国锦标赛。AAU是美国业余体育联合会的英文缩写，每年7月会在佛罗里达举办各个年龄层的全国锦标赛，其中焦点赛事是U17的比赛，该赛事代表着AAU篮球赛事的最高水平，具备极强的影响力，ESPN会对比赛进行全美直播，NCAA各大学校的教练都会关注。

2002年7月，佛罗里达州维斯塔湖，AAU的U17全国锦标赛打响，身穿红色球衣的保罗是温斯顿·塞勒姆卡帕魔术队的核心，他从10岁开始就征战AAU全国锦标赛，他的球队拿到过全美前十乃至前五的排名，但之前从未获得冠军。

"这一次，我希望在离开佛罗里达的时候，能够带走一枚金牌。"保罗在锦标赛开始前说。

保罗带队一路过关斩将杀入决赛，他们遭遇到俄亥俄精英队。比赛进行得非常激烈，战至第四节仍难解难分，卡帕魔术队需要给予对手一记"重拳"，送出这一拳的正是保罗。

保罗运球至罚球线附近，俄亥俄精英队的防守注意力全部集中在他的身上，队友雷肖恩·特里向篮下空切，就在特里移动的一瞬间，保罗送出一记击地传球，如一道闪电刺破俄亥俄精英队的防线，特里接球完成暴扣。

> **那一刻，球馆内瞬间沸腾，保罗微笑着与特里击掌，这不仅仅是两分，更是一个宣言，一年前还在预备队奋斗的保罗，已经成为在全美决赛舞台上掌控一切的那个人。**

关键时刻的致命一传，不仅仅打开球队通往冠军的大门，也照亮保罗未来的篮球之路。

从这次助攻开始，卡帕魔术队控制比赛，最终以78-68取得胜利，拿到全美冠军，砍下30分的保罗当选锦标赛MVP，那个曾经只盼着能和哥哥一起上场的孩子，成为冉冉升起的希望之星。

"我参加AAU联赛已经有七年，我们拿过第九名、第五名和第三名，现在终于抵达顶峰。"保罗说。

乳虎啸谷
震森林

① 维克森林

在AAU锦标赛的场边，保罗见到一个人，维克森林大学篮球队主教练乔治·普罗塞。

"我当时很希望能与普罗塞教练见一面，让他了解我，"保罗说，"在那个时候，我并不知道教练会改变我的人生。他给了我一次机会，关心我，帮助我在篮球和人生路上都取得成长。"

大学教练出现在AAU比赛的观众席是十分正常的事情，与NBA分工明确不同，NCAA的教练往往还会承担球队经理的工作，其中的重要一项就是招募高中球员。球队主帅与助教们会大面积撒网考查球员，如果有心仪的目标，会通过寄信或打电话的方式进行招募。

NCAA的招募规格丝毫不输职业联赛，高中明星球员们会被争抢，他们会收到如雪片般飞来的招募信，家里的电话也会响个不停，这些球员需要在几十甚至上百所学校中进行筛选，确定最终的候选名单，然后去学校考查以便做出决定。

美国高中是四年制，通常明星球员们会在高三赛季结束后就选定大学，并签署加盟协议。这就是为什么AAU的U17锦标赛会那么受欢迎，因为参赛的球员以高三生为主，正是大学重点招募的对象。

当保罗在锦标赛叱咤风云时，还有一位教练也在关注他的表现。"我的职业生涯最大的遗憾就是未能执教保罗。"戴夫·奥多姆说。

奥多姆当时是南加州大学篮球队主帅，而他2001年之前曾在维克森林大学执教12个赛季，他招募并培养了这所学校历史上最杰出的篮球运动员蒂姆·邓肯。

维克森林大学就坐落在保罗的家乡温斯顿·塞勒姆，保罗一家经常去劳伦斯·乔尔退伍军人纪念体育馆观看维克森林的比赛，保罗是邓肯的小迷弟，至今保留着13岁时与邓肯的合影，那时候的邓肯已经是NBA球星，而保罗的篮球之路才刚刚起步。

因为同在一座城市，保罗一家又在当地社区小有名气，所以早在保罗八年级的时候，奥多姆教练就开始观察这个孩子。在前往南加大执教后，奥多姆将保罗纳入招募计划中，他从保罗身上看到邓肯的影子。

奥多姆说："蒂姆是受家庭积极影响非常大的那种球员，我招募蒂姆的时候，需要做的就是与他的家人沟通，而不是与一些牵扯到经济利益的'外人'谈判。我实话实说，这种情况相当罕见，现在更是近乎绝迹。"

在奥多姆考查过的球员中，品格最接近邓肯的就是保罗。奥多姆说："克里斯像蒂姆一样热爱家人，他与外祖父、母亲、父亲和哥哥非常亲近。你如果去招募克里斯，不必和那些关系复杂的人打交道，只需要和他的家人以及教练谈谈就行。"

奥多姆的招募计划未能取得成功，保罗选择了维克森林大学。在做出选择的过程中，保罗也曾纠结，他心中最爱的是北卡。从小看乔丹打球长大的孩子，都会对北卡有一种特殊的情感，但在与北卡的沟通中，保罗意识到他必须放弃这个选项。

起因是北卡教练告诉保罗，他们在控卫位置上已经拥有雷蒙德·菲尔顿，他是2002届高中球员中的第一控卫，高中毕业将加盟北卡，如果保罗来北卡，只能先给菲尔顿打替补，甚至替补席位都不一定能保证，这意味着难以拿到全额奖学金，这令保罗难以接受。

当保罗进入NBA的时候，菲尔顿与他同届。菲尔顿在2005年带领北卡夺取NCAA总冠军，他在决赛中面对伊利诺伊大学的王牌控卫投进关键球，那位控卫的名字是德隆·威廉姆斯，后来被称为保罗"一生之敌"。

如果保罗去了北卡，或许他也会捧起NCAA冠军奖杯，但保罗想要的是更多的上场时间、更重要的队内角色，坐在板凳上夺冠从来不是他的兴趣所在。

"我是北卡的铁杆球迷，但当我必须决定去哪所大学打球的时候，我要现实一些。"保罗说。

2002年11月14日，即将迎来高四赛季的保罗，在加盟维克森林大学的承诺书上签了字。没有花里胡哨的宣传，没有声势浩大的发布会，更没有直播镜头，保罗就是简简单单在一张折叠桌上完成签约，然后接过外公递给他的维克森林大学的帽子。

那天晚上，保罗和外公一起去维克森林大学的主场观看比赛，劲爆的现场音乐，热情的主场球迷，香气四溢的爆米花，都让保罗陶醉，他相信自己做出了正确的选择。

"我至今还清楚记得那一晚的场面，我看着那些球衣与球鞋，在心里对自己说，这真是太帅了，我将穿着这些装备上场征战，外公会和以前一样，带着全家坐在专属的座位，看我打球，为我加油。"保罗说。然而这个专属的座位却没有迎来保罗的外公。

第二章 乳虎啸谷震森林

② 61分祭奠

2002年11月15日，这一天在保罗的人生中留下永远无法褪去的烙印，残忍到痛彻心扉。

当天晚上，保罗去看高中橄榄球比赛，正坐在观众席的他，突然接到一个电话，是哥哥C.J.打来的。

"我……正开车回家。"C.J.的语气有些奇怪。

C.J.当时在南卡罗来纳州读书，回趟家有三个多小时的车程，保罗有些不解。

"发生什么事情吗？你怎么这个时候回来？"

"外公生病了。"C.J.吞吞吐吐。

保罗更加感到莫名其妙。

"病了？我昨晚还和他在一起呢。"

"他病了，我马上就回来，你给妈妈打个电话吧。"C.J.匆忙挂了电话。

放下电话的保罗，感到一种从未有过的恐慌感袭击着他。来不及多想，他急忙跑向停车场，还没打开车门，他的一位表哥跑过来。

"外公生病了，我们要去……"

还没等保罗说完，表哥就打断了他。

"克里斯，外公不是病了，他……是被谋杀了。"

怎么可能？！他可是人人爱戴的琼斯老爹呀，谁会去杀害他？保罗本能地拒绝接受这条噩耗。

"一定是弄错了！"保罗吼着冲进车里，以最快的速度往家里赶。抵达的那一刻，出现在他眼前的是警车与救护车，还有表情痛苦的人群，保罗听见他的姨妈哭着大喊："有人知道是谁干的吗？"

保罗冲开人群，向外公的屋子飞奔过去，舅舅迎上去抱住情绪已经失控的保罗，那一刻，他看到车库边地板上的遗体。保罗呆住了，悲痛的巨浪席卷而来，冲垮保罗的心理防线，他崩溃了。

警方很快抓到凶手，五个与保罗年纪差不多的年轻人，为抢琼斯老爹的钱，对他进行绑架和殴打。他们拿走琼斯身上的财物，为防止他呼救，用胶布缠住他的嘴巴。歹徒作案后将琼斯扔在路边，被打成重伤的琼斯，嘴被封住无法正常呼吸，很快心脏停止跳动，生命定格在61岁。

外公的去世，是保罗永远的痛与遗憾。"在我的成长过程中，我有很多朋友，但没有人比外公重要。外公亲手给我戴上维克森林的帽子，却未能亲眼看到我在NCAA打球，也没有见证我被NBA球队选中，每想到这些，我依旧会心痛。"保罗说。

那是保罗人生中黑暗的低谷，他难以接受外公的离开，但他知道必须走出那种情绪，用外公喜欢的方式去纪念他的人生。当保罗8岁的时候，外婆因癌症去世，葬礼举行时保罗坐在外公旁边痛哭流涕，外公抱着他说："孩子，别哭，为了你的妈妈，你要坚强。"

在逆境中要坚强，这是外公教给保罗的，他要用自己的方式给出回报。

高四赛季揭幕战，是保罗送给外公的礼物。那是对帕克兰德高中的比赛，姨

妈在赛前与保罗聊天，提出一个建议。

"为你的外公得到61分怎么样？"

61分？保罗第一反应是做不到，他的打球风格是用传球带动队友，只有当球队需要时才会主动得分，高中生涯还没有单场40+过，61分听起来有些不可思议。

但是，保罗做到了，为他最爱的外公。

仅仅在第二节，保罗就独取24分。上半场比赛落幕，保罗个人得到32分。观众席的热情被点燃，每个人都惊讶于保罗的表现，这是他篮球生涯第一次眼中只有篮筐，周身喷射出不可阻挡的攻击火焰，烧毁眼前的任何防守。

突破上篮、快攻劈扣、中距离跳投，保罗变换不同的方式，将球一次次送入篮筐，他仿佛弹无虚发的神枪手，又似见血封喉的刺客，单枪匹马打爆对方全队。场边观赛的人群，开始意识到保罗的目标，他要用一个特别的分数祭奠外公。

"我们事先并不知情，直到第三节比赛的时候，我听到一些孩子开始讨论61分的事情，"保罗的母亲罗宾说，"我还是难以相信，61分，这太不真实了。"

当比赛还剩两分钟的时候，保罗已经拿到59分，距离目标分数仅差两分。保罗运球杀向禁区，在篮筐右侧遇到防守阻挡，如果在以往，保罗会传给处于更好投篮位置的队友，但这一次，他要为外公拿到这两分。

保罗腾空而起，与防守球员在空中身体对撞，保罗在身体即将失去平衡的一刹那，半空悬停右手抛射。

球落入了篮网，保罗摔倒在地板上，队友围了过来，向保罗送上安慰与祝福，"CP3"的呐喊声响彻球馆。保罗的得分来到61分，每一分代表着外公人生的每一年。"我躺在地板上，看到球落入网内，我无法控制自己的情绪，那一刻的记忆会一直陪着我走下去。"保罗说。

保罗还需要执行罚球，他将球扔出底线。北卡州高中联赛单场得分纪录是67分，保罗有机会追平甚至打破，但他不需要，那些纪录是属于篮球的，而61分是属于他和外公的。

　　教练换下保罗，他走下场，扑到父亲的怀中，泪如雨下。"我相信这场比赛让我变得更加坚强，但真的很难受，我们要熬过那个难关。"保罗说，"外公为我们付出太多，我们都难以接受他的离去。我能够为外公做点什么，非常感恩，我永远不会忘记他，永远。"

③

绝代双骄

　　保罗在右侧三分线外控球，防守球员逼得很紧。保罗的目光扫向左侧远端底线，一名与他同样身穿白色球衣的队友正在空切。保罗单手一甩，球如出膛炮弹直奔篮筐上方飞去，那位队友仿佛肋生双翅飞身而起，在空中有一个明显的停顿，单掌抓球接力劈扣。

　　镜头转入下一次进攻，保罗中路推进，那位与他同队的白袍少年加速碾入禁区，人到球到，保罗的输送再次"爆炸"于篮筐之上，又一次空接轰筐，劲爆利落。

　　有些默契仿佛与生俱来，保罗在底线拿球，那位队友已经一马当先冲到前场，保罗一记长传，球如一道彩虹跨过全场，紧跟着就是战斧劈扣力拔山兮。

　　这些令人叹为观止的传扣连线，来自2003年麦当劳全美精英赛，与保罗双剑合璧制霸全场的那位队友，名叫勒布朗·詹姆斯。

　　詹姆斯与保罗的成长环境大不一样，詹姆斯来自单亲家庭，家境最困难的时候连坐车上学的钱都没有。詹姆斯凭借着惊人的天赋与努力，在高中逆袭人生，高三赛季就登上《体育画报》

封面，成为整个篮球世界瞩目的"小皇帝"，他的高中比赛获得ESPN全美直播的待遇，所在的圣文森特圣玛丽高中为了满足更多球迷入场观看詹姆斯打球的要求，将球赛搬到阿克伦大学体育馆进行。

当2003年3月26日麦当劳精英赛进行时，NBA选秀大会尚未举行，但詹姆斯已经锁定状元位，NBA球探在新秀报告中这样写道："即便你的球队阵容中都是小前锋，也必须选詹姆斯，如果你不这样做，简直就是犯罪。"

来自俄亥俄州的詹姆斯，与成长于北卡罗来纳州的保罗，在2003年这场云集全美高中顶级篮球天才的比赛中相遇并成为队友，那场球在克里夫兰冈德体育馆上演，这座球馆是NBA球队克里夫兰骑士队的主场，而骑士队拥有2003年状元签。

早在一年前，骑士队就秘密试训当时才17岁的詹姆斯，由于试训被曝光，骑士队收到联盟开出的15万美元罚单，但骑士队欣然接受，因为他们看到詹姆斯的实力与潜能，明确摆烂赌选秀的计划并最终获得状元签。举办方将比赛放在冈德体育馆，显然有着特殊的寓意。

詹姆斯不会让人失望，他拿到了27分7个篮板7次助攻，当选比赛MVP，而保罗送出全场最高的10次助攻，这是一场精彩的比赛，更是保罗与詹姆斯深厚友谊的开端，那是一个萌芽，随着时间的推进，成长为茂盛的友情之树。

"我们的友情跨越时光，开始于我们在比赛中的相互欣赏，"詹姆斯说，"在后来的岁月中，我们的友情不断加深，那很难用言语去表述，但我们知道彼此有多么亲近，相互之

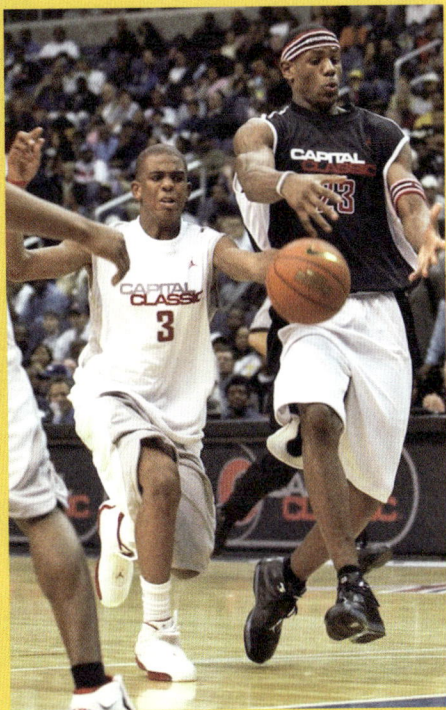

间有着怎样的互助。我的孩子出生时，他在医院陪同；当他的儿子举办生日派对时，我在现场。每次我到克里斯所在的城市打球，我都会住在他的家里，而不是球队安排的酒店。我们的密切关系来自篮球，但早已超越了篮球。"

与全美最顶级的高中生球员同场闪耀，这正是高中毕业季的保罗。61分之战是保罗在2002-2003赛季的开篇，寄托着他对外公的思念，也承载着对未来的开拓，17岁的保罗开始迈上新的台阶。

场均30.8分5.9个篮板9.5次助攻6次抢断，这是保罗在高中生涯最后一年交出的成绩单，这位曾经在预备队等待两年的少年迎来篮球路上的脱胎换骨，他蕴藏的潜能以火山爆发之势燃放出来，不但以攻守兼备的华丽数据带队取得27胜3负的佳绩，还无可争议地跻身全美高中生十强行列，而就在两年前，你在这份榜单前100都无法找到保罗的名字。

全美最佳阵容、北卡篮球先生，各项荣誉纷纷向保罗致礼。随着在全美打响名头，保罗获得与更多高手过招的机会，和詹姆斯共同出征麦当劳全美精英赛就是其中之一。这些比赛让保罗扩展了视野，也帮助他逐步摸索出如何与实力超群的队友搭档，这为他通往大学以及职业联赛推开便利之门。

"想要成为球队的领袖，你必须懂得追随，"保罗说，"有些球员努力成为队伍的领军人物却不得其法，我认为最好的领袖要学会倾听，主动寻求其他人的建议。"

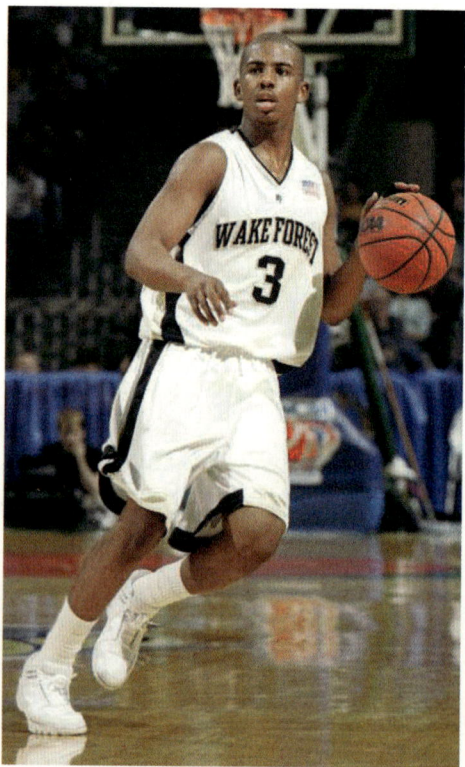

④
多面杀手

2003年，保罗开启他的大学之旅。当保罗加入维克森林大学的时候，球队正处于王牌球星离队后的挣扎期。维克森林大学魔鬼执事队的首席得分手，2002-2003赛季ACC（大西洋海岸联盟）最佳球员约什·霍华德进入NBA，球队处于群龙无首的状况，就在这个时候，保罗来了。

魔鬼执事队主帅普罗塞与初到球队的保罗进行交流，教练惊讶地发现这位新秀熟悉球队全部的战术，原来保罗在一年前选择维克森林大学后，就开始研究球队的打法。

"虽然我是球队的新成员，但从了解球队的角度来看，我们是老熟人。"保罗说。

保罗大学生涯遇到的首个考验是在ACC挑战赛遭遇印第安纳大学，保罗打出20分8次助攻，带队以100-67轻取对手。从高中到大学的适应期对于保罗来说似乎根本不存在，他从容地组织进攻，冷静地寻找对手防守的破绽，然后给予击破。

"克里斯·保罗，这位大一的菜鸟，是我见过的最好的控卫之一。"印第安纳大学主教练迈克·戴维斯输得心服口服。

在新秀保罗的带动下，魔鬼执事队2003-2004赛季场均得分排名全美第三。作为大一新生，保罗在球队31场比赛中全部首发，场均得到14.8分3.3个篮板5.9次助攻2.7次抢断，在ACC助攻榜上排名第三，抢断榜位列第一，当选ACC最佳新秀，入选最佳阵容和最佳防守阵容。保罗的三分球命中率

（46.5%）、罚球（178次）、罚球命中率（84.3%）、助攻（183次）和抢断（84次）刷新了魔鬼执事队历史新秀球员纪录。

2004年3月18日，保罗迎来他的首次"疯狂三月"之旅。"疯狂三月"是NCAA的季后赛，采用的是一场定胜负的赛制，既考验球员的赛场战力，也检验心理抗压性。保罗的"疯狂三月"首战对阵弗吉尼亚大学，他拿到22分7次助攻，当比赛还剩1分03秒结束时两队战平，保罗助攻队友贾马尔·莱维灌篮得手打破僵局，接下来在最后关头顶住压力连续罚中4球，带队以79-78过关。

两天之后，维克森林大学遭遇曼哈顿大学，曼哈顿大学深知保罗的实力，对他采取车轮战防守，先后有四名球员负责对位保罗，但无论是身高1.73米但速度飞快的肯尼·迈纳，还是身高1.96米、体格健壮的皮特·马利根，都拿保罗毫无办法，保罗14投10中砍下29分8个篮板6次助攻3次抢断2次盖帽，维克森林84-80再下一城。

新秀保罗的"疯狂三月"止步于第三轮，维克森林大学80-84输给圣约瑟夫大学，保罗败给贾马尔·尼尔森。尼尔森，与保罗一样身高1.85米，但他比保罗更壮，更重要的是，他比保罗更有经验。2003-2004赛季是尼尔森NCAA生涯的第四年，他以场均20.6分4.7个篮板5.3次助攻2.8次抢断的表现，带领圣约瑟夫大学在常规赛打出27胜0负的不败战绩，尼尔森包揽NCAA三大奖项年度最佳球员、奈·史密斯奖与伍登奖，登上《体育画报》的封面。

如果只比较技术，保罗并不输尼尔森，但此时的保罗身材相对纤细，与尼尔森对位完全处于下风。在整个上半场，保罗都陷入被尼尔森压制的状态，虽然他在下半场表现稍有好转，全场比赛拿到12分8次助攻3次抢断，但尼尔森以24分7次助攻3次抢断的成绩单盖过保罗，保罗的NCAA新秀年就此终结。

这场失利对于保罗是一次警醒，让他看到自己与NBA级别的球员究竟有多大

的差距，梦想并非触手可及，他还有许多工作要做。

在输给圣约瑟夫大学后的第二天，保罗给普罗塞教练打电话，为这次输球致歉，并承诺会努力变得更好。

胜利是冲破失败阴霾的最佳途径，保罗在2004年夏天加入美国青年队，带队拿到世青赛冠军。在与巴西队的比赛中，保罗送出创赛事纪录的13次助攻。

大二赛季的保罗，场均拿到15.3分4.5个篮板6.6次助攻2.4次抢断，入选ACC最佳阵容和最佳防守阵容，获得全美最佳阵容席位，他的技术更加成熟，身体更加健壮，领导力也提升到新的台阶。

在保罗的率领下，魔鬼执事队赛季前13场比赛取得12场胜利，一度排名全美第一，这是维克森林篮球队历史上第一次登上全美战绩榜首位。"我们的战术就是把球给克里斯，"普罗塞教练说，"他通常会在两个小时的比赛结束后，给我们一个美妙的结局。"

保罗已有明星光环，迷人的微笑更给他带来偶像加成，但是每个人都有多面性，拥有邻家男孩清新气质的保罗，有时也会突破乖孩子的边界，被愤怒和冲动支配。

2004-2005赛季常规赛最后一场，维克森林大学对垒北卡州大。在上半场比赛的一次篮板争夺中，保罗击打了北卡州大球员朱利叶斯·霍奇的腹股沟，知情人透露，保罗之所以那么冲动，是因为现场有球迷用保罗过世的外祖父嘲弄他，这令保罗情绪失控。但无论起因如何，保罗打人是证据确凿，虽然当时裁判并没有吹犯规，但NCAA在回看比赛录像后，给予保罗停赛一场的处罚，保罗将缺席ACC锦标赛四分之一决赛。

这次禁赛是保罗NCAA生涯唯一的缺战，失去了队内王牌的魔鬼执事队，输掉了ACC锦标赛四分之一决赛，这场失利导致他们未能以赛区一号种子的排名进入"疯狂三月"。虽然魔鬼执事队闯入第二轮，但他们未能通过西弗吉尼亚这一关，在这场苦战双加时的比赛中，保罗44分钟贡献22分6个篮板9次助攻2次抢断，投进关键三分将比赛带入第二个加时，但他的球队还是以105-111遗憾告负。

　　保罗在维克森林的第二个赛季就这样结束，现在他需要做出选择，是留下来打第三年，还是向NBA进军。

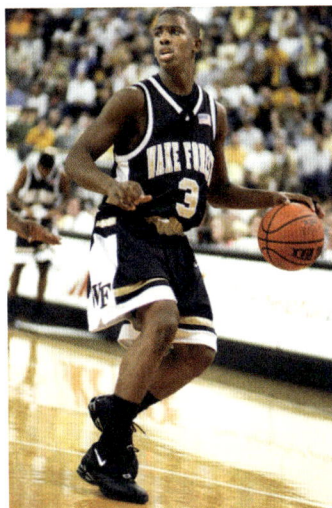

保罗大学联赛平均数据

赛季	年龄	上场时间	得分	篮板	助攻	投篮命中率	三分命中率	罚球命中率
2003-2004	18	33.6	14.8	3.3	5.9	49.60%	46.50%	84.30%
2004-2005	19	33.4	15.3	4.5	6.6	45.10%	47.40%	83.40%

保罗大学联赛总数据

赛季	上场时间	得分	篮板	助攻	抢断	盖帽
2003-2004	1041	460	101	183	84	12
2004-2005	1069	488	144	212	76	1
赛季	投篮命中	投篮出手	三分命中	三分出手	罚球命中	罚球出手
2003-2004	135	272	40	86	150	178
2004-2005	143	317	46	97	156	187

第三章

蜂王俄城
露峥嵘

① 探花之争

去或者留，对于年轻的保罗而言，是关乎自己命运的抉择。在做出参加选秀、前往NBA这个顶级篮球殿堂之前，这位天赋异禀、球商超群的"领袖"也曾经历过挣扎。

在完成2004-2005赛季最后一场比赛后，保罗曾考虑留在维克森林大学再打一年，他在与普罗塞教练的沟通中表达了这样的意愿。

但是，随着各大篮球媒体的选秀预测榜单纷纷出炉，保罗开始重新思考他的去留。在模拟选秀中，保罗稳进乐透区（前十四位），最高可以达到榜眼位。

陷入纠结的保罗，向亲友、教练和队友征求意见，还请教了维克森林大学的学长蒂姆·邓肯与约什·霍华德。四面八方的意见汇总到保罗的耳边，而最终的决定只能由他自己来做。

2005年4月14日，距离2005年选秀报名截止日还有一个月，保罗宣布他的选择，他将参加NBA选秀。

30名亲朋好友，以及维克森林大学的队友陪同保罗一起出席新闻发布会，普罗塞教练，两位助教杰夫·巴特与帕特·凯尔西也来到现场。

参加发布会的时候，保罗已经着手聘请经纪人，根据当时NCAA的规定，一名球员如果没有经纪人，可以在选秀前一周收回报名申请回到大学，但如果签约经纪人，那就意味着放弃余下的学年，不能回头。

在发布会现场，有记者询问保罗对于选秀前景的看法：如果他被距离家乡只有100英里的夏洛特山猫队选中，是否愿意去那里打球？

　　"我肯定我的妈妈和家人都支持这样的可能性，如果能为山猫队打球会很棒，但如果拿到状元签的球队选我，我也不介意。"保罗笑着说。

　　现在来看2005年的选秀，保罗当然是这届球员中第一人，但在当时，保罗几乎没有成为状元秀的可能，并非他不够好，而是拥有状元签的雄鹿队在后场已经有了里德和莫·威廉姆斯的组合，他们需要一位大个子，2005年NCAA年度最佳球员，包揽伍登奖和奈·史密斯奖的犹他大学中锋安德鲁·博古特是雄鹿队的目标。

　　在CBS体育选秀前给出的模拟榜单上，保罗在第二位被老鹰队选中。保罗接受老鹰队的试训，他的表现非常好，这给了保罗信心，他认为自己已经非常接近榜眼位。此时，拥有四号签的新奥尔良黄蜂队向保罗发出试训邀请，但他不想去。

　　"我的经纪人告诉我，黄蜂队想让我去试训，我说不必了，我在老鹰队的试训很成功，他们有榜眼签，亚特兰大距离我的家乡也不远，"保罗回忆道，"可我的经纪人说，黄蜂队态度很坚决，即便我不去试训，他们也会选我。"

　　黄蜂队的态度打动了保罗，他决定去一趟新奥尔良。在当地的一家餐厅，保罗与球队主教练拜伦·斯科特一起吃饭，然后完成试训，这在保罗看来只不过是礼节性的例行公事，他更看好自己去老鹰队的前景。

　　心向榜眼的保罗，还向获得探花签的开拓者队说不，理由是开拓者队的球队文化太差劲。当时的开拓者队有"波特兰监狱"的称号，队内有一批坏小子，这样的更衣室环境是保罗无论如何不能接受的。开拓者队对保罗非常感兴趣，但保罗态度明确地表示不愿为开拓者打球，开拓者队无奈之下决定向下交易选秀权，将探花签送到爵士队，换取6号签、27号签与2006年首轮签。

2005年6月28日，选秀大会在纽约麦迪逊广场花园举行。雄鹿队如人所料地在第一位选中博古特，而老鹰队，保罗心中默定的NBA生涯开启的地方，不顾队内前锋扎堆的实际情况，摘下马文·威廉姆斯，他们认为马文·威廉姆斯是这届新秀中潜力最好的。

当老鹰队的选秀结果公布，保罗的心情一落千丈，他进入前三的希望全部寄托在爵士队那里。爵士队确实需要一名后卫，他们的传奇控卫斯托克顿在两年前退役，爵士队渴望得到一位可以延续球队一号位传统的新人。

首轮第三位，爵士队选择的不是保罗，而是来自伊利诺伊大学的

2005 年首轮选秀顺位

顺位	球员	选秀球队
1	安德鲁·博古特	密尔沃基雄鹿
2	马文·威廉姆斯	亚特兰大老鹰
3	德隆·威廉姆斯	犹他爵士
4	克里斯·保罗	新奥尔良黄蜂
5	雷蒙德·费尔顿	夏洛特山猫
6	马泰尔·韦伯斯特	波特兰开拓者
7	查理·维兰纽瓦	多伦多猛龙
8	钱宁·弗莱	纽约尼克斯
9	埃克·迪奥古	金州勇士
10	安德鲁·拜纳姆	洛杉矶湖人
11	弗兰·瓦兹奎兹	奥兰多魔术
12	雅洛斯拉夫·科若列夫	洛杉矶快船
13	肖恩·梅	夏洛特山猫
14	拉沙德·麦坎茨	明尼苏达森林狼
15	安托万·怀特	新泽西篮网
16	乔伊·格拉汉姆	多伦多猛龙
17	丹尼·格兰杰	印第安纳步行者
18	杰拉德·格林	波士顿凯尔特人
19	哈基姆·瓦里克	孟菲斯灰熊
20	朱利叶斯·霍吉	丹佛掘金
21	内特·罗宾逊	菲尼克斯太阳
22	贾莱特·杰克	丹佛掘金
23	弗朗西斯科·加西亚	萨克拉门托国王
24	卢瑟·海德	休斯敦火箭
25	乔汉·佩特洛	西雅图超音速
26	杰森·马克希尔	底特律活塞
27	利纳斯·克雷扎	波特兰开拓者
28	伊安·马辛米	圣安东尼奥马刺
29	维恩·希米恩	迈阿密热火
30	大卫·李	纽约尼克斯

德隆·威廉姆斯。

为什么爵士队没有选保罗？他们给出的解释是德隆比保罗更高大，而且德隆在大学的带队成绩更好。德隆身高1.9米，从小练摔跤，曾两次获得州少年组摔跤比赛冠军。但德隆的妈妈丹妮斯认为摔跤太危险，她觉得儿子的篮球天赋也很棒，同样有前途。

丹妮斯的判断没有错，德隆改打篮球后迅速崛起，他在科洛尼高中的最后两年，带队取得了61胜4负的佳绩。德隆比保罗更高更壮，带队成绩也更胜一筹，爵士队的选择至少在当时看来是合情合理的。

进入前三的愿望就这样落空，有些失落的保罗很快就听到自己的名字。

"首轮第四位，黄蜂队选中来自维克森林大学的克里斯·保罗。"

尽管保罗曾想拒绝他们的试训，但黄蜂队坚持他们的想法，做出球队认为最正确的选择。

保罗的 NBA 之路，就这样开始了。

② 百废待兴

2005年的黄蜂队，用一个词足以形容，那就是"百废待兴"。

这支球队，在当时有一个很长的队名，叫作新奥尔良／俄克拉荷马城黄蜂队。如今的NBA版图，新奥尔良有一支球队名叫鹈鹕队，而俄克拉荷马城的球队是雷霆队，夏洛特的那支球队叫黄蜂队。

这一连串的城市与队名，看上去有些复杂，这是一个关于搬迁与创立的故事。

黄蜂队最初创立于1988年，主场在夏洛特。夏洛特黄蜂队时代，这支球队是东部的一支不容小觑的战队，涌现出博格斯、拉里·约翰逊、阿隆佐·莫宁、格伦·莱斯与拜伦·戴维斯等球星。夏洛特是一座篮球城市，原本与黄蜂队相互融合得很不错，但这支球队有一位不令人省心的老板。

1996-1997赛季，黄蜂队打出54胜28负的战绩，这是他们建队以来的最佳成绩，虽然在季后赛首轮输给尼克斯队，但球队的发展势头非常好。然而，正是在1997年，黄蜂队老板乔治·西恩被夏洛特当地的一名女子起诉性骚扰。案件进入庭审环节，西恩在法庭上公开自己有婚外的亲密伴侣，这样的言论通过电视直播传遍全美，西恩名声扫地，夏洛特的民众对西恩和他的黄蜂队采取抵制的态度。

惹怒夏洛特当地社区的西恩，与黄蜂队主场球馆夏洛特竞技场的经营者之间的关系也搞得很僵，西恩抱怨这座场馆缺少豪华包厢影响球队的收入。西恩给夏洛特市政府下了最后通牒，除非夏洛特修建一座新球馆，并且费用由市政府自理，否则黄蜂队就要搬走。夏洛特市政府拒绝了西恩的要求，黄蜂队搬家已成必然。

2002年，黄蜂队搬到新奥尔良，联盟给夏洛特承诺，这座城市会拥有一支新的NBA球队，也就是2004年成立的夏洛特山猫队。

迁移至新奥尔良的黄蜂队，搬家后前两个赛季都打入季后赛，但都是首轮出局，2003年输给艾弗森领军的76人队，艾弗森在那个系列赛场均轰下34.8分，2004年与热火队战至抢七落败，那个系列赛第一场出现绝杀，一位热火队新秀给予黄蜂队致命一击，那位新秀名叫韦德。

2004年，随着夏洛特山猫队加入NBA，黄蜂队被划分到西部，接下来的2004-2005赛季成为黄蜂队史黑暗之年，球队上赛季的二号得分手马什本因膝伤不能上场，黄蜂队将他交易到76人队，队内三号得分手大卫·韦斯利被送到火箭队，而上一代"蜂王"、当家球星拜伦·戴维斯被换到勇士队。

黄蜂队这样运作有伤病因素，也是内部矛盾使然，当时戴维斯与管理层势同水火，分道扬镳不可避免，而黄蜂队也因此陷入动荡，他们在2004-2005赛季开局八连败，前31场比赛打完输了29场，这个成绩意味着黄蜂队实际上已经提早退出季后赛席位的争夺，他们索性摆烂，最终以一波九连败结束常规赛，18胜

64负西部垫底。

2004-2005赛季对于黄蜂队是一片巨大的乌云，但在其背后，却照射出希望的曙光，糟糕的成绩让他们拿到首轮四号签，而老鹰队与爵士队漏掉保罗，给黄蜂队带来复兴的契机。时任黄蜂队主帅的拜伦·斯科特是湖人队"Showtime"时期的主力，作为"魔术师"约翰逊的队友，他深知一位顶级的控卫能给球队带来什么，保罗没有"魔术师"那样的身高条件，但他的传球同样有创造性，他的投篮更为致命，更重要的是，这位新秀与"魔术师"一样在迷人的微笑之下有着一颗好胜如狂的心。

虽然保罗在选秀前差点儿拒绝黄蜂队的试训要求，但在被球队选中后，保罗第二天就来到新奥尔良，并且很快爱上这座充满激情的城市，只是有一件事让他隐约有些担心。

"当我第一次来到新奥尔良参加新闻发布会，就感受到这里的热情好客，"保罗说，"只是有一样，他们告诉我这里偶尔会刮很大的风，不过没什么大事，他们还会在刮风时开派对，这听起来很疯狂。"

保罗开始一边训练一边适应在新奥尔良的生活，他在父母的帮助下购置了一处房产，与哥哥C.J.一起搬了进去。时间来到2005年8月下旬，保罗回了一趟老家，将一些私人物品打包，等待迎接NBA生涯首个赛季，就在此时，意外发生了。

2005年8月29日，正在小憩的保罗被母亲叫醒，当他睡眼惺忪地来到电视机前，瞬间惊呆。新奥尔良，那座选择了保罗的城市，遭遇卡特里娜飓风袭击，成为一座"灾难之城"。

"那是我看到的最恐怖的情景，"保罗说，"我曾经去过的一些街区，都被洪水淹没。那些我曾光顾的服装店，被浸泡在水下。被黄蜂队选中是我第一次远离之前生活的家乡，新奥尔良是我的新家，我觉得与这座城市有缘分，但现在这里被飓风摧毁了。"

飓风到来时已是8月底，距离2005-2006赛季常规赛开始只有两个月的间隔，黄蜂队需要寻找到一个新主场。联盟紧急联系了俄克拉荷马城市政府，这座城市的福特中心比较接近NBA的场馆要求，而且与新奥尔良球馆是同一家运营商。俄克拉荷马城非常配合黄蜂队，为达到NBA的比赛标准，福特中心在非常紧张的时间内完成全面升级，当地的五家企业成为球队的商业合作伙伴，球迷们将一万张季票抢购一空，万事俱备，就等黄蜂队到来，而这支球队还在路上。

搬家谈何容易。黄蜂队的装备都在新奥尔良，直到风灾后两个月，员工才获准进入城市，对物品进行"打捞"。丹尼斯·罗杰斯是黄蜂队通信部门的主管，他参加球队财物的迁移，过程很艰难，而且很危险。

"我们从早干到晚，大卡车装得满满的，"罗杰斯说，"当时的情况很复杂，不仅仅是洪水过后的麻烦，还有一些其他的事情，我们去的时候带了两把枪和棒球棒防身，因为大家都难以预料会发生什么。"

搬到俄克拉荷马城，不代表黄蜂队与新奥尔良割裂联系，球队努力为城市重建贡献力量。作为队内新星，保罗做出表率，他回到新奥尔良，在感恩节为当地两百个家庭提供节日大餐，在圣诞节为一百名儿童购买玩具，还出资修缮住房和户外运动场。

"我们都愿意做力所能及的事情，帮助新奥尔良振作起来，"保罗说，"有人说飓风来了，我们会逃离，虽然我们不得不暂时迁移主场，但我们的心并未离开，那段时间反而让我加快与新奥尔良的融合。"

两年后，黄蜂队回到新奥尔良，在2013年更名为鹈鹕队，而作为黄蜂队临时主场的俄克拉荷马城，在2008年迎接从西雅图搬迁而来的球队，也就是如今的雷霆队。夏洛特山猫队，这支2004年进入NBA的球队，在2014年改名为黄蜂队。当然，这些都是后话了。

③

蜂王初识

"3号，来自维克森林大学，克里斯·保罗！"

2005年11月1日，俄克拉荷马城福特中心，当现场播报员介绍球员出场喊到保罗的名字，球馆内爆发出震耳欲聋的欢呼。

这场球是保罗NBA生涯首秀，是黄蜂队在福特中心的第一场比赛，现场涌入超过19000名观众，他们将黄蜂队的配色涂在脸上，从黄蜂队球员赛前热身开始，就全体起立欢呼，直到P.J.布朗为黄蜂队命中本场首球，俄克拉荷马城的球迷们才坐下来。在球迷的助威下，黄蜂队在第三节建立了20分领先优势，最终以93-67大胜国王队。

首发出场的保罗打了34分钟，7投3中得到13分8个篮板4次助攻2次抢断1次盖帽，但也出现4次失误，这个助攻失误比显然是无法让保罗满意的。

"这是第一场，我还要多学习，让我高兴的是，我们取得了胜利。"保罗说。

保罗在NBA的第一场胜利来得很早，但失败也不会迟到。第二战，黄蜂队在克里夫兰输了22分，保罗在麦当劳精英赛结识的好友詹姆斯砍下31分，第二节连进4记三分球将领先优势扩大至20分击溃黄蜂队。

保罗拿到了13分3次助攻，又出现4次失误，与当时已经进入全明星的詹姆斯相比，他还不在一个层面上。

从这场失利开始，黄蜂队在6场比赛中输了5场，他们似乎又要走上之前的老路，在赛季初期就埋葬希望，像个软蛋那样早早地缴械投降。

一年前，或许是这样，但现在不行，因为他们有保罗，他可以接受失败，但

不能接受放弃。

赛季第八场，黄蜂队对上老鹰队，如果再输就是五连败。

第一节，保罗就拿下7分3次助攻2次抢断，他给老鹰队出了一道防守难题，一对一设防，保罗可以通过突破和中投带走分数，而一旦对他进行包夹，传球会成为摆在对手面前的另一瓶"毒药"。

保罗带队不断扩大分差，第四节开始后不久，保罗助攻布兰登·巴斯灌篮得手，黄蜂队领先26分。看上去稳操胜券，却在第四节再起波澜，老鹰队后卫萨利姆·斯塔德迈尔大爆发单节轰下24分，老鹰队奋起直追，比赛突然间有了悬念。

终场前25秒，老鹰队将分差迫近到只有一分，一场大逆转似乎就要上演。关键时刻，保罗挺身而出，他包揽黄蜂队此役最后5分，第四节砍下11分，护送黄蜂队有惊无险地以95-92取得胜利。全场比赛，保罗25分7个篮板12次助攻5次抢断，只有两次失误，而老鹰队在2005年选中的榜眼秀威廉姆斯4投0中颗粒无收。

对老鹰队这一战是保罗进入"蜂王"模式的开始，保罗在11月底的时候排名NBA官方新秀榜榜首，从此一直稳居第一，无人可以撼动他新秀领军人物的地位。

保罗在新人王的争夺中一骑绝尘，但黄蜂队在季后赛席位的争夺中却遇到麻烦，3月14场比赛输了11场，这令黄蜂队落到西部八强之外。

压力来到保罗这边，他知道自己必须做点什么。

2006年4月2日，加拿大航空中心，黄蜂队遭遇猛龙队。赛前，保罗接受媒体采访，他一改往日微笑示人的态度，表情十分严肃："我们知道处境不妙，我们需要这场胜利。"

这场比赛非常艰苦，两队鏖战双加时，黄蜂队120-113战胜猛龙队。24分12个篮板12次助攻2次抢断1次盖帽，不经意间，保罗创造一项前所未见的队史纪录，他成为黄蜂队史首位打出三双数据的新秀。

"他是一位了不起的小个子，因为他有大心脏，"斯科特教练赛后谈到保罗

时坦言，"这个三双是我们非常需要的，他就是那种为大场面而生的球员。"

4月是季后赛席位争夺的冲刺时段，任何一场胜利或失败，都会影响季后赛的资格。靠着保罗的三双，黄蜂队继续保持西部前八的希望，但随后他们在底特律以8分之差输给活塞队，尽管保罗拿到24分10次助攻5次抢断。

背靠背与勇士队一战是黄蜂在2005-2006赛季常规赛的第74场比赛，此时他们排在西部第九，落后第八国王队两个胜场，形势很不乐观。同一天，国王队战胜了卫冕冠军马刺队，这意味着如果黄蜂队输给勇士队，他们与国王队的差距将进一步拉大。

除了赢球，黄蜂队没有退路了。

当面对勇士队这场球的结束哨音响起时，斯科特教练走上去给了保罗一个大大的拥抱。"我以前说过克里斯会成为一名伟大的球员，我现在觉得他已经接近这个水平了，他将跻身超级巨星的行列，这是毫无疑问的。"斯科特说。

加时114-109，黄蜂队赢下这场比赛，而保罗交出17分11个篮板16次助攻的数据单，三场比赛中第二次打出三双，16次助攻创新秀赛季新高。加时赛结束前41.6秒，保罗在防守反击中助攻柯克·斯奈德接力灌篮，黄蜂队反超一分。随后保罗罚中两球，带领黄蜂队扩大分差并最终取胜。

赛后，《俄克拉荷马新闻》的记者在更衣室看到了保罗，这位黄蜂队新星没有急着去洗澡，而是坐在更衣柜前拿着纸笔，与队友拉苏·巴特勒、斯奈德窃窃私语，记者听到巴特勒说了一句"国王赢了"，保罗眉头紧皱低下头在纸上打了两个勾。

记者很好奇保罗在做什么，但保罗只是微笑并不回答，身边的斯奈德揭晓了答案："克里斯每天都在记录我们和竞争对手的成绩，算我们的排名，他在方方面面都领导着这支球队。"

国王队取胜对于保罗是个很糟糕的消息，常规赛只剩8场，两个胜场差虽然并非无法逾越的差距，但留给黄蜂队的机会确实不多了。

"我知道我们这个赛季有多么努力，如果让机会就这样溜走了，那简直就是一场灾难。"保罗说。

④ 最佳新秀

击败勇士队后，保罗率领黄蜂队拿下猛龙队，但随后3场比赛输掉两场，这导致黄蜂队不但没有缩小与国王队之间的差距，反而被爵士队超出一个胜场，排名掉到了西部第十。

2006年4月14日，俄克拉荷马城福特中心，处于抢八出局边缘的黄蜂队，迎来与爵士队的对决，这场比赛不仅仅是争抢季后赛门票的生死之战，也是保罗与德隆的正面碰撞。

大卫·韦斯特为黄蜂队先拔头筹，他在首节6投6中独取12分，同时保罗首节送出5次助攻，黄蜂队在首节结束时领先8分，第二节进行到中段时分差达到15分。黄蜂队看到胜利的曙光，但德隆一记三分外加一记中投为爵士队稳住阵脚，盐湖城铁军奋起直追，布泽尔在第三节6投全中轰下13分，带队扭转了不利局面。

比赛进入决胜阶段，德隆的罚球命中令爵士队反超一分，此时距离比赛结束还有18秒。

黄蜂队需要一剑封喉，保罗成为执行者，他运球杀向禁区，上篮出手的一刹那，突然眼前出现一道屏障，基里连科在关键时刻出现在最正确的防守位置上，封盖保罗的投篮，这位爵士全能悍将此役贡献25分9个篮板6次助攻7次盖帽。

保罗迅速做出反应，将球夺入手中并马上叫停，计时器上显示仅剩1.8秒。保罗接到斯奈德的发球，出现在他面前的防守者是德隆，这是2005届两位精英之间的单挑。保罗没有犹豫或者试探的时间，他运球直接强杀篮下，用身体靠住德隆上篮，而德隆紧贴不舍，张开双手努力干扰保罗的出手。

"我就是尽力保持在他的身前，确保自己没有犯规，把我的手举高，希望裁判不要吹我。"德隆说。

保罗这次试图挽救黄蜂队2005-2006赛季的一球差之毫厘，基里连科拿到篮板，终场哨音响起，爵士队105-104取胜，爵士队距离西部第八国王队有一个胜场差，而黄蜂队落后爵士队与国王队分别有两个和三个胜场差，三队都只剩下三场常规赛，黄蜂队唯一进入季后赛的可能就是三场全胜，而爵士队和国王队都是三场全败，这种可能性微乎其微。

"我认为那一球被犯规了，但现在说这个已经没有意义。"保罗谈到绝杀未进时说。

保罗渴望胜利，但现实的残忍让他无力回天。当黄蜂队在4月16日输给国王队，他们的季后赛希望彻底破碎。对于保罗来说，这个结果令他难受，却又不得不接受，NBA远比高中和大学赛场竞争惨烈，在这里成长必然会交学费，千里之行，始于足下，保罗的NBA之路才刚刚开始。

况且，他绝非一无所获，那座最佳新秀的奖杯，或许可以抚慰无缘季后赛的苦痛。

NBA最佳新秀奖评选采取的是投票积分制，有125位来自美国和加拿大的体育记者与播音员参与票选，第一位选票5分，第二位选票3分，第三位选票1分，

如果某位球员拿到125张第一位选票，总得分将是625分。

保罗在2005-2006赛季最佳新秀的票选中，得分是623分，只差2分就是满分，他拿到了125张第一位选票中的124张（保罗还得到一张第二位选票），这个第一位选票率是自1989-1990赛季的大卫·罗宾逊后最高。保罗唯一错过的那张第一位选票，投给了德隆。

最佳新秀对于保罗实至名归，他场均拿到16.1分5.1个篮板7.8次助攻2.2次抢断，两次三双，23次两双，是新秀得分王、助攻王、抢断王、两双王与三双王，场均助攻联盟第七，场均抢断联盟第三，总抢断（175次）则是位列榜首，成为NBA历史上第二位在新秀赛季抢断总数领跑全联盟的球员。

保罗包揽了2005-2006赛季全部月份的西部最佳新秀，在保罗之前，只有1989-1990赛季的罗宾逊，1997-1998赛季的邓肯，2002-2003赛季的詹姆斯与安东尼取得过这一成就。

2005-2006 赛季最佳新秀投票一览

得票率	球员	选秀顺位	出场	首发	时间	得分	篮板	助攻	抢断	盖帽	失误	犯规
55.38%	克里斯·保罗	4	78	78	36.0	16.1	5.1	7.8	2.2	0.1	2.3	2.8
22.04%	查理·维兰纽瓦	7	81	36	29.1	13.0	6.4	1.1	0.7	0.8	1.2	3.0
8.71%	安德鲁·博古特	1	82	77	28.6	9.4	7.0	2.3	0.6	0.8	1.5	3.2
7.02%	雷蒙德·费尔顿	5	80	54	30.1	11.9	3.3	5.6	1.3	0.1	2.3	2.3
3.64%	钱宁·弗莱	8	65	14	24.2	12.3	5.8	0.8	0.5	0.7	1.5	3.1
2.76%	德隆·威廉姆斯	3	80	47	28.9	10.8	2.4	4.5	0.8	0.2	1.8	2.9
0.18%	丹尼·格兰杰	17	78	17	22.6	7.5	4.9	1.2	0.7	0.8	1.0	2.7
0.18%	卢瑟·海德	24	80	27	28.9	8.8	3.3	2.7	1.1	0.1	1.5	2.1
0.09%	莱恩·戈麦斯	50	61	33	22.6	7.6	4.9	1.0	0.6	0.1	0.9	1.4

在黄蜂队史中，保罗是第二位获得最佳新秀奖的球员（首位是1992年的拉里·约翰逊），是首位在新秀赛季打出三双的黄蜂球员。保罗创造黄蜂队史七项新秀纪录，包括单场助攻（16次）、单赛季助攻（611次）、罚球命中率（84.7%）、单场罚球出手（17次）、单场罚球命中（14次）、单场抢断（7次）和单赛季抢断（175次）。

虽然未能打进季后赛，但保罗率领黄蜂队在2005-2006赛季赢下38场球，比2004-2005赛季增加了整整20场胜利。

"我很荣幸能够代表我的球队、队友、家人以及新奥尔良与俄克拉荷马城的伟大球迷们接受这个奖杯，"保罗说，"我的新秀赛季是一段美好的经历，我和队友们都期待着能够在此基础上走向成功。"

有个疑问，保罗丢掉的那张第一位选票是谁投的？这一票来自罗恩·布恩，他曾拥有13年职业球员生涯，退役后担任爵士队的比赛解说员。布恩表示他投给德隆不是因为主队情结，而是自有道理。

"我认为德隆在赛季下半程打得更好，在与保罗的直接交锋中表现更佳。"布恩说。

如果只看新秀赛季的平均数据，德隆场均10.8分2.4个篮板4.5次助攻，显然不及保罗，但他帮助爵士队取得41胜排在西部第九，而黄蜂队38胜排在西部第十。在与保罗的交手中，德隆场均17分4.5个篮板3次助攻1次抢断，投篮命中率高达60.8%，而保罗是场均15.7分2.2个篮板7.2次助攻2.7次抢断，投篮命中率39.5%，4场比赛爵士赢下3场。

"我就是觉得德隆打得更好，我很惊讶他没有多拿到几张第一位选票。"布恩说。

对于差一票满分，保罗有自己的看法。"很荣幸能够在125张第一位选票中拿到124张，未能得到的那一票，就作为我下赛季的动力之一。"保罗说。

第四章

巅峰之年
空留憾

① 伤病阴云

以最佳新秀结束自己的首个赛季，保罗的生涯开端已算圆满。扬帆起航的"蜂王"，很快就迎来自己的第二个赛季，本该是昂首阔步继续率队迈进的绝佳机会，不曾想却被伤病彻底打乱节奏。

2006年11月1日，波士顿北岸花园球馆，黄蜂队迎来2006-2007赛季首场比赛，对手是凯尔特人队。

这场比赛在气氛上很哀伤，因为凯尔特人队传奇名帅奥尔巴赫在10月29日去世，"绿衫军"赛前进行悼念活动，追思"红衣主教"在波士顿留下的篮球伟业。

奥尔巴赫的职业生涯是NBA历史的一座丰碑，他带领凯尔特人队9次夺冠，其中包括震古烁今的八连冠。保罗明白奥尔巴赫对于篮球、对于波士顿的伟大意义，但他也清楚作为职业球员应该怎样做。

"这是非常令人动情的夜晚，但作为一名控卫，我必须确保球队上场后不会受到影响。"保罗说。

保罗的方式是上半场送出

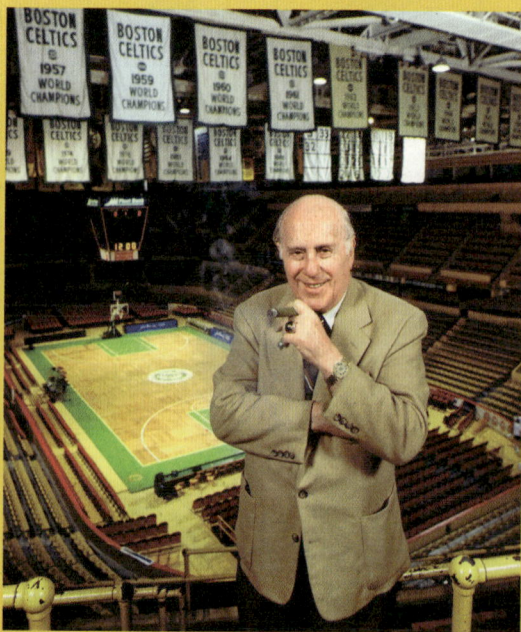

10次助攻，一次失误都没有，然后在第三节最后5分钟连拿12分，率队有惊无险地以91-87拿下胜利。

如果一个赛季是一场马拉松，黄蜂队的"起跑"非常优秀，他们在击败凯尔特人队后，连胜步行者队、火箭队与勇士队，队史首次赛季开局四连胜。保罗在对阵火箭队的比赛中送出16次助攻，对勇士队打出22分11次助攻的数据。

"我们的发挥还不够稳定，新赛季才刚刚打了四场而已，你要居安思危，说不定我们会是4胜78负呢，你永远不知道接下来会发生什么。"保罗说。

在连战连捷的喜悦中，保罗敏锐地看到黄蜂队的缺陷，这支球队的表现起伏很大，连赢四场可以短期内遮挡不足，但不可能长期掩饰。

四连胜之后，黄蜂队吞下一波三连败，包括领先27分被开拓者队大逆转。雪上加霜的是，黄蜂队的首席得分手大卫·韦斯特肘部受伤缺战30场，黄蜂队在这个赛季遭遇的一连串伤病危机就此开始。

保罗努力将球队拉回正轨，对活塞队20分13次助攻，对森林狼队35分，黄蜂队在韦斯特伤停后渐渐有了起色，再次打出四连胜，看到强势反弹的希望，但就在此时，佩贾·斯托贾科维奇受伤了。

佩贾·斯托贾科维奇，"96黄金一代"精英球员，顶级三分神射手。黄蜂队在2006年休赛期以5年6400万美元的合同签下佩贾，希望在保罗身边配备一座赛场移动炮台，以充实黄蜂队的进攻火力。

健康的佩贾没有让黄蜂队失望，他

在2006-2007赛季场均得到17.8分，场均命中2.6记三分球。2006年11月14日对山猫队一战，佩贾22投15中轰下42分，其中在首节比赛7投7中，三分球4中4独取22分，包办黄蜂队开场后的前20分。

"在我看来，佩贾的投篮你根本不用有丝毫的担心，即便他连续投丢10球，我还是觉得下一球肯定会进，他就是那种让你特别放心的球员，"保罗说，这场球保罗送出10次助攻，其中7次给了佩贾，"当他进入投篮节奏，基本上就是弹无虚发。"

能够征服篮筐的佩贾，却未能在这个赛季征服伤病，他因为背伤只打了13场比赛，整个赛季报废，这对于黄蜂队是阵容上的重创，队内两大得分手都伤了，保罗感受孤掌难鸣的痛苦。

黄蜂队在11月底遭遇五连败，其中对公牛队一战，保罗打满48分钟贡献25分11个篮板18次助攻5次抢断，但是依旧难挽败局，保罗拼尽全力。2006年12月16日对小牛队，他再一次出场48分钟，交出30分12个篮板8次助攻成绩单，但结果依旧是输球。

祸不单行，2006-2007赛季的黄蜂队就是如此。2006年12月26日，黄蜂队在客场对阵超音速队，保罗很快进入状态，黄蜂全队首节8次助攻中有7次来自保罗，黄蜂队迅速取得10分的领先优势，但意外随即到来。

首节结束前1分18秒，保罗在一次快攻中不慎踩到超音速中锋佩特罗的脚上，保罗的右脚踝出现不自然的扭曲，他摔出底线，抱住自己的脚踝表情痛苦地躺在地板上。

黄蜂队的球员、教练和队医都冲到场上，围在保罗的身边，保罗已经无法靠自己的力量走回更衣室，在队友泰森·钱德勒的搀扶下才勉强离场接受检查。虽然X光检查为阴性，但保罗的脚踝并未出现骨折，休战一段时间是不可避免的，最初的预估是至少一周，这已经是比较乐观了，但在斯科特教练来看，保罗哪怕只缺席一场对于黄蜂队都是严重的损失。

"只要克里斯不打，就没有什么不幸中的万幸，他每缺席一场对我们都是很重的打击，这是毫无疑问的。"斯科特说。

不是一场，不是一周，这次脚伤让保罗错过16场比赛，休息一个月才复出，此时黄蜂队的战绩是19胜24负，常规赛过半时这个胜率在西部很难打进季后赛，黄蜂队在伤病的不断侵袭中将输掉2006-2007赛季，但他们并非没有收获。

保罗归来，之前伤停的韦斯特重返赛场，他们与钱德勒组成黄蜂队的"三叉戟"。比保罗大5岁的韦斯特是一位有着传统风格的大前锋，能背打能中投，还有一手漂亮的空切。韦斯特是马刺名将大卫·罗宾逊的粉丝，因为罗宾逊是左手将，韦斯特少年时期模仿偶像的动作，练就了运球和投篮能都左右开弓的扎实技术。

韦斯特还有一个特点，他的球风非常硬朗，这与他自幼喜爱拳击有关。韦斯特小时候在家的院子里挂了一个沙袋，每天都练拳，打烂好几个袋子，父亲阿莫斯担心韦斯特这样下去会产生暴力倾向，鼓励儿子去练篮球，韦斯特就此走上篮球场，并一路打到了NBA。

韦斯特来自2003届，保罗是2005届，而钱德勒资历更老，他是2001届选秀的榜眼，但实际上还比韦斯特小两岁，因为韦斯特在大学打了四年，而钱德勒高中毕业就直升NBA。

2001届新秀前四都是大个子，夸梅·布朗是NBA历史上著名的水货状元，四号秀埃迪·库里技术不俗但自控力太差，进入NBA后体重一路飞升，而且基本不防守。探花秀保罗·加索尔是2001届最优秀的球员，尤其是进攻方面堪称内线球员经典模板，能投能传能运球，总而言之持球攻击力强。

钱德勒没有加索尔那样细腻的攻击技巧，他在进攻端的特长是"吃饼"，只要队友球喂到位，钱德勒就能"吃好喝好"。简单说，钱德勒担任不了球队的进攻核心，但他可以很好地完成辅助进攻的作用，掩护、内切、攻筐、抢前场篮板，不需要占用球权，NBA生涯19个赛季有10个赛季投篮命中率60％以上，效率十分有保障。

钱德勒的优势项目是防守，他是禁区守护神。钱德勒与德怀特·霍华德那种风格"残暴"、常有霹雳大帽的防守者不同，他的防守模式更加朴实无华，卡住篮下的位置，争夺力所能及的每一个篮板球，努力保证自己出现在进攻球员与篮筐之间，对投篮形成干扰，典型的篮下"闸门"，擅闯者必受罚。

韦斯特与钱德勒成为保罗这位"蜂王"身边的两大护法，韦斯特能持球攻，可以减轻保罗的进攻负担，钱德勒可以将保罗的传球转化为助攻，还能在保罗身后成为球队最坚固的那条防线。在2006-2007赛季，保罗场均17.3分4.4个篮板8.9次助攻1.8次抢断，韦斯特场均18.3分8.2个篮板2.2次助攻，钱德勒场均9.5分12.4个篮板1.8次盖帽，5场比赛篮板球超过20个。

> 黄蜂队在2006-2007赛季最终以39胜43负结束，排在西部第十，这个赛季结局是令人失望的，但黄蜂队埋下了希望的种子，等待着在新的一年生根、发芽、开花、结果。

②

队史最佳（上）

　　俄克拉荷马城展开怀抱，欢迎在飓风灾害中失去主场的黄蜂队，但新奥尔良才是这支球队的家。在俄克拉荷马城征战两个赛季后，黄蜂队终于回家了。

　　2007年10月31日，新奥尔良体育馆，黄蜂队对垒国王队。时任联盟总裁大卫·斯特恩出席比赛，他在赛前宣布，黄蜂队正式回归新奥尔良。

　　"感谢你，新奥尔良，迎接我们回家，"斯特恩说，"我们将致力于新奥尔良的重建，努力发挥作用，为这座城市做出贡献。"

胜利是最好的归家礼物，黄蜂队以行云流水的进攻，打得国王队难以招架，韦斯特17分8个篮板6次助攻，钱德勒15分13个篮板2次盖帽，伤愈归来的佩贾三分球7投4中，休赛期加盟黄蜂队的莫里斯·皮特森13分，黄蜂队104-90取胜，投篮命中率50.6%是队史揭幕战第二高。

迎来职业生涯第三个赛季的保罗以22分8个篮板12次助攻3次抢断的表现，带动黄蜂队起飞，他的速度依旧飞快，技巧依旧凌厉，身体要比之前两年更加强壮，这是保罗在夏天苦练的成果，他要让自己拥有更强大的冲击力。

2007-2008赛季首战，保罗就将自己的新武器展示出来，他一次次冲入禁区，或者直接投篮得分，或者吸引防守为队友送出助攻，牢牢地掌控着比赛节奏，让国王队无可奈何。

"我告诉球员们，我们这场比赛的问题就是克里斯·保罗，"国王队主教练雷吉·托伊斯赛后说，"他不断地闯入禁区，一整场都是如此，我们就是无能为力。"

这是更好的保罗，更好的黄蜂队，当他们摆脱伤病的笼罩，拥有着震撼联盟的战力，新赛季首战是一次展示，新奥尔良黄蜂队展翅起航了。

"你们可能没注意我在比赛中笑得多么开心，"保罗说，"作为一名控卫，当你杀入禁区，你的身边是能投的大卫（韦斯特），可以粉碎任何防守的泰森（钱德勒），还有佩贾与莫里斯，他们让我的工作变得非常轻松。我不是说这个赛季每场比赛都会这样顺利，但这样的开局对于我们是绝佳的鼓励，我们的赛场空间非常开阔，这是需要保持下去的。"

赛季第二场，黄蜂队以20分的优势大胜开拓者队，随后他们踏上客场之旅，先是在丹佛力擒掘金队，接下来抵达洛杉矶迎战湖人队。黄蜂队在前三场比赛中场均轰下103分，这与上赛季场均95分相比有了显著的进步，斯科特教练围绕保罗打造新的进攻体系，释放球队的攻击火力。

挡拆是黄蜂队的进攻发起点，韦斯特与钱德勒都可以为保罗提供高质量的掩护，韦斯特拆开后能里能外，钱德勒冲筐能力卓越，保罗可以利用掩护杀到篮

下，也可以在形成错位后小打大，一旦对方采取包夹防守，保罗的传球会准确地找到处于空位的队友。佩贾会在弱侧埋伏，吸引防守拉开空间的同时，时刻准备着接应保罗的分球。

对湖人队这一场，黄蜂队将他们的进攻特色展示得淋漓尽致，韦斯特内外通杀拿下22分，佩贾轰下36分、三分球13投10中，创黄蜂队史纪录，保罗19分、送出21次助攻，同样创队史新高，钱德勒10分不算数据爆炸，但他的掩护让保罗可以更加便利地击穿湖人队的防守，带动起全队进攻，钱德勒拥有全场最高的+20效率值，他的贡献数据并不能充分体现，但这正是黄蜂的强大之处，他们是一支阵容配置精良并且无私的篮球战队。

"有克里斯策动我们的攻势，将球转移起来，创造出赛场空间，这样的打法让我们的进攻看上去非常轻松，"佩贾说，"当克里斯与大卫和泰森打挡拆，对手不得不协防，这样我就处于空位，队友们会阅读防守找到我，尤其是克里斯。"

118-104，黄蜂队在洛杉矶斯台普斯中心收获四连胜。科比·布莱恩特，湖人队的当家球星，目睹保罗操控着黄蜂队的进攻，如手术刀精准地切开湖人队的防线，他意识到这个年轻人将改变西部的格局。

"克里斯·保罗，他是一位非常特别的球员，真的是出类拔萃、卓然不凡。"科比说。

开赛四连胜，黄蜂队在2006-2007赛季也是如此，但他们最终未能晋级季后赛，好的开始固然重要，但保持稳定才是强队的标志。四连胜后的黄蜂队，在波特兰输于开拓者队，遭遇赛季首败，回到主场后不敌马刺队，赛季精彩开篇的喜悦消散，连败的雾霾再次袭来，黄蜂队怎么办？

五连胜，这就是黄蜂队给出的回答，与上赛季相比，最大的变化是能够承受得住状态的起伏，不会被领先冲昏头脑，也不会因为落后垂头丧气，他们的目标非常清晰，那就是无论处于顺境还是逆境，都要全力争取胜利的机会。

客场对篮网队的比赛是五连胜的第二场，这场球保罗很快进入攻击模式，首节就拿走13分，黄蜂队在半场结束时领先12分，但篮网队在第三节掀起大反攻，

理查德·杰弗森独取16分助篮网队在这一节赢了黄蜂队14分，当比赛来到终场前4分52秒，篮网队已经拉开11分的差距。

"如果是上赛季遇到这样的情况，我们可能就输了。"斯科特教练赛后说。

保罗三分球命中吹响黄蜂队反攻号角，钱德勒与韦斯特先后接到保罗的助攻轰击篮筐，黄蜂迅速扭转战局。保罗用行动向队友展示什么是不放弃，当他上篮不进，他马上反抢重新夺回球权，助攻皮特森打成3+1，这一球令黄蜂队追平比分。

追平是创造出翻盘的希望，但逆转还需要最后一击。刺出这一剑的是保罗，他在终场前2.6秒上篮打进。84-82，黄蜂队在这场拼刺刀风格的比赛中笑到最后。

"这场球过程很波折，我们很多次被对手拉开比分，你肯定会担心是不是追不回来了，但我们表现得很有斗志，最终从落后的大坑中爬了出来。"保罗说，"我认为自己有责任带队克服困难，在莫里斯（皮特森）打四分之前，我错失两次得分良机，当我断球成功，莫里斯处于最好的投篮位置，我把球传给他，这个进球改变了一切。"

投篮、助攻、抢断，保罗如同一个篮球百宝箱，黄蜂队需要什么，他就能够拿出什么，攻守两端统治比赛。保罗是球队进攻的组织者，他同样也是进攻的终结者，他是传球第一的控卫，但如果黄蜂队在火力输出上有需求，保罗可以随时改变自己的战术角色。

2007年12月7日，黄蜂队遭遇灰熊队，皮特森与佩贾因为肌肉拉伤分别只打了5分钟与16分钟，黄蜂队一下子失去两位得分手，进攻漏洞由谁来填补？

答案很简单：保罗！

保罗在这场比赛中砍下43分，三分球7投5中，这是一个信号，保罗在证明他绝非一个只会突破的后卫，三分球同样可以杀死比赛，如果对手轻视他的投射，定会付出惨痛的代价。

保罗说："这场球，我用投篮撕毁防守，我要告诉大家如果给我机会，我就能投进。很多球队放我投三分，觉得我搞不定，这种想法很危险。"

小个子保罗拥有一颗大心脏，在对灰熊队比赛的第四节末段中，他制造犯规并两罚全进，将比赛带入加时，加时赛还剩1.8秒时上篮绝杀，黄蜂队118-116收下胜利。

"保罗已经是当今联盟顶级球员了，他会成就伟大。"灰熊队主教练马克·艾瓦罗尼赞叹道。

③

队史最佳（下）

　　NBA生涯第三年的保罗，站上NBA球员实力金字塔顶端的保罗，带领着黄蜂队飞驰，当赛季半程结束时，黄蜂队36胜15负在西部排名第一，他们的努力得到回报，斯科特成为全明星教练，保罗与韦斯特共同入选西部明星队，而2008年全明星赛正是在新奥尔良举行。

　　保罗与他的黄蜂队，用体育助推重建中的新奥尔良，让这座城市彻底摆脱风灾带来的阴影。"黄蜂队与新奥尔良都相信，没有征服不了的困难，我们可以做到。"保罗在全明星赛上说。

　　在赛季上半程战罢时，太阳队是西部胜率仅次于黄蜂队的球队，这支球队拥有纳什，一位大师级的控卫，在之前三个赛季连续称霸联盟助攻榜。纳什是那种能够让队友打得更好的球队核心，而保罗想要成为这个联盟的最佳控卫，必须过纳什这一关。

　　2008年2月27日，黄蜂队迎战太阳队，保罗直面纳什。这场比赛，纳什送出13次助攻，他的传球依旧精妙，但全场比赛6次出手仅中1球，在投篮方面明显失常。保罗统治比赛，他拿下25分15次助攻，其中第三节送出9次助攻，摧毁了太阳队的防守，黄蜂队120-103高奏凯歌。

　　"在第三节比赛中，黄蜂队几乎百发百中，我们没有人能限制保罗，他简直是为所欲为。"太阳主教练德安东尼说。

　　保罗仿佛一位技艺高超的篮球"厨师"，球队点什么，他就能做什么。在2008年3月5日至19日期间，保罗连续8场助攻上双，对老鹰队23分18次助攻，

对篮网队25分16次助攻，对火箭队37分11次助攻，对马刺队26分17次助攻，对湖人队27分17次助攻，对公牛队则是37分13次助攻。

防守保罗成为全联盟的难题，也许你可以靠夹击的方式限制他的得分，但他的传球怎么办？如果你去封堵他的传球路线，他又可以在单打中毁灭你的防守。保罗如同在对手面前摆上两瓶"毒药"，都有剧毒，但必须任选其一，能够这样打球的在联盟内并不多，因为单打与传球都能达到顶级的是极少数，保罗在这样的少数派中拥有一席之地，勒布朗·詹姆斯也是。

保罗与詹姆斯高中时期相识，两人在技术细节上有些差异，但在整体打法上又很相似，能够根据防守情况在得分手与组织者之间自如切换，因此他们之间的较量，自带精彩属性，能够产生激烈的碰撞。

2008年3月26日，黄蜂队来到克里夫兰，这场球两队杀到最后关头，终场前7.7秒，詹姆斯突破上篮得手，骑士队99-98取得领先，但詹姆斯并没有丝毫的轻松感，因为他给黄蜂队留下了7秒的时间，而他很了解保罗。

"我们的战术就是把球给克里斯，让他去创造机会。"斯科特教练谈到最后一投的安排时说，"我知道克里斯能够为我们带来一次投篮良机，我们要的是一击致命，不给对手机会。"

保罗接球，詹姆斯上前防守，保罗沿着左路突破，在罚球线位置借助韦斯特的掩护继续杀向禁区。三名骑士队球员形成包围圈，试图封堵保罗的切入路线，就在合围形成的一刹那，保罗身体一转，将球给到掩护后拆向弧顶位置的韦斯特。

此时的韦斯特距离篮筐17英尺，身边无人防守，他接球张手就投，虽然詹姆斯努力扑过去干扰，但为时已晚，韦斯特夺命一击杀死骑士队。"我称他为17英尺刺客。"保罗说。

这场比赛保罗投篮表现一般，骑士队频繁采取包夹防守降低他的进攻效率，17次投篮命中5球，但保罗利用骑士队的夹击，不断为队友输送炮弹，贡献20次助攻，最后一次成就了韦斯特的绝杀。

"那次防守我们做得很不错，"詹姆斯赛后谈到黄蜂队绝杀配合时说，"我们对克里斯采取了包夹，没有让他突进去，但他就好像脑后生眼找到韦斯特，我们对此实在无能为力。"

在2008年3月，保罗场均24分13.3次助攻，黄蜂队打出11胜4负的战绩。3月最后一场比赛，保罗以20分16次助攻的表现，率领黄蜂队击败猛龙队，这是黄蜂队在2007-2008赛季的第50胜，这是他们自1997-1998赛季后首次单赛季赢球场次达到50场，黄蜂队史纪录是54场，创造于1996-1997赛季。这一次他们有机会刷新吗？

里程碑时刻在2008年4月9日到来，黄蜂队在明尼阿波利斯迎战森林狼队，此时黄蜂队已经赢了54场，追平队史纪录，如果取胜就将实现超越。上半场比赛波澜不惊，黄蜂队48-46领先两分，比赛悬念仍在，保罗需要做点什么了。

　　第三节，保罗在12分钟时间内4投3中，得到8分送出5次助攻，一次失误都没有，在保罗的传球策动下，黄蜂队以77.3%的投篮命中率单节轰下41分，韦斯特、佩贾与钱德勒这一节合计17投14中，合砍31分。第三节最后时刻，保罗在底角投出三分，球随着这一节比赛结束的哨音落入网中，保罗回头看了看森林狼队的替补席，此时分差达到16分，比赛大局已定。最终比分122-90，黄蜂队收获第55胜打破队史纪录。

　　保罗在下半场贡献17分8次助攻，全场比赛16次助攻，这令他在2007-2008赛季的助攻总数达到874次，打破了博格斯保持的黄蜂队史单赛季助攻纪录。"保罗一直是那种传球第一、投篮第二的球员，当他自己开始主动加强进攻，同时还能为队友送出助攻，就非常难办了，是会杀死比赛的。"森林狼队后卫兰迪·弗耶说。

　　在保罗的16次助攻中，有5次是与钱德勒配合的空中接力，两人在2007-2008赛季已经完成107次空接领跑全联盟。"克里斯就是MVP，他让身边的每个人都打得更好，他是站在实力之巅的球员。"钱德勒说。

④

憾失 MVP

当黄蜂获得第55场胜利时，他们并不是联盟第一，东部的凯尔特人队已经拿到62胜，但"绿衫军"是加内特、皮尔斯与雷·阿伦三巨头配置，三位球星难说谁更重要，这意味着MVP大概率不会从凯尔特人队产生，西部第一的那支球队更有可能出现获奖者。

黄蜂队55胜23负，在西部领跑，湖人队以54胜25负紧随其后，黄蜂队在击败森林狼队后，就要赴洛杉矶与湖人队交手，如果黄蜂队拿下这场西部强强对话，距离锁定西部头名将更近一步，而保罗当选MVP的筹码会大大提升。

然而，黄蜂队输掉了这场比赛。

从首节开始，黄蜂队就陷入被动，湖人队打出非常强悍的身体对抗，这让黄蜂队有些手足无措，未能匹配上湖人队的强度。科比、加索尔和奥多姆在首节就得分上双，第一节战罢时湖人队39-20领先19分。

"湖人队的身体对抗太凶猛，远比我们打得有侵略性。"斯科特教练说，"他们是带着必胜的信念登场的，而我们只是上场打球，这是不一样的。"

湖人队在第二节将分差拉大到30分，比赛正向失去

悬念的阶段靠拢，保罗强行制造出翻盘的希望，他在第二节和第三节总计拿到13分11次助攻4次抢断，率队在两节比赛之间打出一波36-10的反击浪潮，第三节结束前3分51秒将差距缩小到只有4分。

如果比赛照此发展下去，黄蜂队会以一场大逆转为保罗的MVP加冕，但科比抹掉了这样的剧情，他带领湖人队以一波17-6做出回应，这17分中有10分来自科比，其中包括令斯台普斯中心沸腾的一击。

终场前9分24秒，武贾西奇三分不中，出现在禁区右侧的科比抢到篮板，顺势沿着底线突破，背向篮筐腾空而起，悬停拉杆折叠轰然一扣，这一球令湖人队将领先优势扩大至15分，这也彻底"点燃"了球场，完成凌空轰炸的科比，迎着湖人队球迷"MVP"的呐喊抖动着球衣，那一刻仿佛是对黄蜂队宣判的"死刑"。

虽然黄蜂队并未放弃，凭借着佩贾的连续三分球，将差距迫近至只有一分，但从科比那一扣开始，比赛的气势已经完全倒向湖人队那边，黄蜂队的反扑徒劳无功，湖人队有惊无险地以107-104锁定胜利，科比29分10个篮板8次助攻，17投9中，而保罗15分6个篮板17次助攻4次抢断，数据并不差，但13投4中的效率不佳。

湖人队打败黄蜂队，战绩来到55胜25负，而黄蜂队是55胜24负，湖人队只

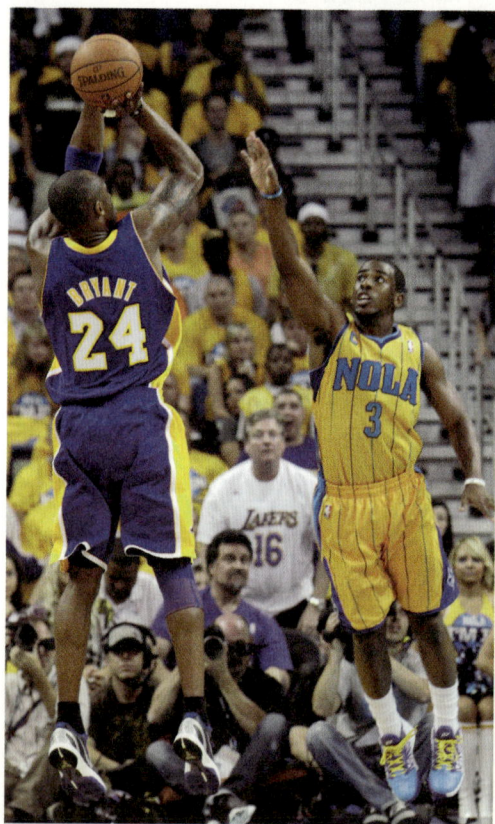

落后黄蜂队0.5个胜场。湖人队还剩两场常规赛，对手是马刺队与国王队，黄蜂队还有3场球要打，分别对阵国王队、快船队与独行侠队（原小牛队，2018年中文译名变更为独行侠队，本书统一称为独行侠队）。"如果我们想要守住西部第一，就要赢下接下来的3场比赛。"保罗说。

美好的愿景往往会被现实击碎，在输给湖人队后，黄蜂队以3分之差败给国王队，尽管他们随后赢了快船队，但湖人队最后两场全部拿下，战绩拔高到57胜25负，黄蜂队是56胜25负，虽然黄蜂队还有一场要打，即便取胜也只能与湖人同为57胜25负，两队在常规赛的交手战绩是2胜2负，而湖人队对阵西部球队方面战绩更好，根据排名规则，湖人队与黄蜂队若是胜负场次相同，湖人队排在前面，这意味着黄蜂队已经无缘西部第一。

黄蜂队在常规赛最后一战输给达拉斯独行侠队，战绩定格在56胜26负，西部第二，这是黄蜂队史常规赛赢球场次纪录，但未能登上西部榜首的状况，削减了保罗在MVP竞争中的有利条件。

2007-2008赛季常规赛MVP最终归属于科比，对于这个结果，确实存在一些争议，美国著名体育媒体人比尔·西蒙斯称科比这次获奖是"公然藐视正义"，也不乏一些球迷认为保罗被"抢劫"了，"CP3"才应该是获奖者。

MVP的评选没有具体的标准，但根据历史经验来看，有三条很重要：一是球队战绩，二是球员数据，三是故事情怀。

2005-2006 赛季最有价值球员投票一览

首选率	得票率	球员	出场	首发	时间	得分	篮板	助攻	抢断	盖帽	失误	犯规
65.08%	33.73%	科比	82	82	38.9	28.3	6.3	5.4	1.8	0.5	3.1	2.8
22.22%	27.14%	保罗	80	80	37.6	21.1	4.0	11.6	2.7	0.1	2.5	2.3
11.90%	20.45%	加内特	71	71	32.8	18.8	9.2	3.4	1.4	1.3	1.9	2.3
0.79%	13.37%	詹姆斯	75	74	40.4	30.0	7.9	7.2	1.8	1.1	3.4	2.2
0.00%	1.83%	霍华德	82	82	37.7	20.7	14.2	1.3	0.9	2.1	3.2	3.3
0.00%	0.82%	斯塔德迈尔	79	79	33.9	25.2	9.1	1.5	0.8	2.1	2.2	3.7
0.00%	0.76%	邓肯	78	78	34.0	19.3	11.3	2.8	0.7	1.9	2.3	2.4
0.00%	0.58%	麦迪	66	62	37.0	21.6	5.1	5.9	1.0	0.5	2.4	1.4
0.00%	0.55%	纳什	81	81	34.3	16.9	3.5	11.1	0.7	0.1	3.6	1.4
0.00%	0.27%	吉诺比利	74	23	31.1	19.5	4.8	4.5	1.5	0.4	2.7	2.3
0.00%	0.15%	诺维茨基	77	77	36.0	23.6	8.6	3.5	0.7	0.9	2.1	2.6
0.00%	0.12%	德隆·威廉姆斯	82	82	37.3	18.8	3.0	10.5	1.1	0.3	3.4	2.4
0.00%	0.09%	安东尼	77	77	36.4	25.7	7.4	3.4	1.3	0.5	3.3	3.3
0.00%	0.03%	布泽尔	81	81	34.9	21.1	10.4	2.9	1.2	0.5	2.6	3.6
0.00%	0.03%	安托万·贾米森	79	79	38.7	21.4	10.2	1.5	1.3	0.4	1.4	2.5
0.00%	0.03%	皮尔斯	80	80	35.9	19.6	5.1	4.5	1.3	0.5	2.8	2.5
0.00%	0.03%	拉希德·华莱士	77	76	30.5	12.7	6.6	1.8	1.2	1.7	1.1	2.8

　　从战绩来看，科比的湖人队位列西部第一。从数据来看，科比在2007-2008赛季场均28.3分6.3个篮板5.4次助攻1.8次抢断，虽然不及他之前两个赛季那般火爆，但仍符合MVP级球星的标准。

　　故事情怀，对于科比更有加成作用。2007-2008赛季是科比NBA生涯第12年，作为NBA招牌球星，最受球迷欢迎的篮球偶像之一，在联盟征战这么久竟然没有拿过MVP？虽然科比之前没拿奖确实有原因，最初是因为奥尼尔才是湖人队第一核心，奥尼尔走后尽管科比个人数据爆炸，但湖人队整体实力欠佳，只是季后赛边缘球队。2007-2008赛季是一个绝佳的机会，科比仍在巅峰，而加索尔的加入辅助科比将湖人队带到西部第一，MVP虽然迟到但也应该到了。

从最终的投票情况来看，126张第一位选票中，科比获得了82张，保罗是28张（加内特获得15张，詹姆斯1张），这个票差并不小。MVP之争是天时地利人和多种因素综合作用，保罗在2007-2008赛季的表现无疑是MVP水准，但科比在正确的时间带领湖人队抵达了正确的位置，保罗虽有遗憾，但他才23岁，似锦前程正在保罗眼前铺开，MVP或许就在不远的将来等待着他。

"有些失落，但我当时觉得机会还会有的，毕竟我还很年轻。"许多年后，保罗回忆起2008年与MVP擦肩而过时的心情说。

23岁的保罗，还不知道这次错过究竟意味着什么。

当然，未获MVP丝毫不能减弱保罗在2007-2008赛季的光芒，他场均21.1分4个篮板11.6次助攻2.7次抢断，包揽助攻王与抢断王，入选赛季最佳阵容第一队，最佳防守阵容第二队，他是这个联盟最优秀的控卫，至少在常规赛是如此。因为保罗在2008年之前还没有打过季后赛，他需要在更高级别的比赛中证明自己的实力。

"我知道季后赛是不一样的比赛，但我准备好了。"保罗说。

第五章

神控卫
孤掌难鸣

① 突破首轮

2008年4月19日，黄蜂队踏上季后赛征程，这是保罗首次季后赛之旅，他的对手是独行侠队，这支球队两年前闯入总决赛，一年前拿到了67胜，虽然2007-2008赛季的独行侠队处于调整期，常规赛51胜与之前两个赛季连取胜场60+相比有差距，但他们季后赛经验丰富，队内两位球星诺维茨基与基德都拥有带队杀入总决赛的履历，而他们的对手黄蜂队，领军人物是一位"季后赛菜鸟"。

保罗紧张吗？还真有一点儿，他在比赛日通常是上午投篮训练结束后会午睡，但在季后赛打响这一天，却辗转难眠。"就是睡不着，"保罗说，"我只好打开电视看比赛，骑士队与奇才队系列赛的第一场，还有马刺队与太阳队的揭幕战，隔着屏幕仍能感受到比赛的紧张气氛。"

比赛上半场，仿佛黄蜂队在交季后赛学费，他们的投篮命中率只有38.3%，三分球11投2中，半场落后独行侠队12分。在中场休息时，斯科特教练找到了保罗。

"这场球从下半场才开始，比赛仍是悬而未决，你要站出来，将必胜的信念带给队友。"斯科特说。

保罗的反击如期而至，他在第三节开始后统治了比赛，先是连进3记中投，随后为韦斯特连送两次助攻，接下来中距离投篮再进，反击中奔袭抛射再添两分，自己抢下篮板一条龙快攻上篮不但打进还造成基德犯规，2+1手到擒来。保罗在第三节变换着花样攻打独行侠队的防线，单节取走15分5次助攻并且零失误，黄蜂队在这一节胜出16分逆转战局。

独行侠队感受到两年前总决赛中韦德带来的那股杀戮之气，那是一种无可阻挡的终结之力。第四节开始后，保罗掀起一波10-0的攻势，抛射取分、妙传钱德勒空接、助攻韦斯特打三分，保罗如同旋风席卷独行侠队的防线，黄蜂队以104-92将胜利收入囊中。

保罗在自己的季后赛首秀中，贡献35分3个篮板10次助攻4次抢断1次盖帽，全场比赛打了41分钟只有1次失误，23次出手攻进15球，命中率高达65.2%。

独行侠队在第二场开局就对保罗采取夹击防守，连诺维茨基都参与到对保罗的合围中，但独行侠队二防一竟然还是被保罗轻松打穿。

保罗在第一节3投全中，与此同时送出8次助攻，独行侠队的包夹稍有延迟，保罗就突破防守得分，而若是独行侠队提前夹击，保罗就会找到处于空位的队友，在他首节的8次助攻中5次送给韦斯特，2次传给钱德勒空接，黄蜂队首节以71%的命中率轰下创队史季后赛单节得分纪录的39分。

黄蜂队首节拉开10分差距，第三节一度领先25分，最终127-103大胜独行侠队，总比分2-0领先。保罗攻下32分和创队史季后赛单场新高的17次助攻。

0-2落后的独行侠队背水一战，如果输掉第三场，这个系列赛就几乎等同结束。独行侠主帅约翰逊做出调整，用特里取代斯塔克豪斯首发，同时将对位防守保罗的任务从基德手中转移给特里。特里从整体防御力来看不如基德，但他速度更快，独行侠队的策略是特里利用脚步移动卡住保罗的第一步，给队友协防的时间，逼迫保罗出球。

保罗的应对与上一场相同，面对特里的紧跟与独行侠的包夹，分球给韦斯特，但韦斯特这场手感全无，开场后前14次投篮丢了11个，全场比赛20投6中。当韦斯特失准，独行侠队可以加大对保罗的夹击力度，保罗未能延续之前两场的火热状态，虽然送出10次助攻，但18投4中的投篮表现显然不足以摧毁独行侠的防御，黄蜂队以87-97败下阵来。

虽然输掉一场，但斯科特发现了独行侠队的问题，这支球队尽管拥有基德这位组织大师，但进攻风格偏重于单打，相互之间并没有很好的协作，如果黄蜂队能够提升防守，摁住独行侠队几个分散的火力点，赢球绝非难事。

第四场，带着强烈防守信念的黄蜂队，成功冻结了独行侠队的一对一体系，约什·霍华德16投3中、基德6投1中、特里16中6，独行侠全队命中率只有

36%，虽然诺维茨基22分13个篮板发挥还算正常，但根本不足以填补队友哑火带来的漏洞。独行侠队在第二节命中率仅为29.2%，整节比赛只拿到14分，下半场命中率33.3%，两节比赛只入账40分。

当比赛进行到第四节，黄蜂队拉开16分的差距，独行侠队主场球迷已经开始退场，而他们的球员垂头丧气失去斗志，基德甚至恼羞成怒对黄蜂队后卫杰尼罗·帕戈恶意犯规被驱逐出场。坐在板凳席休息的保罗，目睹了独行侠队的溃败，他知道这场球胜券在握，但系列赛仍未结束。

"3-1领先当然很开心，但在拿到第四场胜利之前并没有实际意义。"在黄蜂队97-84击败独行侠队后，得到16分7个篮板8次助攻的保罗说，"教练总是告诉我们，终结一个系列赛是很难的，但我们有信心回到主场完成任务。"

在第五场比赛前，联盟宣布了一个奖项的归属，黄蜂队主帅斯科特当选2007-2008赛季最佳教练，这个消息令黄蜂全队感到振奋。

胜利是送给教练最好的礼物，黄蜂队三军用命，保罗一马当先，他交出24分11个篮板15次助攻的三双成绩单，韦斯特25分，钱德勒10分14个篮板，帕戈替补上场贡献17分。黄蜂队99-94力擒独行侠队，总比分4-1，收获球队搬迁到新奥尔良后的首个季后赛系列赛的胜利。

当比赛结束，黄蜂队只是短暂地进行了小规模的庆祝，他们很冷静，这只是首轮，接下来将有更严酷的考验到来。

"我们不会开香槟，球队正在努力建设赢球的文化，这并非童话，而是我们在奋斗中渴望实现的目标。"保罗说。

② 咫尺天涯

黄蜂队在第二轮的对手是马刺队，2006-2007赛季的总冠军。更准确地说，马刺队从1999年至2007年期间，拿到了4个总冠军。这支球队是球员个人实力与团队攻防体系融合的典范，"GDP组合"是马刺队的基础，邓肯是核心，帕克是推进器，而吉诺比利是天马行空的灵感，波波维奇教练围绕这三位球星搭建起严谨中不乏灵活、强悍中不缺弹性的战术系统。

斯科特很清楚马刺队的厉害，他在2003年带领全盛时期的篮网队闯入总决赛，就是败给了马刺队。在那个争冠系列赛中，邓肯场均砍下24.2分17个篮板5.3次助攻1次抢断5.3次盖帽，马刺队锁定冠军的第六战，

邓肯打出了21分20个篮板10次助攻8次盖帽的恐怖准四双数据。斯科特明白，想要打败马刺队，必须限制邓肯，否则一切无从谈起。

钱德勒是防守邓肯的第一人选，但斯科特设计了严密的包夹战术，目的只有一个，迫使邓肯出球，让马刺队将进攻重心转向外线。黄蜂队有些冒险的防守策略收到奇效，邓肯全场比赛出场37分钟9投1中，只得到5分3个篮板，虽然马刺队投进了12记三分球，但31投12中的远射效率并不足以让黄蜂队改变防守方式。

防住了邓肯，就能轻松击倒马刺队吗？不可能，这支球队的体系优势就是能够从容应对队内球星偶尔失常的状况。当邓肯陷入挣扎时，布鲁斯·鲍文出人意料地挺身而出，这位37岁的防守悍将在首轮对太阳队的比赛中总计得到4分，却在对黄蜂队的上半场拿下17分，马刺队扛住邓肯失准的压力，第二节最多时领先黄蜂队11分。

斯科特在赛前准备时就意识到这场球会非常艰难，他为球员们准备了激励工具——三枚总冠军戒指，这是他打球时在湖人队拿到的，代表着团队荣誉的巅峰。"斯科特教练展示他获得的冠军戒指，这令我们非常激动。"保罗说，"我们明白，现在正处于争冠的旅程中，我们也有机会获得，机不可失。"

韦斯特以单节11分的表现统治了第三节比赛，他全场斩获30

分。保罗掌控第四节，单节9分3次助攻3次抢断，全场比赛17分13次助攻4次抢断。黄蜂队在下半场以54.5%的命中率轰下56分，两节比赛赢了马刺队22分，最终以101-82首战告捷。

对于马刺队来说，韦斯特在首战的30分无疑非常刺眼，这是他们用一场失利换来的教训，不能让韦斯特进攻如此随心所欲。第二场，马刺队将防守重点放在韦斯特身上，圣安东尼奥"篮球铁军"的防御力得以展现，韦斯特此役11投2中，只得到10分。

但是，马刺队赢了吗？没有，他们84-102输了18分，总比分0-2落后。

为什么？因为黄蜂队有保罗。

上半场，保罗用他的突破和传球敲打着马刺队的防线，两节11分7次助攻小试牛刀。当比赛来到第三节，保罗直接切换到全能杀手模式，切入上篮、抛射、中投、三分，鲍文完全跟不上保罗的速度，当马刺队动用包夹时，保罗总是能够找到队友，第三节13分4次助攻，黄蜂队单节36-18奠定胜局，马刺队再无还手之力。

"这是我篮球生涯最美好的时刻之一，"全场比赛砍下30分12次助攻且只有1次失误的保罗说，"我们在乘风破浪。"

马刺队上一次0-2落后发生在2001年西部决赛，那个系列赛马刺队被湖人队横扫。在NBA历史中，从未有哪支球队能从季后赛0-3落后的情况下"起死回生"，第三场对于马刺队是无退路之战，而对于黄蜂队来说，如果赢球，距离西部决赛就近在咫尺。

赛前，保罗将"Brian"（布莱恩）写在球鞋上，这是一位8岁小球迷的名字，布莱恩身患癌症，但对篮球的热爱丝毫没有因为病痛而减少，他原本计划观看黄蜂队与马刺队的第二场比赛，但因为发烧未能出席，而就在几个小时之后，深爱着篮球的布莱恩去世了。

"我很荣幸能够将布莱恩的名字写在球鞋上，以此来纪念布莱恩。"保罗说。

带着布莱恩给予的信念，保罗在第三场轰下35分9次助攻，但黄蜂队未能拿下比赛胜利。马刺队变阵将吉诺比利放入首发阵容，"阿根廷妖刀"砍下31分，帕克交出31分11次助攻的数据单，邓肯送上16分13个篮板3次助攻4次盖帽，鲍文投进4记三分球，同时改变防守对位，主防佩贾，这令黄蜂队神射手7投仅2中。马刺队火力全开，以110-99扳回一城。

马刺这样的球队，一旦让他们缓过一口气，就会如同出笼猛虎。第四场，邓肯22分15个篮板4次盖帽，帕克21分8次助攻，吉诺比利15分8次助攻，而黄蜂队除了得到23分的保罗之外，无人得分超过11分，马刺队以100-80再取一胜，总比分改写为2-2，黄蜂队的领先优势荡然无存。

前四场2-2平分秋色，第五场的胜负归属尤其重要，赢球一方将获得晋级主

动权。"我们已经连续两场让获胜的机会溜走，不能再错失良机。"保罗在赛前说。

22分14次助攻且只有1次失误，下半场16分6次助攻，保罗交出一份满意的答卷。队友们没有让保罗孤掌难鸣，韦斯特狂砍38分14个篮板，钱德勒虽然只得到4分，但他成功保护黄蜂队禁区，令邓肯18投5中，黄蜂队101-79拿下比赛，距离西部决赛只差一场胜利。

然而，第五场的胜利让黄蜂队付出代价，韦斯特在比赛中因为背部疼痛一度离场返回更衣室治疗，钱德勒扭伤左脚，这为第六场比赛埋下隐患。

隐患在第六场成为灾难，韦斯特背伤加重，14次投篮只进4球，保罗拿下21分8次助攻，但一己之力难以抵挡马刺队，"GDP组合"合砍60分，马刺队99-80将系列赛带入抢七生死战。

第七场，胜者晋级，负者回家，没有丝毫的余地可供转圜，就是一场决定系列赛的结局。当前三节战罢，黄蜂队落入绝境，他们落后马刺队15分之多，想要翻盘唯有出现奇迹。

保罗拼尽全力尝试着创造出这个奇迹，他在第四节开始后先是一记跳投命中，随后助攻钱德勒轰筐得手，接下来妙传帕戈上篮取分。保罗点燃了黄蜂队的反击之火，钱德勒再次接保罗助攻袭击禁区，保罗随后送上一记抛射。韦斯特中投不进，

保罗抢到前场篮板助攻帕戈三分命中，黄蜂队在终场前1分35秒将分差缩小到3分，翻盘的曙光出现了。

关键时刻，马刺队展示了他们过硬的攻坚能力。帕克运球过中场，邓肯为帕克做掩护，保罗迅速绕过掩护紧跟帕克。邓肯马上第二次挡人，保罗的防守反应已经足够机敏，但帕克这位2007年总决赛MVP，抓住稍纵即逝的时间差，在左侧三分线内一步的位置起跳中投，保罗奋力干扰，但球还是稳稳落入网内，此刻距离比赛结束还有50秒，马刺队领先5分，黄蜂队只有打进才可能挽救危局。

黄蜂队选择快速打两分战术，韦斯特接到保罗开出的边线球后做出掩护挡住帕克，手递手传给保罗。保罗直奔禁区杀去，邓肯和奥博托双塔回收到篮下进行干扰，保罗尽管完成出手，但球并没有如他期待的那样破网而入，黄蜂队失去反转比赛的最后机会，只能选择犯规战术，随着吉诺比利连续罚球命中，马刺队以91-82赢下抢七。

2007-2008 赛季西部半决赛保罗数据

时间		出场时间	命中率	得分	篮板	助攻	抢断	盖帽	失误	犯规
2008-5-3	黄蜂 101-82 马刺	41:00	43.80%	17	4	13	4	0	2	3
2008-5-5	黄蜂 102-84 马刺	40:52	55.00%	30	2	12	1	0	1	3
2008-5-8	黄蜂 99-110 马刺	41:51	60.00%	35	2	9	1	0	1	3
2008-5-11	黄蜂 80-100 马刺	31:15	62.50%	23	6	5	3	0	4	3
2008-5-13	黄蜂 101-79 马刺	42:32	33.30%	22	3	14	1	0	1	3
2008-5-15	黄蜂 80-99 马刺	38:30	50.00%	21	6	8	3	0	3	5
2008-5-19	黄蜂 82-91 马刺	47:35	44.40%	18	8	14	5	0	4	6

保罗在第七场18分8个篮板14次助攻5次抢断，系列赛场均23.7分4.4个篮板10.7次助攻2.6次抢断，他在季后赛中仍是最强控卫，但黄蜂队却在距离西部决赛最近的地方止步。

"我会记住功亏一篑的感受，将此作为下个赛季的动力。"保罗说。

③ 第一控卫（上）

在2008年夏天，保罗为国出征，随美国男篮参加北京奥运会，并且以全胜战绩获得金牌，以此慰藉自己上个赛季季后赛出局的遗憾。除此之外，保罗还收获了另一个大礼，是一份真金白银的大合同。根据NBA的规则，一名在首轮被选中的球员，他将会和球队签署为期四年的新秀合同，而在合同前三年执行完后，球员和球队可以商谈提前续约合同。

保罗在生涯第四个赛季也就是2008-2009赛季开始之前，具备和黄蜂队商

谈续约的条件。对黄蜂队而言，以顶薪合同提前和保罗续约是一个不需要犹豫的决定。当时的保罗年仅23岁，却已经打出MVP级别的表现，随着保罗进一步的成熟，他将是联盟未来的第一控卫。

"休赛期，我们的首要任务就是与保罗续约。"当时的黄蜂队老板乔治·西恩说道，"好球员和伟大球员之间的不同就是声誉。我认为保罗毫无疑问拥有正面的名声。我们期待保罗成为我们球队的象征和未来。"

在续约谈判桌上，保罗掌控着主动权，他要在合同年限上做出决定，到底是四年还是五年。保罗联系自己的好友詹姆斯和韦德，在一番思虑过后，他选择时长为四年的合同。保罗这么做主要有两大好处：首先是给黄蜂队管理层紧迫感，督促他们补强阵容，提升夺冠竞争力；其次，保罗能更好地掌控自己的未来，如有必要，他可以早一年进入自由市场。

最终保罗和黄蜂队达成一致，他和球队提前续签4年价值6800万美元的合同，其中合同第四年为球员选项。保罗的新合同前三年平均年薪约为1500万美元，在合同第四年生效前，保罗有权决定是否要继续履行合同。如果履行，他第四年的薪水为2300万美元；如果跳出合同，他将成为完全自由球员，加盟自己心仪的球队。

保罗和黄蜂队提前续约，最高兴的莫过于新奥尔良的球迷。早在此前一个赛季，保罗就彻底征服了当地的球迷，黄蜂队后半赛季每个主场比赛都是一票难求。而新赛季，黄蜂队季票销售暴涨5000张，球队总的季票持有者达到10000人，这是黄蜂队自2002-2003赛季从夏洛特搬迁至新奥尔良以来季票销量最多的一个赛季。这一切都源于保罗，他不仅在球场上奉献赏心悦目的表演，也让黄蜂队和整个新奥尔良地区的球迷看到夺冠的希望。

在保罗签字的那一天，时任黄蜂队总经理杰夫·鲍尔的兴奋之情溢于言表。"这是黄蜂队史上至关重要的一天。"他说道。黄蜂队当时的主帅拜伦·斯科特更是对保罗赞不绝口，并公开提出夺冠的口号。

"保罗和黄蜂队续约，这一切都关乎赢球，他从第一天来这里打球就是为了

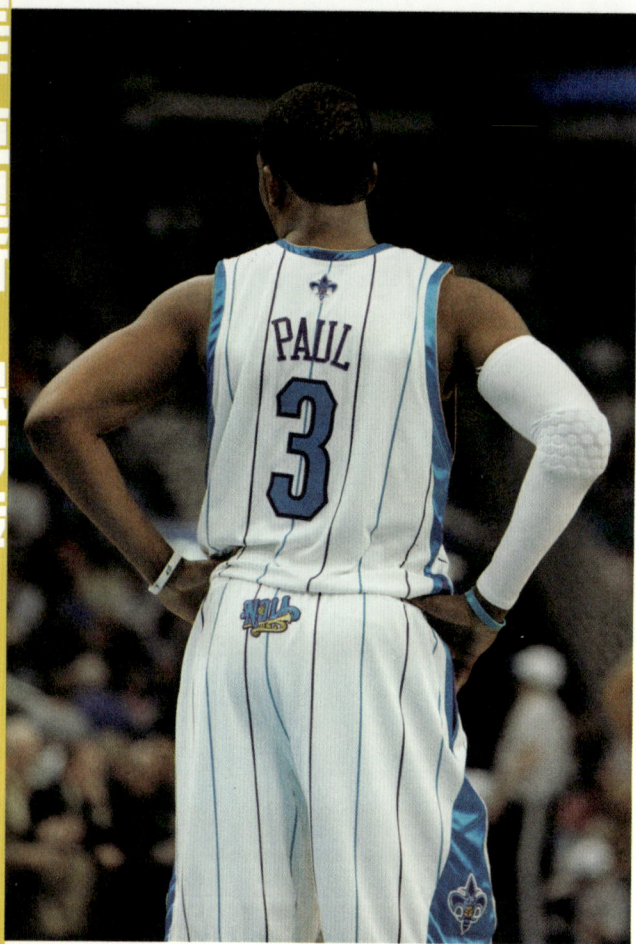

取胜。"斯科特说道，"这就是为什么保罗能在23岁时成为全联盟最好的控卫，他渴望胜利，他身边的队友也是如此。我们的目标不只是要打进季后赛，更是要争取总冠军奖杯。"

一份顶薪合同和一枚奥运金牌，如同燃料，点燃了保罗对于新赛季的热情和战斗欲望。保罗摩拳擦掌，静候自己的生涯第4个赛季。

2008-2009赛季开幕后的第三场常规赛，保罗和黄蜂队就迎来了一位重量级的客人——"小皇帝"詹姆斯。2008年11月2日，这场全美关注的焦点大战如期上演。此役是黄蜂队新赛季主场揭幕战，在赛前仪式上，保罗走上球场，向主场观众展示自己的奥运金牌，球迷掌声雷动，就像是黄蜂队赢得总冠军奖杯一样。

这场比赛，保罗打得格外卖力，不仅是为了胜利，更想击败好兄弟詹姆斯。保罗第二节登场后撕碎了骑士队的防线，成竹在胸的节奏感，令人惊叹的球场视野，恰到好处的传球，他单节比赛送出5次助攻，还连续突破攻下6分。

在决定胜负的第四节，保罗和詹姆斯这两位联盟年轻球星的代表人物更是使出浑身解数，在场上斗智斗勇。终场前8分钟，詹姆斯助攻中锋伊尔戈斯卡斯，骑士队反超4分，保罗马上做出回应，先是制造吉布森犯规，之后反击和中投连续得手，将比分追至83-83平。最后的决胜时刻，保罗又一次展现控场大师的风采，他在5分多钟的时间里连续送出4次助攻，引领黄蜂队打出一波21-9的进攻潮，锁定胜局。

全场比赛，保罗出战36分钟，13投7中，罚球11中10，拿到24分15次助攻的豪华数据，并且只出现1次失误。保罗不仅打爆骑士队主力控卫莫·威廉姆斯，也力压詹姆斯一头，骑士队当家球星本场15投仅6中，得到15分和13次助攻，却出现多达5次的失误。

新赛季前三场比赛，保罗每场至少贡献20分10次助攻，率领黄蜂队豪取三连胜。

"在NBA，尤其是在竞争激烈的西部，常规赛中每一场胜利都有重大的意义。"保罗说道，"等到赛季结束，我们再回看赢球的场次，就会觉得这些胜利非常棒，我们得再接再厉，不能松懈。"

保罗新赛季开局连续七场比赛得分超过20分，助攻超过10次，他用实际行动向全联盟发出强有力的声明，他就是现役联盟的第一控卫。

④

第一控卫（下）

2008年12月18日，保罗又创造一项历史，他连续106场比赛至少送出1次抢断，打破NBA名宿阿尔文·罗伯特森保持的纪录。罗伯特森在1986年创造了连续105场有抢断入账的纪录，此后该纪录尘封22年，无人能破，直到保罗的横空出世。

在12月18日黄蜂队对阵马刺队前，保罗连续105场完成抢断，追平罗伯特森的纪录。面对上赛季季后赛淘汰自己的马刺队，保罗当然不会手下留情。开场哨响，保罗就连续中距离跳投得手，朝对手发难。

半场还剩3分43秒，帕克传球失误，斜刺里杀出将球断走的正是保罗。至此，保罗完成壮举，他连续106场至少送出1次抢断，超过罗伯特森，创造了新的NBA历史纪录。

"这是一个难以置信的成就，希望再也没有后来人能够打破这项纪录。"保罗笑着说道，"让我们看看这纪录能维持多久吧。"

黄蜂队与马刺队的这场比赛战到最后一刻，关键之时，保罗再次发挥定海神针的作用。终场前7分41秒，黄蜂队进攻，保罗持球单打，他强行突破内线，不仅将球上进，还造成马刺队外线大闸布鲁斯·鲍文的犯规，他稳稳加罚命中。保罗的表演远未结束，之后，他连续助攻韦斯特命中中远投。在保罗的调度之下，黄蜂队进攻如疾风骤雨，末节打出一波27-13的攻势带走比赛。

这场比赛，保罗贡献19分6个篮板12次助攻，压制得到20分4次助攻的马刺队主控帕克。而在大前锋位置上，保罗最得力的帮手韦斯特还赢得了与邓肯的对

决，韦斯特砍下21分9个篮板，邓肯则14投仅5中，贡献16分11个篮板。

"我清楚，当教练在第四节喊到我的名字，我就知道自己该挺身而出，去接管比赛。"保罗说道，"我必须打出侵略性，因为这是最后一节，我们无须做任何的保留。"

在赢下与马刺队的比赛后，保罗率领下的黄蜂队登顶著名的"死亡赛区"西南区，以15胜7负的战绩领先姚明和麦迪所在的火箭队0.5个胜场，领先马刺队1个胜场。在上赛季止步西部半决赛后，无论是保罗还是黄蜂队，都已经发出冲冠的最强音。

保罗连续抢断纪录断在2008年12月26日与魔术队的"圣诞大战"中，最终的数字锁定在108场，这是一项前无古人，后来者也难以打破的纪录。整个赛季当中，保罗有几场比赛差一点儿打出四双表现，比如2009年1月15日，保罗在对独行侠队的比赛中贡献33分10个篮板11次助攻7次抢断，12天后对阵76人队，保罗又送出27分10个篮板15次助攻7次抢断。

赛季进入后半阶段，原本顺风顺水的黄蜂队却变得步履维艰，球队主力中锋钱德勒和神射手佩贾相继遭遇伤病，需要长期缺阵。

> 保罗身上的担子更加沉重，但如果你了解保罗的个性，你就知道，他永远也不会退缩。

2009年4月4日，黄蜂队客场挑战勇士队，保罗出战41分钟，罕见地出手28次，命中16球，狂砍平生涯纪录的43分。保罗将个人能力发挥到极致，但球队却以103-111不敌勇士队。一周之后对阵独行侠队，保罗再次火力全开，25投14中，12次走上罚球线，命中11球，砍下42分9个篮板7次助攻，结果球队再次输球。这两场比赛，保罗真切地感受到什么是孤掌难鸣。

受伤病所困，黄蜂队战绩出现滑坡，常规赛最后8场输掉6场，球队最终取得49胜33负的战绩，比之前一个赛季足足少赢了7场比赛。黄蜂队排名一路下滑，跌到西部第七的位置。

从保罗个人而言，他打出职业生涯最好的一个赛季。在上赛季场均21.1分4个篮板11.6次助攻2.7次抢断，成为助攻王和抢断王。常规赛MVP评选第二后，保罗百尺竿头，更进一步，2008-2009赛季的场均数据提升至22.8分5.5个篮板11次助攻2.8次抢断，不仅卫冕联盟助攻王和抢断王两大殊荣，而且场均得分、抢断和出场时间，均创造职业生涯的最高纪录。

同时，保罗职业生涯第二次入选全明星，并且首次成为全明星赛首发球员。在最佳阵容的评选中，保罗入选第二阵容，而第一阵容的两名后场球员都是得分后卫，分别是科比和韦德。在常规赛MVP评选中，保罗受球队战绩的拖累，从前一年的第二跌到第五，但依然是排名最高的控球后卫。

2008-2009 赛季常规赛 MVP 投票一览

首选率	得票率	球员	出场	首发	时间	得分	篮板	助攻	抢断	盖帽	失误	犯规
90.08%	37.25%	詹姆斯	81	81	37.7	28.4	7.6	7.2	1.7	1.1	3.0	1.7
1.65%	22.19%	科比	82	82	36.1	26.8	5.2	4.9	1.5	0.5	2.6	2.3
5.79%	21.61%	韦德	79	79	38.6	30.2	5.0	7.5	2.2	1.3	3.4	2.3
0.83%	10.43%	霍华德	79	79	35.7	20.6	13.8	1.4	1.0	2.9	3.0	3.4
1.65%	6.10%	保罗	78	78	38.5	22.8	5.5	11.0	2.8	0.1	3.0	2.7
0.00%	1.05%	比卢普斯	79	79	35.3	17.7	3.0	6.4	1.2	0.2	2.2	2.0
0.00%	0.67%	皮尔斯	81	81	37.5	20.5	5.6	3.6	1.0	0.3	2.8	2.7
0.00%	0.29%	托尼·帕克	72	71	34.1	22.0	3.1	6.9	0.9	0.1	2.6	1.5
0.00%	0.22%	罗伊	78	78	37.2	22.6	4.7	5.1	1.1	0.3	1.9	1.6
0.00%	0.10%	诺维茨基	81	81	37.7	25.9	8.4	2.4	0.8	0.8	1.9	2.2
0.00%	0.06%	邓肯	75	75	33.6	19.3	10.7	3.5	0.5	1.7	2.2	2.3
0.00%	0.03%	姚明	77	77	33.6	19.7	9.9	1.8	0.4	1.9	3.0	3.3

可以这样说，这时候的保罗，已经无可争议地坐上联盟控球后卫的第一把交椅。正所谓，英姿飒爽克里斯，运筹帷幄气非凡。敢问谁是第一控，唯有上将圣保罗。

但世间之事变幻莫测，保罗没想到的是，他在黄蜂队生涯的噩运正接踵而至。

第六章

蜂王离巢
入洛城

① 58分惨案

由于关键球员受伤和状态下滑等因素，黄蜂队在2008-2009赛季常规赛的表现虎头蛇尾，排在西部第七，这意味着他们要在季后赛首轮对上西部第二的丹佛掘金队。当时的掘金队是怎样一支球队呢？打头阵的是号称"进攻万花筒"的卡梅隆·安东尼，当季常规赛场均22.8分6.8个篮板3.4次助攻1.1个抢断，联盟最为顶级的小前锋之一。

控卫位置上与保罗对位的是昌西·比卢普斯，这可是一个狠角色，此君身体强壮，技术全面，攻守俱佳，几乎没有短板，一手大心脏的三分球更是令联盟对手闻风丧胆。比卢普斯在比赛经验上也远胜过保罗，他早在2004年就率领活塞队获得总冠军，自己荣膺总决赛最有价值球员。

除了安东尼和比卢普斯两大王牌，掘金队还配备了2000年选秀状元肯扬·马丁，2002年7号秀、巴西内线内内·希拉里奥，身体素质超群的JR·史密斯，绰号"鸟人"的克里斯·安德森，防守悍将邓台·琼斯以及立陶宛射手克雷扎等一众虎将。这支掘金队是队史上最具天赋和实力的球队，保罗和黄蜂队好巧不巧正好撞到枪口上。

2009年4月20日，季后赛打响，黄蜂队率先远赴丹佛高原，客场挑战掘金队。结果首场比赛，保罗和黄蜂队就被掘金队来了一个下马威。比卢普斯手感火热，他15投10中，三分球更是恐怖的9投8中，罚球8中8，爆砍36分8次助攻，没有1次失误。

保罗虽然倾尽全力，得到21分11次助攻，但在比卢普斯完美的发挥下，保罗

对于球队的帮助如杯水车薪。系列赛首战，黄蜂队以84-113惨败。

"我们今天就是无法阻挡比卢普斯。"保罗说道，"但好的一面是，我们虽然输了29分，但总比分不过是0-1而已。"

但系列赛之后的走势表明，黄蜂队所面临的挑战比保罗想象中的要严峻得多。第二场比赛，比卢普斯再次统治比赛，15投8中，三分球6投4中，罚球11罚全中，轰下31分4个篮板4次助攻。保罗14分和13次助攻的发挥只能说是中规中矩，但在季后赛舞台上面对掘金队这么强大的对手，保罗的表现不足以帮助球队赢球。93-108，黄蜂队又吞下一场惨败。

总比分0-2落后，保罗内心里再清楚不过，这个时候能帮助他和球队的只有他自己。保罗必须打出一场全面压制比卢普斯的比赛，球队才有机会赢球。于是系列赛第三场比赛，保罗放手一搏，打了46分钟，20投11中，轰下了32分12次助攻，两项数据都冠绝全场，同时将比卢普斯限制到10投3中，仅得16分7个篮板6次助攻。

但保罗没有想到的是，这是黄蜂队系列赛首场胜利，也是最后一场胜利，而且即将迎接他们的是一场历史性的大溃败。

2009年4月28日，黄蜂队生死之战，赢了就能扳平总比分，输了就陷入1-3

落后的绝境。这场比赛一开始，安东尼和比卢普斯就连续飙中中远距离的跳投，而在内线，马丁和内内轮番轰炸黄蜂队的篮筐。仅仅用了一节比赛，掘金队就统治了比赛，取得36-15的巨大领先优势。而在第三场出战46分钟、数次被侵犯摔倒在地的保罗，可能是受到太大的消耗，他无力对掘金队猛烈的攻势做出回应。

保罗的字典中没有"放弃"两字，他打满首节，没有休息1秒钟就在第二节接着上。在比赛进行到第三节结束时，场上记分牌是触目惊心的50-88，黄蜂队足足落后38分之多。保罗的好兄弟安东尼三节就轰下26分，比卢普斯也在三节内得到17分。看着大比分落后的局面，保罗已经没有上场的必要，他在板凳席上呆若木鸡，眼神落寞地看着球场上的10个人在跑来跑去。

黄蜂队的球迷在第三节结束后纷纷提前退场。对保罗和黄蜂队而言，有些残忍的是，第四节掘金队并没有收手的意思，JR·史密斯和克雷扎领衔的掘金队替补球员们一次次把球扔进篮筐，最终的比分锁定在121-63。黄蜂队惨负58分，创造NBA季后赛单场比赛的输球纪录。

保罗在这场比赛中完全不在状态，在36分钟的时间里，7投2中，只得到4分6次助攻，并且以稳重著称的他出现多达6次的失误。这是保罗季后赛生涯打得最差的一场比赛，在之前的季后赛中，他单场得分从未低于14分。

这场净负58分的惨痛失利，成为保罗职业生涯永远挥之不去的黑点。尽管比赛已经过去10多年，但直到今天，在篮球迷的口中，仍然流传着关于保罗和58分的各种梗。

在这场比赛结束后，身为球队领袖，保罗一如既往地展现出强硬姿态，他没有找任何的借口，面对气势如虹的对手以及对自己极端不利的处境，保罗依然还在鼓舞队友的士气："虽然这比分令人尴尬，他们狠狠地痛击了我们，但说到底，这只是一场比赛的输赢而已。"

系列赛前四场打完后，黄蜂队无论是实力还是状态，对比掘金队已经全面处于下风。刚刚遭遇溃败的黄蜂队出征"魔鬼客场"丹佛，不出意料，黄蜂队以86-107落败。保罗还没有从58分的惨败中调整过来，全场只得到12分10次助攻，而掘金队双星安东尼砍下34分，比卢普斯送出13分11次助攻。

黄蜂队1-4掘金队止步首轮，输掉的四场比赛分别净负29分、15分、58分和21分，无论是出局的过程还是方式，都是极其丑陋的。以保罗的性格来说，他无法接受这样的结果。与掘金队的这轮系列赛成为保罗黄蜂生涯的一个拐点，他在新奥尔良原本看似美好的未来，逐渐有阴云笼罩过来。

② 萌生去意

2009年季后赛不堪回首的失利已过去数个月时间，但球队上空笼罩的阴云并未散去，更致命的危机随之而来，保罗和黄蜂队之间的关系出现裂痕，而且这种裂痕不仅没有得到及时修复，反而呈扩大趋势。

保罗对球队的不满首先源于补强不力。在整个2009年休赛期，黄蜂队通过交易送走有伤病隐患的钱德勒，换来更为健康的2004年榜眼秀、同样是防守型中锋的埃梅卡·奥卡福。但单从球员个人能力和阵容适配性上来说，这笔运作完成后，黄蜂队的竞争力不见得就提升了。

此外，黄蜂队还白白送走了能防守且三分球精准的外线悍将拉苏·巴特勒。而在引援方面，黄蜂队基本没有动作，随着佩贾和波西等老将又年长了一岁，球队的竞争力在下滑。这对志在冲冠的保罗来说是难以容忍的。

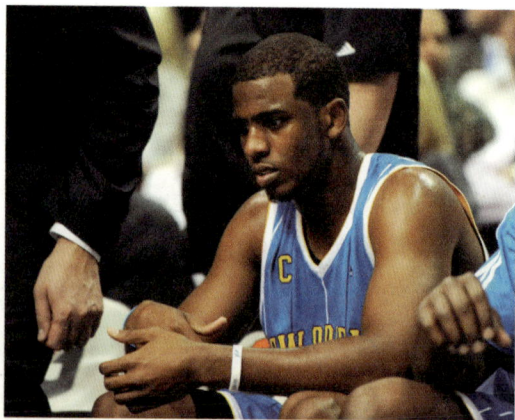

很快黄蜂队就为休赛期的无所作为付出代价。2009-2010赛季前9场比赛，黄蜂队战绩不尽如人意，仅仅3胜6负，而且6场败仗有5场都至少输了10分，球员士气低迷，这不是一个好的现象。

黄蜂队急需有人为这样的处境负责，球队让主帅拜伦·斯科特当了替罪羊，在没有通知保罗的情况下就将斯科特解雇。要知道，斯科特在保罗刚加盟黄蜂队时就在球队执教，保罗视斯科特为恩师，两人私交甚密，经常一起打高尔夫球。保罗的成功可以说是离不开斯科特的支持和教导。

斯科特下课之后，保罗在接受媒体采访时公开抱怨球队管理层，把自己从休赛期以来的所有怨气全部发泄出来。

"斯科特对我来说已经超越一名教练的范畴，他是值得信赖的导师。"保罗说道，"管理层应该在做决定前咨询我的意见，但事实上，我在事情发生之前一无所知，等我知道消息的时候，我深感震惊。我知道球队正朝着一个新的方向前进，但不清楚这个方向是否正确。"

保罗精神上的伤口尚未开始愈合，身体的创伤又接二连三地出现了。2009年11月14日，黄蜂队在主场迎战开拓者队，保罗不慎扭伤自己的左脚踝，他休战将近三周的时间，缺席8场比赛。

保罗的坏运气并未走到头。2010年1月30日，在对阵公牛队的比赛中，他为了救一个球，膝盖撞到场边的摄像机，结果遭遇半月板撕裂的伤病。随后，保罗接受膝盖关节镜手术，休战将近两个月的时间。这是保罗职业生涯遭受的最严重伤病，他不仅连续缺席25场比赛，而且还错过了2010年的全明星正赛。

在保罗休战的日子里，黄蜂队战绩只有8胜17负，与季后赛渐行渐远。常规赛收官阶段，保罗为球队毅然复出，但可惜的是，重伤初愈的他远远没有恢复到

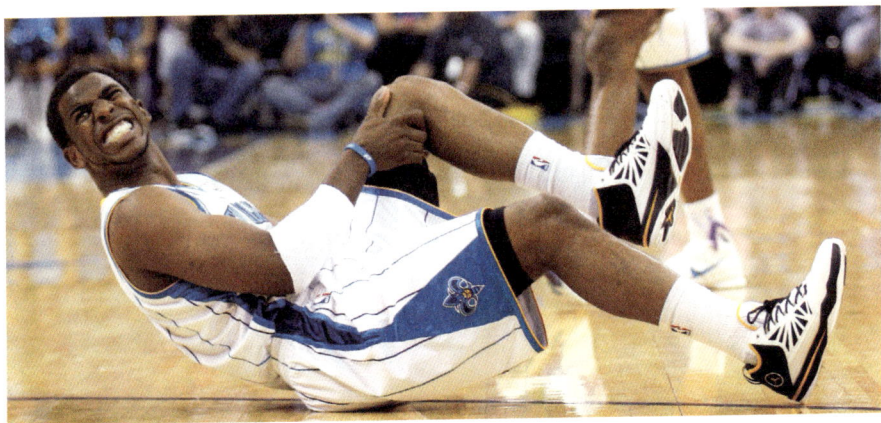

最佳状态，打了7场比赛，场均数据暴跌至9.4分8次助攻。保罗无力扭转颓势，眼睁睁看着自己的球队告别季后赛。

祸不单行的是，在之后的训练中，保罗又遭遇伤病，这次是右手中指部位韧带撕裂。尽管不需要手术治疗，但保罗将休养七周，赛季报销，无缘常规赛最后四场比赛。命运多舛的2009-2010赛季草草结束，保罗三次遭遇重大伤病，缺席37场比赛，是职业生涯缺席场次最多的一个赛季。黄蜂队在这个赛季最终只取得37胜45负的战绩，排名西部第12，这也是保罗加盟球队以来的最差战绩。

伤病仍然在跟保罗作对。2011年3月7日，黄蜂队客场挑战骑士队，第三节还剩4分36秒，保罗在一次上篮过程中，他的前额撞到拉蒙·塞申斯的右肩，重重地摔在地上，脖子和头部受伤，他久久无法动弹。现场鸦雀无声，都在为保罗祈祷，队医赶紧进场，为保罗的脖子戴上护具，起到固定作用，然后将他放在担架上，抬离球场。

在离场的时候，保罗伸出右手的大拇指，告诉人们他还有意识，不要过于担心。好在保罗的这次受伤被证明只是虚惊一场，他伤情确诊为脑震荡，只休息了两场就生龙活虎地回到球场上。

除这次受伤外，保罗在2010-2011赛季的其他时间里都保持着健康，共出战80场比赛。但这赛季的黄蜂队已经不是2007-2008赛季那支能给人无限遐想的球队了，他们只是一支平庸的季后赛下半区球队。保罗也失去往日的心气，场均只出手11.6次，得到15.9分，两项数据均是他黄蜂生涯的最低纪录。常规赛结束，保罗第三次加冕联盟抢断王的殊荣。

黄蜂队46胜36负，以西部第七的身份勉强跻身季后赛，但他们的实力不足以扮演搅局者的角色。在首轮面对科比和大加索尔领衔的卫冕冠军湖人队，保罗虽然全力以赴，打出MVP级别的表现，场均22分6.7个篮板11.5次助攻，投篮和三分球命中率分别为54.5%和47.4%，表现近乎完美，但保罗个人依然不足以填补球队和对手巨大的实力差距，他的球队总比分2-4落败，输球的四场比赛场均净负14.3分。

当保罗打完在黄蜂队的第六个赛季后,他已看清自己在新奥尔良的未来,这支小市场球队根本无法安置下自己的夺冠雄心。因此在2011年夏天,当黄蜂队寻求与保罗提前续约时,保罗的回应非常冷淡。

"我没有考虑过黄蜂队的续约要求。"保罗在采访中直白地说道,"我休赛期会专注一些公益活动,另外联盟还面临着停摆问题,我要去操心很多事情,没有精力关心合同问题。"

保罗在黄蜂队生涯数据汇总

赛季	出场	首发	出场时间	命中率	三分命中率	得分	总篮板	助攻	抢断	盖帽	失误
2005-2006	78	78	36.0	43.00%	28.2%	16.1	5.1	7.8	2.2	0.1	2.3
2006-2007	64	64	36.8	43.70%	35.0%	17.3	4.4	8.9	1.8	0.0	2.5
2007-2008	80	80	37.6	48.80%	36.9%	21.1	4.0	11.6	2.7	0.1	2.5
2008-2009	78	78	38.5	50.30%	36.4%	22.8	5.5	11	2.8	0.1	3.0
2009-2010	45	45	38.0	49.30%	40.9%	18.7	4.2	10.7	2.1	0.2	2.5
2010-2011	80	80	36.0	46.30%	38.8%	15.9	4.1	9.8	2.4	0.1	2.2
黄蜂生涯	425	425	37.1	47.10%	35.9%	18.7	4.6	9.9	2.4	0.1	2.5

而随着时间的推移,保罗想离开黄蜂队的意愿越来越强烈,他向球队提出交易申请。保罗的首选地是加盟尼克斯,与自己的好友安东尼并肩作战,安东尼在2011年2月的一笔交易中从掘金队转会到尼克斯队。

黄蜂队的难处在于保罗的合同只剩下两年，其中第二年还是球员选项。如果黄蜂队强留保罗，只能让他在新奥尔良多打一个赛季，接着保罗就会在2012年夏天跳出合同，加盟任意一支球队，届时黄蜂队将两手空空，什么好处都捞不到。

黄蜂队显然不想看到这样的场景出现，只能积极配合保罗，探索各种交易的可能性。黄蜂队接洽了多支球队，包括与勇士队和凯尔特人队进行对话，但保罗明确表态，他只愿意去纽约或者洛杉矶打球。

> 正所谓天下无不散之筵席，当事情发展到这一步，保罗和黄蜂队分道扬镳已经在所难免，他在新奥尔良的日子进入倒计时。

③

交易闹剧

2011年的夏天，NBA迎来历史上第五次停摆，开赛时间比以往晚了两个月。漫长的休赛期，恰好让忙碌的保罗有足够的时间处理自己人生和职业生涯的两件大事。

2011年9月11日，保罗与他在大学时期认识的"甜心"杰达·克劳利步入婚姻的殿堂。保罗与杰达相识于2003年，那是保罗在维克森林大学的第一年，他和杰达不仅是校友，而且都来自北卡罗来纳州。两人一见钟情，从此开启长达八年的爱情长跑，终于在2011年修成成果。杰达在2009年5月诞下一子，后又在2012年8月迎来一个女儿，保罗儿女双全，美满的家庭生活是他追求篮球事业的强力后盾。

而与此同时，保罗已经决意离开黄蜂队，新奥尔良的小市场再也容不下保罗的大梦想。不过在NBA联盟，明星球员的转会并非一朝一夕就能完成，更何况保罗才26岁，是联盟数一数二的顶级控卫，正处盛年的超级巨星是抢手货，所有球队都会争相追逐。

  2011年12月9日，就在劳资双方就新的协议达成一致后不久，黄蜂队关于保罗的交易谈判也取得突破性的进展。黄蜂队同意与湖人队、火箭队达成一笔涉及三队多达六人的重磅交易，具体方案是湖人队送出保罗·加索尔到火箭队，把拉马尔·奥多姆送至黄蜂队，得到保罗。火箭队为了换来保罗·加索尔，将凯文·马丁、路易斯·斯科拉、戈兰·德拉季奇和2012年的首轮选秀权送至黄蜂队。根据这个方案，黄蜂队交易保罗的回报是奥多姆、马丁、斯科拉、德拉季奇四名球员外加一个未来选秀权。

  这个消息如同一场地震，惊动整个联盟。如果交易获得联盟批准，湖人队将会让科比联手保罗，而所有对手都明白，如果这两个人在一起打球，将会有多么可怕。虽然科比当时已经33岁，但他依然保持着巅峰状态，上个赛季场均能够得到25.3分5.1个篮板4.7次助攻。更为重要的是，科比和保罗都是攻防一体的超级巨星，有着常人无法比拟的竞争心态，他们在球场上从不认输。

  除科比和保罗，湖人队还有潜力巨大的大中锋安德鲁·拜纳姆，他与保罗同是2005届新秀，当时在第10顺位被湖人队选中。在2010-2011赛季，拜纳姆场均11.3分9.4个篮板2次盖帽，已经是接近两双的中锋。在锋线位置上，湖人队还有强悍担当慈世平，他是联盟最出色的外线防守大闸之一，曾获得最佳防守球员。

当湖人队拥有以科比、保罗、拜纳姆和慈世平为核心的豪华阵容，再加上洛杉矶的号召力和管理层的精明运作，湖人队绝对有机会再次称霸整个联盟。得知自己将被交易至湖人队时，保罗早已按捺不住激动的心情。

"我当时和哥哥、经纪人通电话，想象着即将从新奥尔良飞往洛杉矶。我甚至都和科比打过电话，我们聊了很多，畅想合作的场景。"保罗说道，"最疯狂的是，在2009年全明星赛上，我和科比在一个队，当时我们就说：'如果我们在一起打球，球队永远都不会输。'那场比赛，我们在全明星赛痛打对手，我至今仍记忆犹新。"

保罗所说的比赛是2009年全明星正赛，当时他和科比是西部队的首发后场，率队以146-119狂胜东部队，保罗送出14分7篮板14次助攻3个抢断，科比则轻松砍下27分4个篮板4次助攻4次抢断。

当保罗还沉浸于对于未来的美好想象时，这笔交易方案却在仅出炉45分钟后出现了一个180度的大转折。时任NBA总裁大卫·斯特恩亲自否决这笔交易，在联盟历史上，这是闻所未闻的。

那么斯特恩和联盟为什么会有权阻止黄蜂队、湖人队和火箭队的交易呢？这里，我们就不得不提这起事件后的大背景。

早在2010年，黄蜂队大老板乔治·西恩就尝试出售自己手中的球队股份，全球最大的科技公司之一甲骨文老板拉里·埃利森出价3.5亿美元，这个价格足以让西恩满意。但有传言称，一旦埃利森买下黄蜂队，他将会把球队搬到市场前景更加广阔的加州，这引起联盟的担忧。因为当时加州已经有了湖人队、快船队、勇士队和国王队四支球队，联盟不愿看到NBA球队堆积在大城市里，因此希望黄蜂队留在新奥尔良，这有利于整个联盟版图的多样性和均衡性。

但当时新奥尔良当地的财团对买下黄蜂队兴趣不大，仅有的一位竞购者还在之后的谈判中选择退出。无奈之下，联盟出面，掏出3亿美元收购西恩以及球队其他小股东的全部股份。到2011年12月份保罗交易发生的时候，黄蜂队已经被联盟托管一年的时间。

因此在那个时候，黄蜂队的老板实际上是NBA联盟，另外29支球队的老板共同拥有球队。这种状态一直持续到2012年，直到新奥尔良当地的大亨、NFL球队新奥尔良圣徒的老板汤姆·本森出资将球队买下。

黄蜂队时任总经理邓普西负责保罗交易的谈判和运作，当他与湖人队和火箭队方面达成一致后，需要把方案呈递给老板来最终拍板。但黄蜂队当时是联盟托管，老板是其余29支球队的老板，除去湖人队和火箭队，其他球队的老板看过这样的方案后，认为在交易中湖人队占了大便宜，而黄蜂队利益受损，这摆明就是大市场球队在欺负小市场球队。

于是，斯特恩出面代表联盟，对这个运作加以干涉，以"篮球层面的原因"叫停这笔交易。

黄蜂队、湖人队和火箭队上诉，试图让联盟更改决定，并且重建交易方案，但最终不了了之。之后不久，湖人队将奥多姆交易至独行侠队，宣告着保罗加盟湖人队的愿望彻底泡汤。

随着湖人队的退出，洛杉矶的快船队紧锣密鼓地加快引进保罗的工作。12月13日，黄蜂队和快船队达成一致，但联盟再次为交易的成行添置障碍，要求在原来协议的基础上增加筹码，索要快船队最有价值的五个交易资产：埃里克·戈登、克里斯·卡曼、艾尔法鲁克·阿米奴、埃里克·布莱德索和2012年来自森林狼队的不受保护的首轮选秀权。

对于联盟的要求，快船队选择拒绝，这也导致谈判陷入僵局。好在两天之后，联盟做出让步，快船队用戈登、卡曼、阿米奴和2012年的首轮签得到了保罗。持续良久的保罗交易闹剧终于收尾。

山重水复疑无路，柳暗花明又一村。保罗虽然没能如愿加盟最期待的湖人队与科比并肩作战，但不管如何，前往快船队打球也是一个不错的结果。

保罗的加盟让快船队拥有了超级控卫，他们向联盟发出宣言，快船队将不再是人见人欺的鱼腩球队，他们不仅要在洛杉矶跟湖人队分庭抗礼，还要与联盟诸强一较高低。保罗就如同一台强劲的发动机，有了他之后，快船队已经准备好飞快地驶向成功的彼岸。

④

空接之城

　　在NBA官方宣布快船队得到保罗的交易完成后，最高兴的球员莫过于格里芬了。搭档保罗这样的超级控卫，是每一名内线球员的梦想，他以组织进攻为第一要务，无私为球队奉献，而且在关键时刻，保罗也从不手软，敢于承担。保罗的到来不仅大大减轻了格里芬在进攻端的压力，而且以保罗的球场视野和传球技巧，搭配上格里芬和"小乔丹"超群的运动能力，这三人将会是对手篮筐的噩梦。

　　在赛季开始前的一次采访中，格里芬面对媒体记者，第一次喊出"空接之城"的口号。"这里将会变成空接之城。"格里芬说道。

　　不过对于这个绰号，快船队内最初是有抵触情绪的，尤其是保罗，他刻意淡化"空接之城"的标签。保罗希望快船队全员专注于赢球，而不是空接或者是其

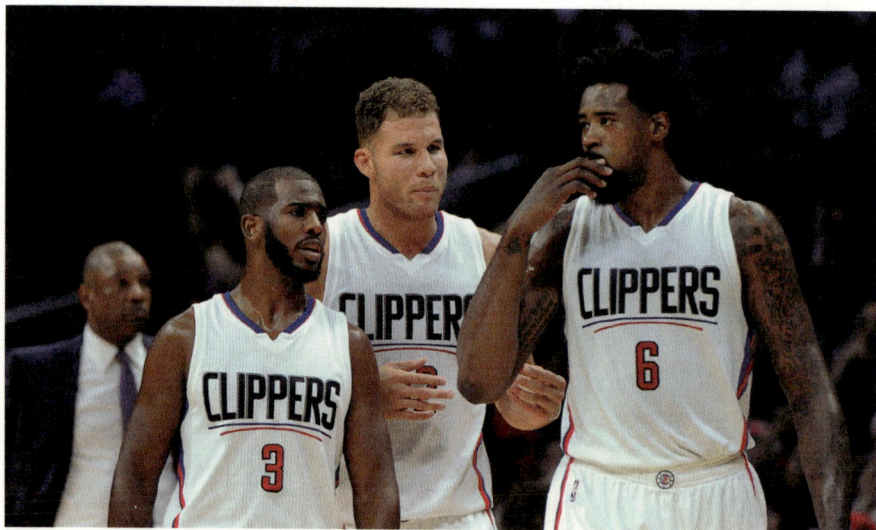

他看起来像是杂耍的表演。

"我们无法控制别人喊快船队是空接之城。我们是一支有竞争力的球队，只有努力打球才是赢得胜利的唯一办法。"保罗说道，"如果一场胜利，我们完成10个空接，最终输了，那一切将毫无意义。总之，赢球才是硬道理。"

事实上，快船队管理层对于球队的未来前景也没有十足的把握。在花血本得到保罗的交易中，快船队还特地设置一项条款，要求保罗执行2012-2013赛季的球员选项。如此一来，保罗便不会在2011-2012赛季结束后跳出合同成为完全自由球员。快船队的本意是用两个赛季的时间来让保罗和格里芬磨合，向保罗证明球队的夺冠竞争力，从而达到长期留住保罗的目的。

而令快船队喜出望外的是，"空接之城"的崛起比预期来得还要迅速和猛烈。保罗的加盟不仅让快船队的实力得到全方位的补强，而且球队的媒体关注度和全美电视直播数量也是大幅提升，这就是巨星的号召力。由于停摆，2011-2012赛季成为缩水赛季，常规赛赛程只有66场，赛季揭幕战就是圣诞大战，联盟安排5场重量级对决，其中就有快船队，他们前往客场挑战勇士队，这也是保罗加盟球队后的首秀。

那时候的勇士队已经搭建起来斯蒂芬·库里和克莱·汤普森的后场组合，不过当时库里尚未蜕变为超级巨星，汤普森也还没被叫作"汤神"，还是新秀的他只是球队的替补。开场不久，保罗就飙中三分，给新东家送上见面礼。保罗和格里芬连线的威力也开始显现，尽管这两人只在一起训练了一周左右的时间而已。但首场比赛，两人之间没有丝毫的生疏感，频频打出配合，保罗送出妙传，由格里芬杀入篮下终结。

终场前3分多钟，勇士队将分差缩小至7分，此后保罗接管比赛，他连续三次持球单打，突破后急停中投，连中三球，扩大优势。随后，保罗两次助攻格里芬，一次强攻，一个中投。最后的决胜时刻，保罗和格里芬联手砍下14分，杀死比赛的悬念。

全场比赛，保罗12投7中，高效地送出20分9次助攻2次抢断，格里芬18投9

中得到22分，比卢普斯贡献21分，快船队以105-86大胜勇士队。在保罗的防守之下，库里12投2中仅得4分。

2012年1月15日，万众期待的洛城双雄会如约而至，由于赛季开始前的那场交易闹剧，这次德比战格外引人关注。保罗本来有机会和科比并肩作战，而现在，两人各为其主，要为胜利拼个你死我活。

快船队想要取代湖人队成为洛杉矶新的王，而湖人队自然不会轻易让出王座。这场焦点大战，保罗和科比都憋着一口气，两人一上来就火力全开。保罗连续上演标志性的小打大，利用稳健的中投和迅捷的突破，连续得分。科比不甘示弱，不断突破强杀篮下，为湖人队涨分。比赛打得异常激烈，科比在第三节独砍21分，湖人队将分差缩小至72-76。

决定胜负的第四节，保罗展现超级巨星的风采，他又一次挺身而出。兰迪·弗耶远投不中，雷吉·埃文斯抢下进攻篮板，保罗拿到球，拔起就是一个距离篮筐10.4米远的大号三分。过了几个回合，保罗再次命中三分，将优势扩大到11分。

科比见势不妙，咬咬牙自己上，连续单打，命中两记跳投。保罗立马做出回应，连线格里芬，助后者暴扣得手。加索尔投篮不中，回过头来，保罗持球单打，稳稳拿下2分。在这个跳投后，保罗左腿受伤，但他已经帮助快船队在终场前4分钟取得13分的优势，基本锁定胜局。

全场比赛，科比倾尽全力，28投14中轰下42分，但保罗同样有现象级的表现，22投12中，得到33分4个篮板6次助攻3次抢断。快船队以102-94击败湖人队，这是一场极具象征意义的胜利，标志着快船队对湖人队抢班夺权的开始。

值得一提的是，在这场洛城德比前的一场比赛中，快船队还以95-89战胜了夺冠最大热门，由詹姆斯、韦德和波什三巨头领衔的热火队。保罗在比赛中得到27分11次助攻，格里芬20分12个篮板。快船队连续战胜热火和湖人两大强队，开季取得6胜3负的战绩，已经展现这支球队的强大竞争力。

随着赛季的深入，快船队不仅延续着出色的表现，而且受到越来越多球迷的

喜爱。在保罗的助推下，快船队打出快节奏的攻防篮球，经常上演精彩绝伦的回合，尤其是保罗与格里芬、"小乔丹"的空接暴扣配合，更是"每日十佳球"节目中的常客。

不得不说，格里芬确实有先见之明。在快船队的比赛中，常常就会看到这样的场景，保罗将球抛向空中，格里芬或者"小乔丹"把球狠狠砸入篮筐中，"空接之城"的绰号可谓名副其实。快船队出色的战绩也证明，保罗和格里芬完全没必要担忧"空接之城"的绰号会影响到球队对比赛的专注度。

在2011-2012赛季，快船队一边尝试空接打出漂亮的比赛，一边连续不断地赢球，"空接之城"的名号开始响彻联盟。渐渐地，保罗和格里芬才开始接受"空接之城"这一称谓。

"保罗的到来，让快船处在争冠的版图当中。"格里芬说道，"我们打进季后赛，正朝着自己想要的方向前进。"

　　保罗在快船队的首个赛季，球队就在66场常规赛中赢下40场，胜率达到60.6%，创造队史纪录。而在之前的2010-2011赛季，快船队82场比赛只取得32胜50负的战绩。在西部排名中，快船队位居第五，时隔五年再次杀入季后赛。相比同城对手湖人队，快船队只落后1个胜场，两队的差距已经微乎其微。

　　快船队战绩大幅提升，保罗功不可没，他在常规赛中出战60场比赛，场均能够贡献19.8分3.6个篮板9.1次助攻2.5次抢断，生涯第四次荣膺联盟抢断王。保罗连续第五年入选全明星赛，并且自2007-2008赛季后再次入选最佳阵容第一阵，同时还入围最佳防守阵容第一阵。在常规赛MVP的评选中，保罗也是高居第三，仅次于詹姆斯和杜兰特。

2011-2012 赛季常规赛 MVP 投票（前 5 名）

首选率	得票率	球员	出场	首发	时间	得分	篮板	助攻	抢断	盖帽	失误	犯规
70.25%	34.16%	詹姆斯	62	62	37.5	27.1	7.9	6.2	1.9	0.8	3.4	1.5
19.83%	28.28%	杜兰特	66	66	38.6	28	8.0	3.5	1.3	1.2	3.8	2.0
4.96%	12.25%	保罗	60	60	36.3	19.8	3.6	9.1	2.5	0.1	2.1	2.3
1.65%	11.20%	科比	58	58	38.5	27.9	5.4	4.6	1.2	0.3	3.5	1.8
3.31%	10.53%	托尼·帕克	60	60	32.1	18.3	2.9	7.7	1.0	0.1	2.6	1.3

西决魔咒似梦魇

①

天堂地狱

保罗效力黄蜂队期间，他在季后赛走得最远的一次是在2007-2008赛季，即生涯第三个赛季。保罗率领黄蜂队闯入了西部半决赛，并且与当时的卫冕冠军马刺队大战七场，方才败下阵来。那时刚度过23岁生日的保罗，距离西部决赛就只差一场抢七胜利。

来到快船队之后，保罗变得更强更成熟，在球队层面，快船队无论是阵容配置还是球员的实力和天赋，都要胜过黄蜂队。保罗期盼着自己能够在季后赛中取得新的突破，更进一步闯进西部决赛是现实目标，去冲击总决赛甚至是总冠军，也并非没有可能。

保罗在快船队的第一场季后赛，就可以用惊天地泣鬼神来形容，足以写进NBA的历史。2012年季后赛，快船队作为西部的5号种子，对阵4号种子灰熊队。那些年的灰熊队绝对是联盟中一块难啃的骨头，没有球队愿意与他们交手。灰熊主力

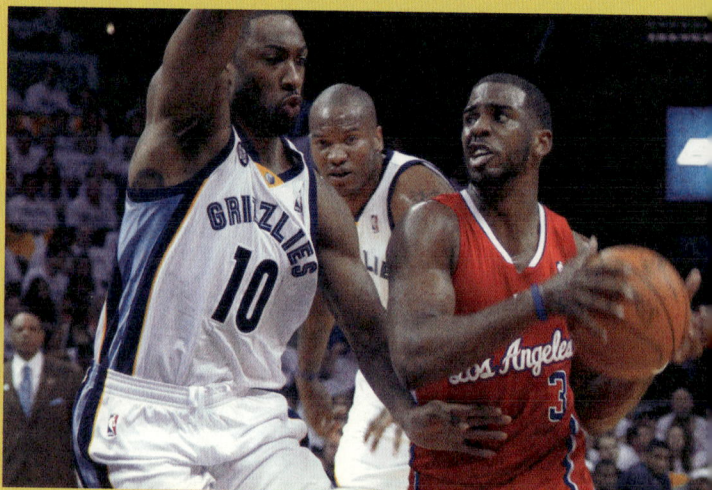

阵容是内线双塔马克·加索尔和扎克·兰多夫，号称"黑白双煞"，外线则有迈克·康利、鲁迪·盖伊和托尼·阿伦，他们球风极其强硬，是联盟中最好的防守球队之一。

2012年4月30日，快船队与灰熊队的系列赛首战打响，保罗和格里芬一上来就感受到对手施加的强大压力。"小加索尔"和兰多夫在内线与格里芬和"小乔丹"肉搏，而在外线，阿伦和康利围剿保罗，"快船铁三角"在比赛中没有任何的优势可言。首节比赛，快船队就被灰熊队打个措手不及，以16-34大比分落后。

灰熊队以慢节奏和防守著称，当他们领先对手这么多分的时候，是基本不会失手的。在整个2011-2012赛季，当灰熊队首节领先的情况下，球队战绩达到17胜1负，半场领先对手的情况下，他们战绩为16胜1负。

之后的比赛，灰熊队稳稳掌控着比赛的节奏，他们最多时领先27分之多，三节结束，灰熊队依然有21分的优势，以85-64领先快船。通常情况下，快船队这时候就应该准备缴械投降，让主力休息调整，为下场比赛做准备。

但保罗不认命，他请求主帅内格罗在第四节将自己换上场，他要为球队做最后一搏。终场前9分57秒，保罗再次披挂出战，此时快船队还以69-90落后于灰熊队。但没想到，在这之后奇迹真的发生了。

保罗上来就助攻布莱德索攻筐得手，之后自己单打拿下2分。打到比赛还剩2分47秒，快船队轰出一波15-6攻势，将分差缩小至12分，但形势对快船队而言依然严峻。最后的生死时刻，保罗孤注一掷，只做一件事，那就是为手感火热的尼克·杨创造远投机会。在短短1分钟的时间里，保罗连续三次助攻尼克·杨飙中三分，瞬间将分差缩小至3分。

随着格里芬两罚全中，保罗助攻雷吉·埃文斯，快船队完成26-1的疯狂进攻潮，一举反超灰熊队。终场前28.4秒，盖伊单打得手，但保罗不会让到嘴的鸭子飞走，他最后时刻造成阿伦犯规，两罚全中，一锤定音。

快船队在末节打出35-13的得分比，在前三节落后21分的情况下反败为胜，追平历史纪录，造就NBA季后赛史上最伟大的逆转之一。在2002年的一场季后

赛中，凯尔特人队对阵篮网队，也完成了三节落后21分最终逆转取胜的壮举。

"坚持信念是我们最后能够取胜的关键。"保罗说道，"我们在前三节被对手打爆了，但在第四节，我们要为自己而战，所有人都站了出来，终于摆脱困境，找到了赢球的办法。"

"这太难以置信了。我不记得我有经历过这样的比赛。"格里芬这样说道。

快船队在季后赛取得开门红，他们趁热打铁，赢下系列赛第三场和第四场，总比分3-1领先，距离晋级仅有一步之遥。但灰熊队在逆境之下展现了自己顽强的特质，他们连扳两场，将总比分扳成3-3。到了一场定生死的抢七，快船队和灰熊队进行一场煎熬的防守大战，最终以82-72艰难取胜，晋级下一轮。保罗

17投7中，得到19分9个篮板4次助攻，真正的决胜关键是板凳球员的表现，快船队替补全场得到41分，比灰熊队替补足足多了30分。

保罗又一次站在西部决赛的门口，或许是命运巧合，这次阻断他晋级之路的又是他的偶像邓肯率领下的马刺队。保罗上一次在季后赛对决马刺队，他还能率队撑到抢七，看到晋级的希望，但这一次马刺队一点儿机会都没有给。

2011-2012赛季的马刺队已经完成转型，邓肯虽然宝刀未老，但他把更多的战术机会让给外线，帕克和吉诺比利状态依然出色，同时，球队加入年轻的莱昂纳德和丹尼·格林，变得更加年轻和具有活力。

快船队在常规赛期间损失了后场大将比卢普斯，他遭遇跟腱撕裂的严重伤病，宣告赛季报销。这是保罗和快船队在季后赛首轮对阵灰熊队打得如此艰难的原因之一。

马刺队阵容强大，经验丰富，在这个老辣的对手面前，年轻的快船队根本不是他们的对手。首场比赛，快船队惨负16分，之后的第二场和第三场，他们又分别输了17分和10分，总比分0-3落后。在NBA季后赛史上，没有球队能够在0-3落后的情况下实现逆转。

直到系列赛第四场，保罗放手一搏，出战41分钟，18投9中取下23分11次助攻，快船队才看到了一点儿赢球的希望，咬住比分，终场前仅以99-100落后。但关键时刻，保罗连续犯错，传球失误外加跳投不中，最终难逃被横扫的噩运。

"我要为这场失利负责。"保罗说道，"我最后打得有些问题，做出糟糕的决定。我本应该投篮，结果传球被对手抢走，而之后的那记投篮，我又没命中。所有责任都在于我。"

对快船队和保罗而言，系列赛输给强大的马刺队并不是不可接受的结果，这是年轻球队成长道路上必须付出的代价。而且回顾整个2011-2012赛季，无论是保罗还是快船全队，都在朝着积极的方向大步迈进，希望就在前方。

② 止步首轮

2012-2013赛季，保罗和快船队整装再出发，他们的常规赛战绩更上一层楼，取得56胜26负的战绩，继续刷新队史纪录。而且在这个赛季，快船队还完成了对同城对手湖人队的绝对碾压，在两队的四次交锋中，快船队全部取胜。

其实那个赛季的湖人队，实力并不弱，单从纸面阵容来看，他们可以说是全联盟最豪华的球队。球队后场的科比和纳什都曾获得过常规赛MVP，小前锋位置是慈世平，内线则是当时的"第一中锋"霍华德搭档"大加索尔"。但湖人队的问题在于没有产生良好的化学反应，尤其是两大核心科比和霍华德，无论是场上场下都相处得不好。

前三次洛杉矶德比战，快船队不仅全部拿下，而且一共净胜湖人队达到39分。这三场比赛，保罗痛下杀手，场均砍下24分14次助攻。2013年4月8日，洛城德比四番战打响，这是科比和湖人队挽回尊严的最后机会。

但保罗和快船队不会错过创造历史的机会，他们首节就建立起优势，此后一直占据着主动权，每一节比赛都领先湖人队。最终，保罗贡献24分12次助攻，格里芬贡献24分12个篮板，快船队以109-95轻松取胜，科比和霍华德合砍50分无力回天。

这是快船队自1984-1985赛季搬迁至洛杉矶以来，首次在单赛季4胜0负横扫湖人队。与此同时，在赢下湖人队的比赛后，快船队锁定太平洋分区的冠军，这是球队队史上的首个分区冠军。

"我感觉这是球队应该要达成的成就，本来就在我们的计划当中。"保罗说

道，"这意味着我们前进的方向是正确的，我们不会就此满足。相比于总冠军的目标，这点成就算不了什么。"

而保罗个人也在2012-2013赛季迎来一个新的突破，他连续第六年入选全明星，并且首次荣膺全明星MVP。

2013年全明星赛在休斯敦举行，正赛的日期是2月18日。东西部全明星队的阵容豪华璀璨，西部首发阵容有四人来自洛杉矶球队，分别是快船队的保罗和格里芬，以及湖人队的科比和霍华德，再加上雷霆队的杜兰特，东部方面，热火"三巨头"詹姆斯、韦德和波什领衔，加上安东尼和加内特。

这场比赛，两支球队打得分外胶着，前三节西部队虽然保持着领先，但优势始终没有超过8分。直到末节，西部队才将优势扩大到了两位数，最后时刻，东部队连续命中三分将比分迫近。但保罗回敬两记三分稳定军心，并在终场前用罚球锁定胜局。

保罗全场10投7中得到20分，还送出全场最高的15次助攻，捧起了那座象征"星中之星"的全明星MVP奖杯。

"我想要提升比赛的节奏，我喜欢送出空接妙传，也愿意助攻队友投三分。"保罗说道，"当身边有科比和杜兰特这样的超级攻击手，还有格里芬的这样终结者，对控卫来说，没有什么比这更享受的了。"

常规赛结束后，保罗场均16.9分3.7个篮板9.7次助攻2.4次抢断，第五次成为联盟抢断王。跟之前的赛季一样，保罗再次入选最佳阵容第一阵和最佳防守阵容第一阵，并且在常规赛MVP评选中高居第四。

快船队以56胜26负的战绩成为西部四号种子，他们在首轮的对手又是灰熊队，真可谓不是冤家不聚首。孟菲斯球队常规赛战绩与快船队一样，也是56胜26负。这轮系列赛，灰熊队发誓要报上个赛季被快船队淘汰的一箭之仇，而快船队呢，他们有着更远大的目标，那就是总冠军奖杯。

2013年4月21日，系列赛首战打响，快船队气势如虹，以112-91大胜灰熊队，取得开门红。保罗轻松送出23分7次助攻，领衔全队七人得分上双。之后的第二场，双方进入拉锯战，"小加索尔"终场前13秒暴扣，将比分扳至91-91。

决胜时刻，快船队将命运交到了保罗的手中。就像过去无数次在关键时刻力挽狂澜一样，保罗又一次展现自己的大心脏。快船队布置最后一攻战术，保罗持球单打联盟最出色的外线大闸托尼·阿伦，他右手运球，强行突破，进入内线。眼看时间即将耗尽，保罗跳起在空中，在阿伦和亚瑟的夹击之下，抛投出手，球打板入筐，快船队反超2分，而且只留给灰熊队0.1秒的时间。最终凭借保罗这记精彩的绝杀，快船队93-91再下一城，总比分2-0领先灰熊队。

"阿伦已经做了他能做的一切，他的防守太出色了。"保罗说道，"我看了看计时器，心想着最好赶快出手，很幸运，球最终命中目标。"

快船队拿下前两战之后，晋级形势一片大好，但灰熊队在回到主场之后，爆发出强大的战斗力。灰熊队将防守威力发挥到极致，两场比赛只让快船队分别得到82分和83分，保罗也被限制住，一共只得到27分10次助攻。

雪上加霜的是，在系列赛第五场天王山之战，快船队当家内线格里芬在一次训练中扭伤脚踝，他带伤出战，但7投2中只得到4分，提前被换下场。格里芬伤退，保罗责无旁贷要扛起球队前进，他全场出战42分钟，24投11中，罚球11中11，轰下35分6个篮板4次助攻。

但少了内线支柱，快船队不足以抵挡灰熊队的撕咬，输掉这场关键战役。第六场格里芬伤情非但没有减轻，还一度加重到无法移动。生死之战中，格里芬替补出场，在14分钟里得到9分，但面对来势汹汹的"小加索尔"和兰多夫，他有心无力。保罗虽然16投11中得到28分8次助攻，但他独木难支。快船队最终在

2-0领先的情况下被灰熊队连扳四场，止步首轮。

相比前一个赛季被马刺队横扫，快船队此次季后赛被灰熊队逆转，更加令保罗心有不甘。在系列赛第六场，保罗见大势已去，没有控制住自己的情绪，他一肘打到了"小加索尔"，被直接驱逐，这也是保罗职业生涯首次被驱逐。

2012-2013赛季以失望收尾，主教练内格罗成为替罪羊，快船队宣布不会与其延长合同。同时，快船队对凯尔特人队主教练里弗斯展开积极的追求，里弗斯是联盟中最受球员尊重的教练之一，他在2008年率领凯尔特人队获得总冠军。由于里弗斯与凯尔特人队还有合同，快船队付出一个受保护的首轮选秀权，才让凯尔特人队同意放行。

③

致命失误

2012-2013赛季结束后，保罗成为完全自由球员，在此前的两个赛季里，他与快船队已经建立起紧密的联系。球队虽然没能在季后赛中走得太远，但他们依然有着巨大的潜力和美好的未来。尤其是里弗斯执掌教鞭，更增添了球队的夺冠希望。于是在2013-2014赛季开始前，保罗不出意料地和快船队续约，签署5年价值1.07亿美元的合同。

在邀请来里弗斯和续约保罗后，快船队继续招兵买马，在自由市场签下控卫达伦·科里森，通过交易换来神射手JJ·雷迪克。快船队的意图再明显不过，随着名帅里弗斯入主，保罗进入生涯最巅峰时期，加上格里芬和"小乔丹"的成长，球队是时候全力去冲击总冠军了。

2013-2014赛季是保罗加盟快船队以来球队实力最强的时期，尽管保罗因

伤缺席20场比赛，但他们依然在常规赛取得57胜25负的战绩，再次创造队史纪录，排名西部第三，只落后于马刺队和雷霆队。保罗在62场比赛里场均19.1分4.3个篮板10.7次助攻2.5次抢断，生涯第三次在一个赛季里加冕助攻王和抢断王。另外，保罗还连续第三年同时入选了最佳阵容第一阵和最佳防守阵容第一阵。

2014年季后赛开始的时候，快船队兵强马壮，全员健康，这是球队争夺冠军的最佳时机。虽然西部的竞争空前激烈，但保罗和他的队友们已经做好准备。黄沙百战穿金甲，不破楼兰终不还。对保罗来说，此时不争功名，更待何时？

季后赛首轮，快船队遭遇已经锋芒毕露的勇士队。第一场比赛，快船队就遇到挑战，保罗和格里芬被犯规麻烦困扰，他们以105-109不敌勇士队，丢掉主场优势。但第二场比赛，快船队迅速振作，以138-98狂胜勇士队，格里芬35分统治比赛，保罗27分钟得到12分6个篮板10次助攻5次抢断的全面数据。

关键的系列赛第三战，保罗赛前发高烧，但他带病出战，不仅自己送出15分10次助攻，还全场追着库里跑。当终场哨响，快船队客场98-96险胜，将总比分改写为2-1后，保罗在勇士队板凳席前拍着自己的胸膛，忘情庆祝。

"我只是竭尽所能去贴着库里，不让他舒服地投篮。"保罗说道。

正当快船队前方战事紧要的时候，球队后方却起火了。美国媒体曝光快船队老板唐纳德·斯特林与他女友的通话录音，在录音中，斯特林的言论带有种族歧视，这在美国社会和NBA联盟都是大忌。很快，斯特林就被潮水般的讨伐声包围，他的新闻登上各大媒体头条。NBA主席亚当·萧华果断地应对这起丑闻，对斯特林处以终身禁赛和罚款250万美元，并表示将迫使他出售球队。

斯特林的种族歧视事件动摇了快船队的军心，在系列赛第四场开始前，快船球员用沉默来抗议老板斯特林。比赛中，快船队兵败如山倒，首节就丢了39分，全场以97-118惨败。

系列赛最终又到了抢七生死战，保罗和他的队友们顶住巨大的压力，以126-121捍卫主场，成功晋级第二轮。保罗轰下22分14次助攻，格里芬24分。

"我很高兴我们艰难取得晋级资格。"保罗说道，"但还有一些事情，我们做得并不好，而且人们并没有意识到过去一周发生的事情有多么严重。但不管怎么说，今晚最重要的事情就是篮球。"

保罗职业生涯第三次杀入季后赛第二轮，来到西部决赛的大门口，而想要叩开这扇门，他们必须闯过雷霆队这道关。与快船队一样，雷霆队也是一支天赋爆表的球队，尤其是杜兰特和威斯布鲁克，前者刚刚加冕常规赛MVP，后者在常规赛中场均轰下21.8分6.9次助攻，另外在内线，球队有两届盖帽王伊巴卡坐镇。雷霆队虽然年轻，但他们早在2012年就已经杀进总决赛。

快船队与雷霆队的对决注定是火星撞地球，系列赛前四场比赛，两队势均力敌，打成2-2。天王山之战将关系到两队的命运，根据数据统计，在前四场2-2的情况下，拿下第五场的球队，有超过80%的概率能赢下整轮系列赛。

2014年5月14日，这场超级大战一触即发。快船队虽然是在客场作战，但他们反客为主，首节便以34-25领先，占据先机。快船队死掐杜兰特，防得后者22投仅6中，而在进攻端，保罗得到17分，送出14次助攻，激活格里芬、巴恩斯和克劳福德。终场前49秒，保罗单打中投得手，快船104-97领先，胜券在握。

但整场都相对沉寂的杜兰特突然爆发，他命中三分为球队续命，之后克劳福德上篮不中，杜兰特反击得到2分。即便如此，快船队还是拥有主动权，他们终场前17秒领先2分，并且手握球权。

然而匪夷所思的一幕发生了。一向稳健的保罗后场拿球，他在威斯布鲁克的压迫下竟然选择跳起传球，结果球被威斯布鲁克摁住，从保罗手中脱落，球权到了雷霆队的手中。雷霆队有了一线生机，威斯布鲁克单打保罗，干拔三分，球没有命中，但裁判突然响哨，吹罚保罗犯规，威斯布鲁克三罚三中。雷霆队绝地反击，一波8-0的攻势，奇迹般地完成逆转。

这场比赛在结束后引发巨大的争议，包括裁判的执法，在最后时刻，疑似多次吹罚都对快船队不利。但归根到底，作为球队的领袖，是保罗犯下致命的错误，才给了对手机会，导致球队痛失好局。

这场比赛也被称为"514惨案"，跟"58分惨案"一样，都是保罗最不想回忆起的场景。

之后的系列赛第六场，死里逃生的雷霆队士气大涨，他们在客场以104-98终结了快船队的季后赛之路。保罗再次无缘西部决赛。整个系列赛，保罗在6场比赛里场均22.5分3.7个篮板11.8次助攻2.5次抢断，投篮和三分命中率分别达到51%和45.5%，表现不可谓不出色，但在球队出局后，再好的数据都不值一提。

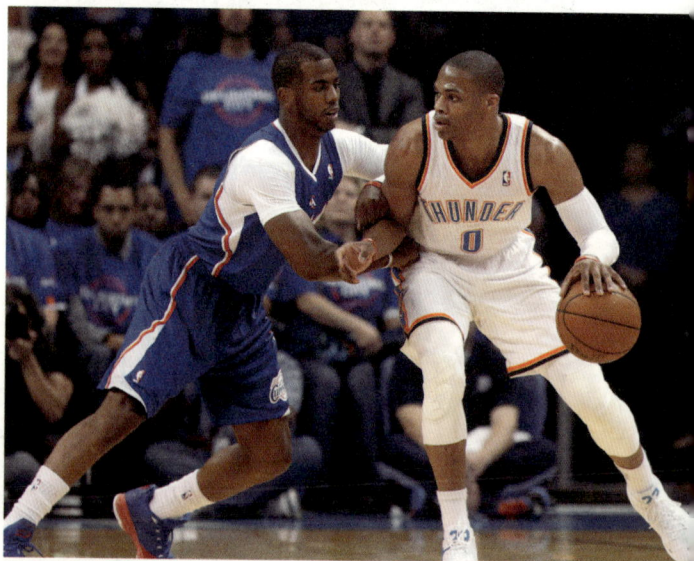

④ 魔咒梦魇

冲击西部决赛道路上的连环打击没有让保罗退缩。接下来的2014-2015赛季，快船队在常规赛的表现依然出色，取得56胜26负的战绩。保罗生涯首次打满82场常规赛，场均19.1分4.6个篮板10.2次助攻，生涯第四次当选助攻王。

季后赛首轮，保罗面对的是老对手马刺队。作为卫冕冠军，马刺队在当时已经露出老态，整个常规赛伤病不断，到了季后赛，"GDP组合"中的帕克和吉

第七章 西决魔咒似梦魇

诺比利状态相当糟糕，只剩下邓肯在苦苦支撑，年轻的莱昂纳德还在成长当中，尚没有能力独自扛起大旗。

双方斗得难分难解，在系列赛前六场比赛打成3-3，对保罗来说，又是熟悉的抢七大战。2015年5月3日，生死之战打响，两队互不相让，比分水涨船高。但首节结束前，场上突然出现意外，保罗腿筋拉伤，他下场休息，坐在板凳席上双手抱头，神情沮丧，之后回到更衣室接受治疗。在如此重要的比赛遭遇伤病，对保罗来说简直就是晴天霹雳。但保罗选择忍痛坚持，半场结束前6分26秒，他重新回到球场，现场球迷掌声如雷，以此鼓励他们心目中的英雄。

"我回想起我们这支球队过去几年所经历的一切。我知道球队中的任何一人处于我这样的状况，他们都会坚持下来。因此，我必须想方设法回到场上。"保罗说道。

事实证明，保罗的回归是决定性的。当比赛进入胶着状态时，保罗总是能挺身而出，用个人进攻为球队稳住局面。全场比赛，保罗进攻效率极高，13次出手命中9球，三分线外更是6投5中，得到27分，还送出6次助攻。

保罗表现如此优异，而他的偶像、即将年满39岁的邓肯使出压箱底的本事，16投11中，得到27分11个篮板，扛着马刺队前进。终场前8秒，邓肯造成雷迪克犯规，两罚全中，将比分扳至109-109。抢七大战打到最后几秒分胜负，场上气氛来到了最紧张的时刻。

里弗斯叫暂停，然后把球交给保罗，也把球队在这轮系列赛的命运交由保罗决定。保罗拿球后，面对马刺铁闸丹尼·格林，他没有丝毫犹豫，重心一沉就往里突破。邓肯见势不妙，上来补防，跃起伸出巨掌。但退无可退的保罗忍住腿筋的伤痛，跳起在空中，在身体几乎失去平衡的情况下将球抛出，球砸到篮板后落入网中，只留给马刺队1秒钟的时间。

"我知道保罗有伤，他一直在坚持，但这个投篮真的是难以相信。"邓肯说道，"保罗隔着我和格林两个人，把球抛进篮筐。保罗是一个伟大的领袖，如果可以，我希望不要成为他的对手。"

由于时间所限，马刺队最后一攻的战术失败，快船队总比分4-3淘汰马刺队，这是保罗职业生涯第一次在季后赛系列赛中击败马刺队。

"我们只是赢下了季后赛首轮，但你要知道，我们击败的是马刺那样的球队，这太疯狂了。"保罗赛后兴奋地说道，"我想对邓肯说，我爱他，也很尊敬他。"

保罗生涯第四次打入季后赛第二轮，这一次，他冲击西部决赛的拦路虎变成了火箭队。保罗由于腿筋的伤势缺席系列赛前两场比赛，快船队取得1胜1负的战绩。此后保罗复出，一场12分7次助攻，一场15分12次助攻，快船队在攻防两端完全统治比赛，连胜火箭队两场，而且分别净胜25分和33分。

在西部半决赛中，快船队总比分3-1领先火箭队，这是保罗距离西部决赛最近的一次，他只要赢下剩余三场的任何一场，就能生涯首次挺进西部决赛。快船队输掉系列赛第五场，但第六场他们回到洛杉矶，保罗有机会在主场终结系列赛，结束自己职业生涯从未达到分区决赛的尴尬历史。

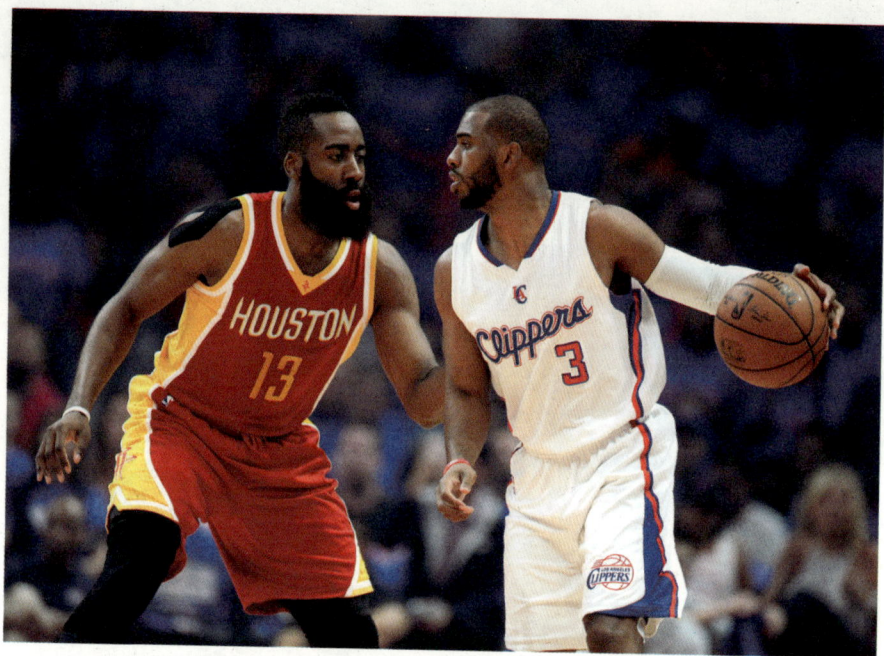

　　这场比赛快船队毕其功于一役，他们上来就打出水银泻地般的进攻，保罗自己得分的同时，还连续助攻"小乔丹"和格里芬。打到第三节还剩下2分多钟，保罗单打得手，将优势扩大到89-70，他距离自己的首次西部决赛看起来只剩下一节多的时间。

　　面对快船队凌厉的攻势，火箭队有些招架不住，他们甚至换下了哈登。但没想到的是，在最后一节，快船队全主力出战，竟然被火箭队的替补们完全打爆。科里·布鲁尔、约什·史密斯和杰森·特里连续飙中三分，火箭队末节疯狂轰下40分。而快船队关键时刻却乱了阵脚，末节只得到15分，除保罗之外，其他人似乎都忘记了怎么打球。

　　最终，快船队在主场遭遇19分的大逆转，以107-119不敌火箭队，近在咫尺的西部决赛晋级资格就这样从眼皮底下溜走。保罗全场19投10中，爆砍31分7个篮板11次助攻，但迎接他的却是又一场痛彻心扉的失利。

　　一鼓作气，再而衰，三而竭。当快船队连续两次错失赛点，系列赛的势头已经倒向火箭队这边。在休斯敦进行的抢七大战，快船队从头到尾都一直处于落后，劣势最大的时候达到20分开外。快船队以100-113负于火箭队，成为NBA季后赛历史上第九支在3-1领先的情况下遭到逆转的球队。

"令人失望。我们曾无限接近晋级，但在结果锁定之前，一切都是未知数。"格里芬说道，"我们不能指望别人放弃，必须靠自己赢下胜利，但我们没能在3-1领先后将对手踢出局。"

2013-2014赛季和2014-2015赛季是快船队的全盛期，他们在这两年的季后赛都有机会走到西部决赛甚至更远。但西部决赛的大门总是向快船队敞开一点儿后又迅速关闭。当快船队一次次浪费机会后，他们也开始受到惩罚。

之后的两个赛季，快船队依然是联盟中的一支劲旅，延续着常规赛50胜以上的表现。但每每到了季后赛，快船队和保罗总是命运坎坷。2016年季后赛，快船队首轮对阵流失了四大主力的开拓者队，在外界看来，这是一轮没有悬念的对决。前两场比赛，快船队轻松拿下，分别净胜20分和21分，似乎印证了外界对这轮系列赛的预测。

但天有不测风云，系列赛第四场比赛，保罗手掌骨折，被迫提前下场。当时保罗在防守杰拉德·亨德森上篮时，手腕弯曲了下，他赶紧用另一只手抓住受伤部位，回到板凳席。保罗的伤情没有缓解，他返回更衣室接受进一步检查，离场前，保罗气恼地踢飞坐垫。

"保罗实在是太难了，他努力了一个赛季，就是为再次回到季后赛。"快船主帅里弗斯说道，"但不幸的是，他遭遇伤病，他现在一定是思绪万千。"

就连开拓者当家球星达米安·利拉德都为保罗感到惋惜。"保罗的受伤改变了比赛，快船队最好的球员倒下了。保罗梳理快船队的进攻，这很不幸，我不希望任何人出现伤病。"利拉德说道。

与保罗一样，格里芬也在第四场受伤，他们双双赛季报销。快船队痛失两大核心，他们残阵无力抵抗开拓者队的冲击，最终在2-0领先的情况下被对手连扳四场，无缘第二轮。

而2017年季后赛，快船队首轮对阵爵士队，格里芬只打了三场比赛就因为脚趾伤势宣告赛季报销。快船队又在2-1领先的情况下惨遭对手翻盘，总比分3-4被淘汰出局。保罗在系列赛七场比赛中场均25.3分5个篮板9.9次助攻，但

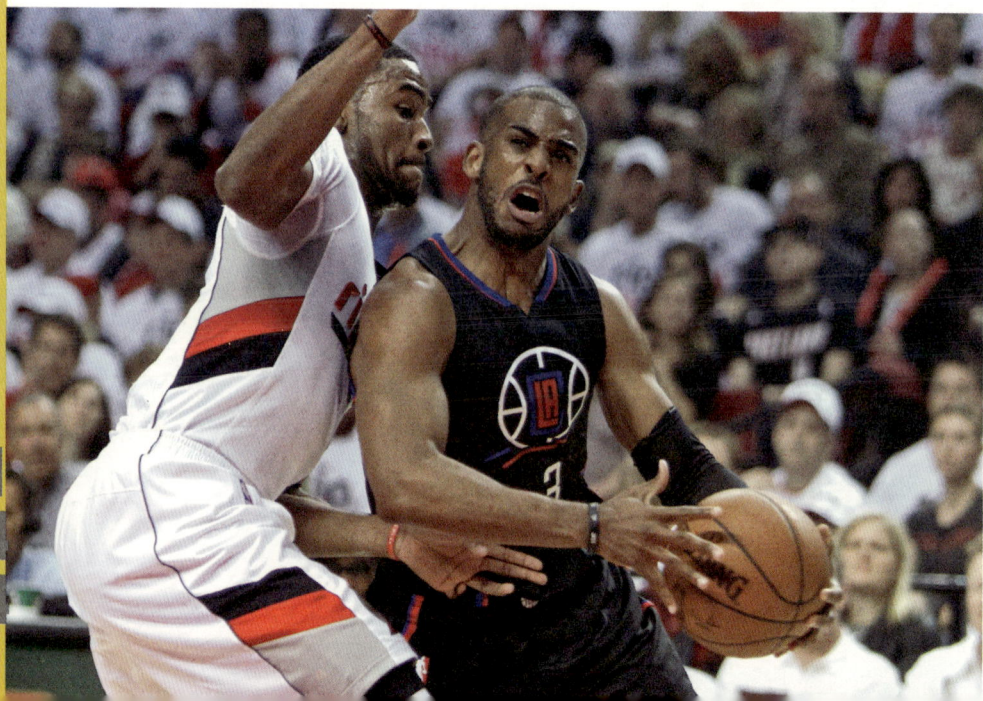

保罗黄蜂、快船生涯季后赛数据汇总

赛季	球队	出场	首发	出场时间	得分	命中率	三分命中率	篮板	助攻	抢断	盖帽	失误
2007–2008	黄蜂	12	12	40.5	24.1	50.2%	23.8%	4.9	11.3	2.3	0.2	1.8
2008–2009	黄蜂	5	5	40.2	16.6	41.1%	31.3%	4.4	10.4	1.6	0.0	4.8
2010–2011	黄蜂	6	6	41.7	22.0	54.5%	47.4%	6.7	11.5	1.8	0.0	3.7
2011–2012	快船	11	11	38.5	17.6	42.7%	33.3%	5.1	7.9	2.7	0.1	3.9
2012–2013	快船	6	6	37.3	22.8	53.3%	31.6%	4.0	6.3	1.8	0.0	1.5
2013–2014	快船	13	13	36.3	19.8	46.7%	45.7%	4.2	10.3	2.8	0.0	3.0
2014–2015	快船	12	12	37.1	22.1	50.3%	41.5%	4.4	8.8	1.8	0.3	2.2
2015–2016	快船	4	4	31.3	23.8	48.7%	30.0%	4.0	7.3	2.3	0.0	1.0
2016–2017	快船	7	7	37.1	25.3	49.6%	36.8%	5.0	9.9	1.7	0.1	2.7
黄蜂生涯		23	23	40.7	21.9	49.3%	33.9%	5.3	11.1	2.0	0.1	3.0
快船生涯		53	53	36.8	21.2	48.1%	39.0%	4.5	8.7	2.3	0.1	2.6

双拳难敌四手。

"在比赛后半段，当我们进攻有起色的时候，却无法阻止对手得分。我们这个赛季结束了。"保罗失望地说道。

回顾保罗在快船队的季后赛经历，可以说就是一部血泪史，他六个赛季年年打入季后赛，三次倒在首轮，三次止步次轮，至于原因，既有天灾，也有人祸。保罗生涯前12个赛季都没有摸到西部决赛的地板，这就像是一个魔咒，笼罩在保罗的头上。

5

分崩离析

保罗和快船队连年冲击西部决赛受挫，球队陷入瓶颈期。而在旁人看不到的背后，快船队内部也是暗流涌动，两大核心保罗和格里芬的关系就十分微妙。

在保罗加盟快船队的初期，他与格里芬有过一段蜜月期。那时候的格里芬是一颗冉冉升起的新星，但他所在的快船队是联盟有名的鱼腩球队，格里芬需要保罗这样的超级巨星来帮助自己扭转局面。而保罗呢，他离开黄蜂队，为的是寻找更强的帮手去争夺冠军，格里芬年轻而富有天赋，是保罗理想中的搭档。

但随着时间的推移，保罗和格里芬的关系高开低走，出现越来越多的矛盾。

最主要的原因是保罗和格里芬有着截然不同的个性。保罗生性好强，极度渴望赢球和胜利，他也是天生的领袖，无论场上还是场下，他从不畏惧去领导球队。保罗为自己树立高标准，他对身边的队友同样有着严格的要求。当球队内部或者球员出现问题的时候，保罗总是直截了当地指出来。而格里芬的性格相对要温和一点儿，他对待训练和比赛就不如保罗那般积极主动。

保罗效力黄蜂队时期，是当之无愧的球队老大，一言九鼎，他的话没有人敢反驳。但在快船队，保罗属于后来者，格里芬和"小乔丹"都在他之前就来到球队。尤其是格里芬，他生涯起点非常高，是选秀状元，生涯第一个赛季就场均22.5分12.1个篮板，入选全明星。保罗把黄蜂队的那一套领导方式和行事风格带到快船队，未必就服众，格里芬就无法全部接受。

快船队内部存在一个怪异的现象，其他球员不知道球队真正的领袖是谁。当快船队不断赢球时，这没有问题，成绩会掩盖一切。但一旦快船队输球，问题就会浮出水面，球队的裂痕扩大。以至于到后来，格里芬已经不想再和保罗搭档，而保罗也对自己所处的环境感到不满，快船队没有变成他理想中的模样。

"在黄蜂队的时候，我和队友协同作战，一起努力，不管结果如何，我们都

会觉得所有的努力和付出都是值得的。"保罗说道，"而到了快船队，我希望队友们努力竞争，但他们会有各种疑问，并且不知道接下来该怎么做。我的想法是：如果你不与最好的球队竞争，那比赛还有什么意义？"

2017年夏天，格里芬和保罗分手已经不可避免。格里芬宣布跳出合同成为完全自由球员，保罗同样有球员选项，他也通知快船队自己将跳出合同，试水自由市场。

保罗的目标一直都是夺冠，在2017年前后，勇士队是联盟独一档的球队。保罗想要夺冠，只有两个选择：一是投靠勇士队，二就是加盟一支有机会击败勇士队的球队。保罗选择了第二种，将目标瞄准火箭队。

当时的火箭队在哈登的率领下，成为西部的有力竞争者，更为重要的是，这支球队的目标跟保罗相同，就是要打败勇士队，他们在组建阵容时就处处针对勇士队。当保罗和火箭队接洽之后，双方一拍即合。

最终，保罗、火箭队和快船队达成一致，保罗执行2017-2018赛季价值2460万美元的球员选项，火箭队和快船队做了一笔"七换一"的大交易。火箭队送出路·威廉姆斯、贝弗利、哈雷尔、德克尔、希拉尔德、利金斯和维尔杰，外加2018年的首轮选秀权，从快船队换来了保罗。

如此一来，火箭队如愿得到这位联盟顶级控卫，同时清理了后场阵容，为后续的补强腾出运作空间。对保罗来说，他虽然放弃在2017年签署大合同的机会，但等到第二年夏天，保罗成为完全自由球员，他最多可以和火箭队签署一份5年价值超过2亿美元的合同。

但随着保罗的离开，快船队失去夺冠竞争力。格里芬和快船队的关系并没有延续多久，在仅仅续约几个月后，快船队就在2018年1月30日与活塞队达成交易，把格里芬送至底特律，换来艾弗里·布拉德利、托比亚斯·哈里斯、博班·马扬诺维奇和未来选秀权，"空接之城"一去不复返。

从26岁到31岁，保罗把自己职业生涯最宝贵也是最为巅峰的六年时光献给了快船队。在这里，保罗建功立业，摧城拔寨，为篮球生涯画上浓墨重彩的一笔。

在快船队的六个赛季里，保罗总共得到 7674 分 1733 个篮板 4023 次助攻 902 次抢断，他职业生涯的第 10000 分、第 15000 分、第 2000 个篮板、第 3000 个篮板、第 5000 次助攻、第 1500 次抢断等里程碑都是在快船队时期创造的。

保罗在快船队的前五个赛季年年入选全明星赛，第六年是因为受伤才落选。在2013年休斯敦全明星赛上，保罗获得职业生涯迄今唯一一座全明星MVP奖杯。此外，保罗在快船队两次荣膺助攻王，三次当选抢断王，三次入选最佳阵容第一阵，两次入选最佳阵容第二阵，更是连续六次入选最佳防守阵容第一阵。

保罗效力快船队期间，他个人实力达到巅峰，每个赛季都打出顶级球员的表现。时至今日，保罗在快船队史的多项数据排行榜上都名列前茅，他以4023次助攻成为队史助攻王，以902次抢断高居第二，在队史得分榜上排在第六。保罗还是快船队史个人效率值和胜利贡献值最高的球员。

保罗快船生涯常规赛数据汇总

赛季	出场	首发	出场时间	得分	命中率	三分命中率	篮板	助攻	抢断	盖帽	失误	犯规
2011-2012	60	60	36.4	19.8	47.8%	37.1%	3.6	9.1	2.5	0.1	2.1	2.3
2012-2013	70	70	33.4	16.9	48.1%	32.8%	3.7	9.7	2.4	0.1	2.3	2.0
2013-2014	62	62	35.0	19.1	46.7%	36.8%	4.3	10.7	2.5	0.1	2.3	2.5
2014-2015	82	82	34.8	19.1	48.5%	39.8%	4.6	10.2	1.9	0.2	2.3	2.5
2015-2016	74	74	32.7	19.5	46.2%	37.1%	4.2	10.0	2.1	0.2	2.6	2.5
2016-2017	61	61	31.5	18.1	47.6%	41.1%	5.0	9.2	2.0	0.1	2.4	2.4
快船生涯	409	409	33.9	18.8	47.5%	37.8%	4.2	9.8	2.2	0.1	2.3	2.4

然而，保罗对于快船队的意义，远不只这些抽象的数据纪录。在保罗加盟之前，快船队的历史不堪回首，他们自1984-1985赛季搬迁到洛杉矶以来，27年间竟然只有四次打入季后赛，三次在首轮便出局。

但保罗的加盟彻底改变了快船队。保罗率领快船队连续六年杀入季后赛，而且在与湖人队的竞争中，快船队在团队成绩上稳稳压制着同城老大哥湖人队。快船队无论是团队成绩、球迷数量还是品牌号召力，都在保罗时代得到爆发式的提升。

在2014年，快船队老板斯特林因种族歧视丑闻被迫出售球队，球队售价达到20亿美元，创造了NBA纪录。快船队的新老板是微软前CEO鲍尔默，他是全世界最富有的人之一，快船队一下拥有整个联盟最有钱的老板。快船队咸鱼翻身，一跃成为豪门。从某种意义上来说，保罗可以算是快船队史最伟大的球员。而回顾自己的快船生涯，保罗内心里也是感触颇多。

> "这是一段很长很长的故事，是一段美好的时光。"保罗说道，"我和那些家伙依旧保持着联系，尽管到最后，每个人都选择了不同的道路，但那确实是一段美妙的时光。"

谈到快船生涯最重要的队友格里芬，保罗承认他们之间的关系确实有问题，但其中没有谁对谁错，相反，保罗很感激有机会能够和格里芬一起打球。但不管怎样，保罗要开启一段新的征程了。

第八章

火箭之路
意难平

① 梦幻赛季

2011年，保罗错过科比，但命运总算待他不薄，六年之后，他迎来哈登。保罗作为联盟史上最出色的组织后卫之一，终于有机会跟最好的得分后卫并肩作战。在保罗加盟火箭队之前，哈登在2016-2017赛季打出场均29.1分8.1个篮板11.2次助攻的表现，是联盟助攻王和第二号得分手，连续第三年入选最佳阵容一阵，并且在常规赛MVP评选中高居第二，是当时联盟现役球员中无可争议的第一分卫。

因为保罗的英文名字是"Paul"，发音跟中文"炮"相似，于是他与哈登联手，就被球迷称为"灯泡（登炮）组合"。在"灯泡组合"刚成立的时候，外界并非没有质疑的声音，他们认为保罗和哈登都是需要大量球权的球员，而在比赛中，球只有一个。保罗和哈登搭档，能起到一加一等于二甚至是大于二的效果吗？"灯泡组合"能照亮火箭队前行，闪耀整个联盟吗？

对于这些质疑，保罗给出铿锵有力的回应，他认为自己和哈登能够完美共存。

"归根到底，我们还是在打篮球，又不是转行去打橄榄球。"保罗说道，"我已经打了这么多年了，来到火箭队后还是出现在同样的位置上，我很奇怪为什么会有人觉得我和哈登无法共存。"

时任火箭队主帅德安东尼表示，每支球队都需要保罗和哈登这样的传球大师，而火箭队拥有两个，这是幸福而不是烦恼。更为重要的是，保罗和哈登有着共同的目标和使命，那就是击败勇士队。

"如果不去想击败最强的球队，那我们究竟为什么要打比赛。"保罗说道。而哈登被问到球队的赛季目标时，他直截了当地说道："夺冠。"

"哈登和保罗互相尊重，他们目标一致。"德安东尼说道，"无论谁提出问题，他们的出发点都是好的，他们讨论的话题永远都是如何让球队变得更好，每个人都想要赢球。"

有意思的是，保罗和哈登组合后的首场比赛，对手正是他们心心念念想要战胜的勇士队。勇士队是怎样一支球队？他们是NBA史上最为强大的球队之一，阵中拥有2014年常规赛MVP得主凯文·杜兰特，有2015年和2016年两届常规赛MVP得主斯蒂芬·库里，有联盟史上最强射手之一、单节37分以及单场14记三分纪录保持者克莱·汤普森，还有联盟全能内线、2017年最佳防守球员得主德雷蒙德·格林。

最为恐怖的是，勇士队这四大明星球员竟然同时处于巅峰期，并且完美兼容，板凳席上还有安德烈·伊戈达拉、肖恩·利文斯顿、贾维尔·麦基和大卫·韦斯特等虎将。勇士队进可打出无坚不摧的传切配合，决胜时刻还有杜兰特的无差别单打；退可祭出令人窒息的防守。勇士队当时被称为"无敌战舰"，一点儿都不夸张，在刚刚结束的2016-2017赛季，他们在季后赛中打出16胜1负的统治力表现，夺得NBA总冠军。

可以想象，保罗和哈登所面对的是一个难以逾越的对手，但越是如此，保罗越想跟对手掰一掰手腕。

2017年10月18日，2017-2018赛季开幕，保罗联袂哈登率领火箭队远赴客场挑战勇士队。在比赛开始前，勇士队举行了NBA冠军颁奖典礼，球员们领取戒指，球馆上空升起了冠军旗帜。保罗以看客身份，目睹对手享受荣耀的时刻，这一刻，他内心里燃起熊熊火焰，对新赛季充满了动力。

开场哨响，保罗迅速投入到战斗当中，他找到阿里扎，助攻后者命中三分。保罗和哈登也完成一个配合，保罗跳投命中。首节比赛，双方斗得难分难解，火箭队仅以34-35落后。虽然在第二节和第三节火箭队一度处于被动，但第四节保罗后撤步跳投，之后连续三次助攻巴莫特，还妙传给戈登，帮助他上篮得手。保罗率领球队打出一个17-8的攻击波，将分差缩小至4分。

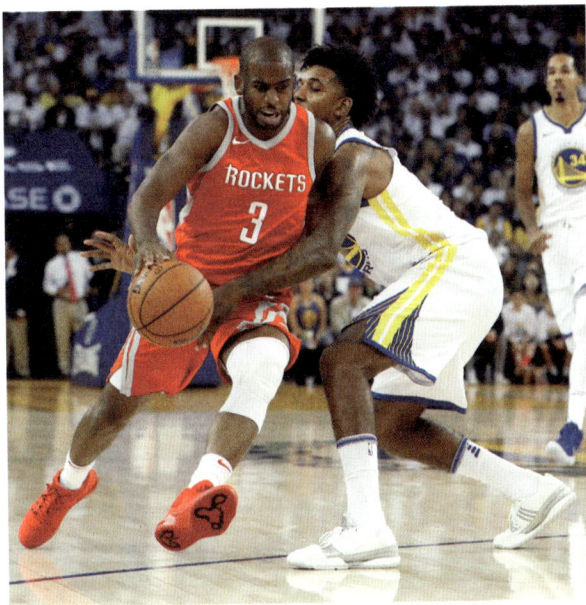

最后决胜的5分钟时间，保罗被换下场，因为当时他受到膝盖伤势的影响。但在保罗坐在场下休息的时候，火箭队展现出球队韧性，戈登、阿里扎和塔克人人奋勇争先，哈登也在关键时刻上篮取分。火箭队最终以122-121险胜勇士队，取得赛季开门红。

在火箭队的首场比赛，保罗虽然手感一般，9投2中只得到4分，三分球4投0中，但他送出10次助攻，还拼命地追防库里。球队主帅德安东尼透露，保罗在比赛中一直都是拖着一条腿在打球。

"和保罗搭档的第一场球，感觉很不错。"哈登说道，"虽然保罗还需要时间来恢复健康，但他依然为球队做出不小的贡献，送出两位数的助攻。"

由于膝伤，保罗缺席之后的14场比赛，但在哈登的带领下，火箭队取得10胜4负的骄人战绩。这让养伤中的保罗备受鼓舞，揭幕战击败勇士队证明火箭队的夺冠竞争力，而在自己养伤期间，球队还能打出上佳表现，保罗意识到他现在所处的球队可能是他职业生涯以来待过的最强的一支球队。

当保罗伤愈回归，火箭队打出让整个联盟都为之震惊的表现。11月17日，火箭队客场对阵太阳队，上半场投出61%的命中率，轰下90分，是NBA史上第二高的上半场得分纪录，火箭队最终以142-116狂胜太阳队。保罗刚刚复出，出场时间受到限制，但他还是在21分钟的时间里献出11分和10次助攻的两双数据。

"我知道我刚开始不在状态，但能够回来和这些家伙一起打球，这太有趣了。"保罗说道，"我讨厌限时令，只能打20分钟，但我明白球队是为保护我。"

之后对阵灰熊队和掘金队，火箭队又分别狂胜22分和30分。一直到2017年12月8日，火箭队打出一波八连胜，每场都以两位数的优势胜出，其中5场都净胜20分以上。在这8场比赛中，保罗场均贡献14.1分和10.1次助攻。

"保罗为我和球队的射手们创造出大量的空间，使得我们获得绝佳的出手机会。"火箭队"重炮手"莱安·安德森说道，"至少对我来说，我投篮变得简单，得到很多的空位机会。"

火箭队的连胜一直持续到12月19日，总计达到14场，而加上揭幕战，保罗为火箭队出战的前15场比赛，球队无一败绩。这是保罗自己都没有想到的梦幻开局，他和哈登的组合相得益彰，就像两台发动机推动着火箭队升空，他们以秋风扫落叶之势横扫全联盟。

"这太疯狂了。"保罗说道，"我们队中有太多能得分的人，就看谁在某场比赛中手感更热。球队不仅仅只有哈登和我，也有戈登和其他球员。"

正当火箭队气势如虹之时，伤病再次不期而至。在12月21日对阵湖人队的比赛中，保罗左腿受伤，提前离场，并缺席之后的3场比赛。火箭14连胜戛然而止，并吞下一波四连败。进入2018年1月，哈登又遭遇伤病，缺席7场比赛。

趁着哈登伤停，保罗正好展示他独自带队的能力。2018年1月11日，火箭队坐镇主场迎战开拓者队，对手拥有"后场双枪"达米安·利拉德和C.J.麦科勒姆。这场比赛两队大打对攻战，互不相让，打到终场前3分45秒，火箭队仅以103-100领先。关键时刻，保罗挺身而出，就像他效力黄蜂队和快船队时无数次做过的事情一样。

保罗持球单打，突破进入三分线内后，他急停跳投，球稳稳命中。终场前1分45秒，保罗干拔三分命中，接着突破上篮得手，还连续助攻卡佩拉暴扣。在短短3分30秒的时间里，保罗个人独取11分2次助攻，帮助球队锁定胜局。全场比赛，保罗轰下了37分7个篮板11次助攻3次抢断，这是联盟最顶级控卫的表现。

"保罗实在是太出色了。"对手主帅特里·斯托茨说道，"他完全控制了比赛，他有这样的实力。保罗创造投篮机会的能力是我所见过的球员中最强的。"

火箭队顺利度过哈登缺阵的这段时间，在7场比赛里取得4胜3负的战绩，保罗场均数据达到22.4分7.1个篮板9.3次助攻。而当哈登回归，"灯泡组合"重现江湖，联盟球队又感受到被火箭队支配的感觉。

2018年2月4日，保罗率领火箭队奔赴克里夫兰，客场对决好友詹姆斯领衔的球队、2016年NBA总冠军得主骑士队。面对东部霸主，火箭队完全统治比赛，保罗砍下22分8个篮板11次助攻，三分球9投6中，而火箭全队飙中19记三分，最终以120-88取得32分大捷。

"我无话可说，我们被对手打爆了。"詹姆斯说道。

火箭队又一次打出了惊人表现。到3月8日，保罗轻松送出16分11助攻，帮助火箭队以110-99力擒雄鹿队，他们将连胜纪录扩到17场，创造了整个2017-2018赛季最长的连胜纪录，这也是火箭队史第二长的连胜纪录，仅次于球队在"姚麦"时期创造的22连胜。

之后对阵猛龙队，火箭队在客场3分小负，但球队很快就调整状态，他们又轰出一波11连胜。至此，火箭队从2018年1月29日到3月31日，在两个多月的时间里只输了一场比赛，总战绩为惊人的28胜1负。另外，火箭队在单赛季里三次打出至少10连胜，这创造了队史纪录，他们也是NBA史上第六支达成这一成就的球队。

凭借赛季后半段的超强表现，火箭队最终的战绩锁定在65胜17负，这是队史最佳的常规赛战绩。火箭队力压58胜24负的勇士队，不仅提前数场锁定西部第一的位置，而且这也是全联盟的最佳战绩，他们是2017-2018赛季唯一取得至少60胜的球队。火箭队扬眉吐气，队史首次在常规赛中战绩称霸全联盟。

整个2017-2018赛季，保罗场均能够得到18.6分5.4个篮板7.6次助攻，但由于伤病，他缺席24场比赛，大部分都是在赛季前半段，这导致他无缘2018年的全明星赛，也落选最佳阵容和最佳防守阵容。不过保罗的搭档哈登总算如愿以偿，赢得常规赛MVP。

保罗损失个人荣誉，但他也创造职业生涯的多项第一，比如第一次在常规赛取得60胜，第一次自己的球队排名西部第一，而且还是全联盟第一，他们将在季后赛所有轮次中拥有主场优势。对于志在打破

"西决魔咒"、要冲击冠军的保罗而言，他迈出了坚实的第一步。

"为了季后赛主场优势，我们一直在努力，从常规赛开始到结束都在为这个目标奋斗。"保罗说道。

②

圆梦西决

　　旌旗猎猎，战鼓声声。2018年4月16日，保罗第十次出征季后赛。与以往不同的是，这是保罗首次享受到西部一号种子的待遇。对决八号种子，无论是实力、状态还是心理上，保罗和他的球队都占据着绝对的上风。

　　火箭队首轮的对手是森林狼队，他们常规赛战绩为47胜35负，比火箭队足足少赢了18场。森林狼队虽然有吉米·巴特勒这样的全明星球员，以及天赋出众的选秀状元卡尔·安东尼·唐斯和安德鲁·维金斯，但这支球队缺乏化学反应，季后赛经验不足，也没有阵容深度。无论是比超级巨星的成色，还是球队的整体

实力，森林狼队跟火箭队都不在一个档次上。

火箭队在首轮系列赛中以4-1的总比分战胜森林狼队，其中第二场、第四场和第五场都至少净胜18分。保罗在系列赛中场均19分4个篮板6.6次助攻，生涯第五次晋级第二轮。

这一次挡在保罗和西部决赛之间的球队是爵士队，他们在首轮以4-2的总比分击败了威斯布鲁克领衔的雷霆队。相比火箭队上一轮的对手森林狼队，爵士队是一支调教有方的球队，内线有高塔鲁迪·戈贝尔镇守，外线则有超新星多诺万·米切尔，里基·卢比奥和乔·英格尔斯都具备出色的组织能力，能把球队串联在一起。此外，爵士队中还有德里克·费沃斯和贾伊·克劳德这样的悍将，整体实力不容小觑。

在西部半决赛开始之前，爵士核心米切尔就放出狠话，称他们不畏惧任何对手，目标是要战胜火箭队。值得一提的是，米切尔和保罗关系相当不错，米切尔进入NBA之前，曾参加过保罗组织的篮球训练营。保罗将要与自己的小兄弟一较高下。

系列赛首场比赛，火箭队就延续他们整个赛季以来的强势表现，首节便取得两位数的优势，半场将比分扩大至64-39，优势达到25分。在第三节结束前，保罗命中一个压哨三分，帮助火箭队保持18分的优势，确立难以动摇的优势。火箭队以110-96轻取爵士队，取得系列赛开门红，用实际行动回应米切尔的豪言。

火箭队在之后的一场比赛中马失前蹄，被爵士队扳回一城。但在系列赛第三场和第四场，火箭队没有再给爵士队任何机会，分别取得21分和13分的大胜，将总比分改写为3-1，拿到三个系列赛赛点。保罗距离西部决赛只有咫尺之遥，他已经看到希望就在眼前。

"我们来到爵士主场打比赛，这里对任何一支客队来说都不容易应付。"在第四场贡献27分12个篮板6次助攻的保罗说道，"但我们连续赢下两场关键的比赛，这展现了球队的勇气和坚韧。"

2018年5月9日，这对保罗来说是一个历史性的日子，火箭队在主场迎战爵

士队，展开系列赛第五场的对决。保罗只要率领火箭队赢下比赛，那么困扰他职业生涯前12年的"西决魔咒"将不复存在。

保罗用打抢七生死战的态度来对待这场比赛，身处绝境的爵士队球员则是放手一搏。保罗火力全开，他在半场结束前连续飙中2记三分，还助攻塔克远投，率队将优势扩大到8分。但在第三节，火箭队遭遇对手强力反扑，单节被爵士队打了32-21的攻击波。

面对咄咄逼人的爵士队，保罗展现出强硬的姿态和必胜的信念。第四节保罗接管比赛，单节飙中4记三分。而在中距离跳投方面，保罗依然稳健，连投连中。

"中投对我来说就像上篮一样简单，如果戈贝尔防错位敢回收，我就会用跳投让他付出代价。"保罗说道。

整个第四节，保罗一人9投7中，其中三分球4投4中，一人狂砍20分，帮助火箭队以112-102取胜。全场比赛，保罗22投13中，三分球10投8中，轰下41

分10次助攻，没有出现1次失误。保罗单场41分，创造个人季后赛生涯的最高分纪录，同时，他也是NBA季后赛史上首位能够在比赛中至少得到40分10次助攻并且零失误的球员。

"保罗走上球场，然后接管了比赛。"哈登说道，"这是保罗晋级西部决赛的大好机会，他抓住了机会，把球队扛在自己的肩上，然后让我们跟着他的脚步走。"

为了自己的"西决梦"，保罗已经拼尽全力，当终场哨响，他的"西决魔咒"终于成为历史。

"对我们来说，爵士队是挡在我们进军西部决赛的拦路石，我们的目标就是要赢下这场比赛。"保罗说道，"你们知道，这一天我已经等了太长的时间。我们已经晋级西部决赛，但在这之后，我们还要继续前进，等待我们的将是西部决赛甚至是总决赛，我已经为下一轮的战斗准备好了。"

火箭队西部决赛的对手没有意外，正是杜兰特和库里领衔的勇士队。勇士队在季后赛前两轮都是兵不血刃，都以4-1的总比分淘汰马刺队和鹈鹕队。火箭队与勇士队众望所归地会师西部决赛，这场系列赛被誉为提前上演的冠军争夺战，受到无数球迷的关注。

系列赛前四场比赛，火箭队和勇士队打成2-2平，其中第三场，火箭队以85-126惨负41分，但他们在第四场顶住压力。面对勇士队主场甲骨文球馆两万名左右球迷的呐喊声，火箭队没有自乱阵脚，他们与勇士队大打防守战。在前三节70-80落后的情况下，火箭队在第四节不惜命地防守，将对手末节得分限制到12分。而在进攻端，保罗用自己的看家法宝中距离跳投为球队续命，不断将分差缩小。

终场前7分多钟，保罗持球单打，飙中一记三分，之后他连续助攻阿里扎和戈登命中远投，火箭队在比赛还剩2分多钟时领先5分。最终，火箭队完成神奇的逆转，将总比分扳平。

"在比赛中，我们一度遭遇挫折，处于逆境，但我们不用去管这些，只需要做一件事，那就是把球打好。"保罗说道。

在火箭队与勇士队的天王山之战中，两支球队将防守强度提高到系列赛以来

最高的强度，每一次得分都显得万分艰难。保罗受到严防死守，19次出手只命中6球，但仍投中4记三分，攻下20分7个篮板6次助攻。

决胜时刻的第四节，保罗不仅要负责组织进攻，还要亲自站出来终结比赛。末节一上来，保罗就两次单打命中，起到稳定军心的作用。在终场前4分06秒，保罗突破得手，火箭队将优势扩大到102-96。但之后不久，保罗身上的老伤腿筋伤病又犯了，在终场前22.4秒被换下场，但火箭队其他球员守住胜果，以98-94险胜勇士队。

这场比赛一拿下，火箭队总比分3-2领先勇士队，保罗达到职业生涯前所未有的高度，他距离自己的首次总决赛之旅只差一场胜利。但偏偏在这个时候，命运跟保罗开了个玩笑，他腿筋伤势并不轻，他有可能会错过西部决赛系列赛最后两场比赛。

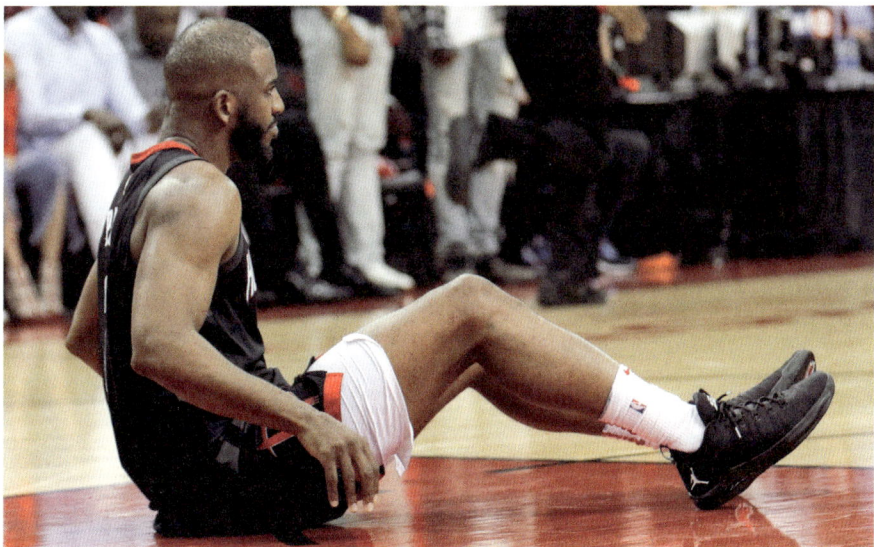

"保罗现在的精神状态并不好，他渴望出场比赛，去帮助球队。"火箭队主帅德安东尼说道，"毫无疑问，保罗看起来心事重重，但我们会进一步观看结果，再决定保罗是否出战。"

保罗最终还是没有等来自己的奇迹，他系列赛报销。而当"灯泡组合"少了其中一个，火箭队的光芒就不再像之前那般耀眼。

"保罗现在的情绪很崩溃，以他如此好胜的性格来说，我们能理解他的心情，也为他感到难过。"德安东尼说道，"保罗是我们团队当中不可或缺的一员，即便无法上场，他出现在板凳席也能对球队起到重要的作用。"

在没有保罗的情况下，火箭队最终没能终结掉这轮系列赛。最为可惜的是第六场，火箭队在首节结束一度以39-22领先勇士队达到17分，但令人大跌眼镜的是，之后的三节比赛，火箭队被勇士队打了一个93-47的攻击波。

抢七大战火箭队再在比赛中取得两位数的优势，半场以54-43领先勇士队。但没有保罗组织进攻，哈登遭到围剿，火箭队只能豪赌三分球，结果他们三分球连续27投不中。勇士队四巨头杜兰特、库里、汤普森和格林合砍80分，完成逆转，淘汰火箭队。

对保罗来说，2017-2018赛季是波澜壮阔的一个赛季，他在这个赛季里取得加盟NBA以来最佳的团队成绩，也在这个赛季圆了自己打入西部决赛的梦想。但同样，保罗留下了可能是职业生涯最大的一个遗憾，在西部决赛3-2领先勇士队的时候，他离自己要战胜最强球队的梦想无限接近，但关键时刻，保罗却受伤退出。

如果没有伤病，保罗能够出战西部决赛后两场，火箭队真有机会击沉勇士队这艘"无敌战舰"，晋级总决赛的舞台。而以那个赛季的表现而言，联盟当中除了勇士队，看起来没有球队能在七场系列赛中击败火箭队，也就是说，一旦火箭队能进总决赛，他们将大概率夺冠。

可惜，历史没有如果，2018年西部决赛的腿筋伤病，注定将会成为保罗这一生最大的痛。

2017-2018 赛季季后赛保罗数据汇总

日期	比赛	出场时间	得分	命中率	篮板	助攻	抢断	盖帽	失误	犯规
2018-4-15	火箭 104-101 森林狼	33.56	14	35.70%	3	4	2	0	6	3
2018-4-18	火箭 102-82 森林狼	29:47	27	55.60%	3	8	3	1	1	2
2018-4-21	火箭 105-121 森林狼	30:24	17	63.60%	3	6	0	0	1	6
2018-4-23	火箭 119-100 森林狼	33:53	25	52.90%	6	6	5	0	1	1
2018-4-25	火箭 122-104 森林狼	34:09	12	37.50%	5	9	0	0	0	1
2018-4-29	火箭 110-96 爵士	31:54	17	50.00%	4	6	4	0	7	3
2018-5-2	火箭 108-116 爵士	35:28	23	42.10%	5	3	3	0	2	5
2018-5-4	火箭 113-92 爵士	30:51	15	35.30%	7	6	1	0	0	1
2018-5-6	火箭 100-87 爵士	35:16	27	52.20%	12	6	2	1	1	3
2018-5-8	火箭 112-102 爵士	37:41	41	59.10%	7	10	1	0	0	1
2018-5-14	火箭 106-119 勇士	38:11	23	47.10%	11	3	1	0	1	4
2018-5-16	火箭 127-105 勇士	33:34	16	42.90%	4	6	3	0	3	5
2018-5-20	火箭 85-126 勇士	32:36	13	31.30%	10	4	1	2	2	4
2018-5-22	火箭 95-92 勇士	41:31	27	50.00%	2	4	1	0	3	4
2018-5-24	火箭 98-94 勇士	37:40	20	31.60%	7	6	3	0	0	4
2018-5-26	火箭 86-115 勇士	保罗因伤缺阵								
2018-5-28	火箭 92-101 勇士	保罗因伤缺阵								

③

饱受质疑

　　尽管与总决赛擦肩而过，但保罗与火箭队合作的第一个赛季不可谓不成功，球队战绩创造队史纪录，季后赛中打到西部决赛，与勇士队战至抢七，并且一度以3-2领先拿到赛点。而保罗与哈登的搭档就像是天作之合，保罗的表现和数据证明他依然是联盟当中最顶级的控卫之一。在2017-2018赛季，保罗达成生涯2000次抢断成就，他是NBA史上继贾森·基德、加里·佩顿和约翰·斯托克顿之后，第四位生涯至少得到8000个助攻和2000次抢断的球员。

　　2017-2018赛季结束后，保罗合同到期成为完全自由球员，火箭队当然有意与这位未来的名人堂球员继续合作。但摆在双方面前的一个现实问题是，火箭队应该给出一份什么样的合同？

　　根据NBA的规定，保罗有资格和火箭队签署一份5年价值2.05亿美元的顶薪合同，但火箭队方面担忧的是保罗已经33岁，而且伤病缠身。保罗坚持索要顶薪合同，但愿意在年限上做出让步，接受4年合同，而不是非要5年合同不可。最终双方各退一步，签署了4年1.6亿美元的顶薪合同。

> "虽然我渴望总冠军，但我还要养家糊口。"保罗说道，"我喜欢赢球，但不会想抱着总冠军奖杯睡觉。我有妻子和孩子，我需要保障他们的生活。"

在成功续约之后，保罗和火箭队重新出发，他们憧憬着再打出2017-2018赛季那样的表现，向总冠军发起冲击。在2018年休赛期，另一件让保罗高兴的事情是，火箭队签下了卡梅隆·安东尼，保罗能够和自己的兄弟并肩作战。

保罗对未来充满期待，但没想到的是，火箭队在2018-2019赛季初始阶段就状况百出。揭幕战，火箭队以112-131惨负给鹈鹕队。之后第二场对阵湖人队，保罗又在比赛中和拉简·朗多爆发冲突，两人拳脚相加，上演丑陋的斗殴。

当时是终场前4分13秒，哈登突破上篮造成英格拉姆犯规，双方都对裁判的吹罚表示不满。在哈登找裁判理论的时候，英格拉姆直接从背后推了哈登一把，场上有了火药味。而在另一边，保罗和朗多越走越近，不停地说着垃圾话。保罗伸出手指戳了朗多的面部，朗多自然不是善茬，他挥拳直击保罗的头部。此时，英格拉姆又加入争斗中，飞奔过来，一拳打向保罗。

球场上瞬间乱作一团，湖人队当家球星也是保罗最好的朋友詹姆斯过来搂抱住保罗，将他与朗多分开。保罗回头一看是好兄弟，但他依然难以抑制心中的怒火，他情绪激动地说着什么。在众人的劝架下，事态最终得到平息，裁判在回看录像后，将保罗、朗多和英格拉姆驱逐出场。

这是联盟近年来最恶劣的球场斗殴事件之一，而在赛后，保罗依然愤愤不平，透露他如此生气的原因。"朗多先向我吐了口水。"保罗说道。

火箭队主帅德安东尼和包括戈登在内的队友都发声力挺保罗，但朗多却矢口否认，坚称没有向保罗吐口水，湖人队方面同样对朗多表示支持。双方阵营各执一词，让这场打架事件成为外界议论的焦点。

"这是无法接受的。我们都知道发生了什么，没有必要再在这件事上纠缠了。"安东尼说道，"但出现这种事情是不能接受的，它本不应该发生。"

在斗殴事件发生后不久，联盟就宣布处罚结果，保罗被禁赛2场，而朗多和英格拉姆分别被禁赛3场和4场。在保罗缺阵期间，火箭队吞下两连败，等到他复出，球队再输2场。这样一来，火箭队在新赛季的前5场比赛中足足输掉4场。

福无双至，祸不单行。新赛季才开始了10场比赛，火箭队和安东尼就球队角色和战术地位又发生不可调和的矛盾，火箭队随后宣布与安东尼分手，但不会选择将他裁掉，而是给他时间去寻找下家。

这让保罗处于两难境地，一方是球队，另一方是自己的好兄弟。安东尼甚至专门就这件事去找过保罗，保罗拍胸脯保证，他对所发生的一切毫不知情，也没有参与。安东尼相信保罗的说法，他们的友情才得以延续，依然还是好兄弟。

火箭队的问题并没有随着安东尼的离开迎刃而解。在常规赛赛程进入12月份，火箭队的战绩还没有起色，前25场比赛只取得11胜14负，排名跌到西部倒数第二。在12月4日，火箭队对阵森林狼队，他们居然在最多领先19分的情况下被对手翻盘，保罗全场手感冰冷，8投1中仅得5分。之后遭遇爵士队，火箭队又以27分之差惨败，保罗只得到12分5次助攻。

但对于火箭队一时的困难，保罗并不担心，他不仅坚信球队能够打入季后赛，而且到了系列赛就没有谁能够击败他们。

"我丝毫不担心球队目前的战绩。"保罗说道，"如果有人想在季后赛击败我们，必须在7场系列赛中赢我们4场，我认为这不可能会发生。"

保罗的底气源于火箭队在2017-2018赛季的杰出表现。在保罗放出豪言后不久，火箭队果然打出一波五连胜，但不幸的是，他很快就又受伤了。在12月21日火箭队与热火队的比赛中，保罗在第二节遭遇伤情提前退场，令人沮丧的是，保罗这次受伤的部位又是腿筋，跟上个赛季西部决赛关键时刻遭受的是同样的伤病。火箭队以99-101惜败给热火队，连胜戛然而止。这一次，保罗为了养好自己的腿筋伤病，足足休战17场。

"我们失去了像保罗这样对球队有重要作用的球员，其他人要全副武装，投

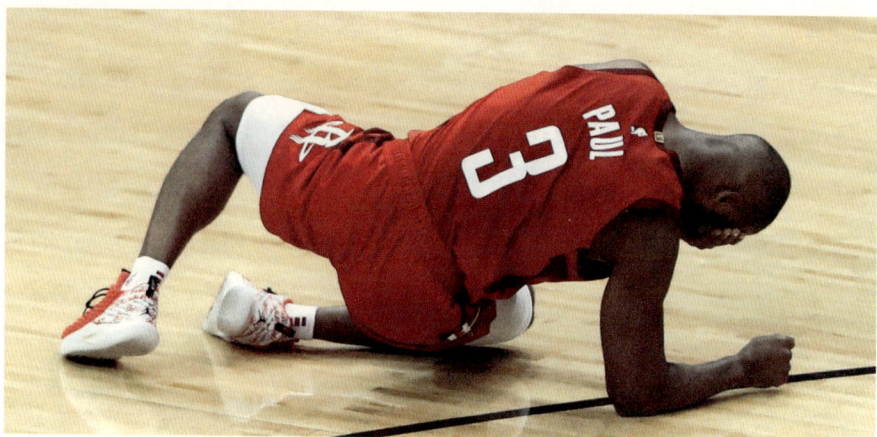

入到战斗中，应付当前的处境。"德安东尼说道，"我们有可能会在比赛中暴露出问题，但必须想办法克服。"

在2018-2019赛季，哈登打出神级表现，他场均数据是恐怖的36.1分6.6个篮板7.5次助攻。是哈登把火箭队扛在肩上，才有了球队赛季后半段在23场比赛里赢下20场的表现。火箭队最终以53胜29负的战绩，排名西部第四，抢到季后赛首轮的主场优势。

但相比史诗般的上个赛季，火箭队这个赛季足足少赢了12场比赛，战绩退步明显。而保罗场均数据跌到15.6分4.6个篮板8.2次助攻，投篮命中率只有41.9%，创生涯新低，三分球命中率只有35.8%。而且由于伤病，保罗再次缺席24场比赛。

保罗状态下滑，且伤病不断，这让新签了4年1.6亿美元顶薪合同的他在整个赛季中受到前所未有的质疑。

季后赛首轮，火箭队遭遇爵士队，这是上个赛季西部半决赛的重演。最后的结果和总比分都是一样的，火箭队4-1淘汰爵士队，昂首挺进下一轮。五场比赛，哈登场均27.8分6.8个篮板8次助攻，是球队获胜的首功之臣，保罗场均17.4分5.4个篮板5.2次助攻，表现尚可。

西部半决赛，火箭队和老对手勇士队狭路相逢。系列赛前四场比赛，勇士队和火箭队各自捍卫主场，总比分打成2-2平。但与一年前相比，保罗和哈登的

"灯泡组合"已经没有交相辉映的感觉，火箭队更多是哈登一人独秀，保罗扮演辅助的角色。四场比赛，保罗场均15.5分6.5个篮板5.5次助攻。

第五场天王山之战，这本是属于保罗的大舞台，但这一次他的表现令人失望，14次出手仅仅命中3球，三分线外更是6投0中，只得到11分6个篮板6次助攻，这让哈登全场16投10中攻下31分的表现打了水漂。这场比赛对火箭队唯一的利好是杜兰特受伤，他由于小腿拉伤，将缺席剩余的系列赛。

保罗和火箭队终于等到了机会，在决定生死的第六战，他爆发出最强大的能量。事实证明，在不做任何保留的情况下，保罗依然能够打出有统治力的比赛，他出战38分钟，19投11中，轰下27分11个篮板6次助攻。

但火箭队已经没有前一年的心气，"灯泡组合"也不再有往日的默契。当保罗倾尽全力，哈登却在关键时刻掉链子。在第四节决胜时刻，哈登登场，他虽然能得分和助攻，但没有表现出应有的紧迫感，不像是在打生死战，短短几分钟出现四次失误。哈登虽然全场轰下35分，但在赛后，他成为了众矢之的。

火箭队的结局跟一年前相同，他们没有把握住杜兰特伤停的机会。在前三节领先的情况下，火箭队在第四节被勇士队疯狂反扑，库里和汤普森合力轰下60分。火箭队总比分2-4再次败给勇士队，遗憾出局。

"我们让机会溜走了。"哈登说道，"现实就是如此，如果不利用好机会，你就会成为出局的那一方。"

> 如果说上个赛季输给勇士队，火箭队心有不甘，但这一次，他们只能感叹实力不济，自己不争气。对保罗来说，这是艰难的一个赛季，他如愿拿到顶薪合同，但也为此背负了压力和非议。

而同时，关于火箭队希望交易保罗的流言也开始传开，火箭队在寻找一支愿意接纳保罗后三年大合同的球队。

4

不欢而散

保罗在火箭队度过了两个赛季，在第一个赛季，保罗和哈登是亲密无间的搭档，两人彼此扶持，把火箭队送到常规赛联盟第一的位置，哈登当选为常规赛MVP。但第二个赛季，火箭队如逆水行舟，不进反退，保罗和哈登之间的关系出现裂痕。

在火箭队内部，早已形成了"一切以哈登为主"的更衣室文化，球队的出行和训练计划都会按照哈登的意愿随时更改，甚至在球队人事决策上，比如球员和教练的选择上，哈登也有最终的发言权。

而保罗是一个天生的领袖，他喜欢在场上场下掌控一切。保罗当初加盟火箭队，当然知道这是哈登的球队，保罗不会对哈登发号施令，但对于哈登的一些所

作所为，保罗并非完全没有意见。最大的问题是，哈登就好像是一个被宠坏的孩子，当保罗提出问题，哈登有所不满，他就会不加掩饰地表现出来。

2018年5月5日，火箭队和爵士队西部半决赛第三场的时候，保罗和哈登就在板凳席上爆发冲突，被摄像头捕捉了下来。两个人当时在场边发生激烈争吵，保罗主动伸手向哈登示好，却被哈登一巴掌打开，他还情绪激动得大喊，一脸不高兴，不接受保罗的示好。

只不过那个时候胜利能掩盖所有问题，而且火箭队中还有阿里扎，他是保罗和哈登之间的黏合剂。但在第二个赛季，火箭队放走阿里扎，哈登和保罗之间的裂痕越来越大。保罗不满哈登总是在训练或者开录像会议时迟到，看到哈登每逢假期就会飞往另一座城市花天酒地，保罗只能摇头苦笑。

保罗和哈登真正无法调和的矛盾是两人在火箭体系中的打法。火箭队进攻以哈登为主，保罗发现，当他持球组织进攻的时候，哈登手中没有球，他便懒于参与到团队进攻中。有时候保罗推进进攻，哈登甚至都还没有走过半场。

这显然不利于火箭队的夺冠大计，因此保罗找到主帅德安东尼，希望他在哈登单打体系之外，制定出更多的战术，丰富球队的进攻，提升球的运转。但此事被哈登得知后，引得他勃然大怒，认为保罗是在鼓动德帅削减他的球权。

所以，从根本上来说，保罗和哈登对于篮球的理解、对比赛的态度是有差异的。保罗也许想的是"三十功名尘与土，八千里路云和月"，但哈登好像更想要享受当下，图的是"人生得意须尽欢，莫使金樽空对月"。

保罗和哈登在一起的时间越长，他们之间的纷争就越多，最终达到水火不容的地步。在2019年西部决赛第六场，保罗和哈登发生公开的争吵事件，当时，保罗对哈登在比赛中的一些做法不满，冲着他叫喊。保罗是对事不对人，但哈登马上毫不讲情面地反击。

"你就是喜欢出来搞事情。"哈登吼道。之后火箭队输球，球员们进入球员通道，保罗和哈登再次争论起来。

"保罗和哈登早就看彼此不爽，两个人彼此根本没有尊重。"火箭队内部的

一位消息人士说道。

而在火箭队内，哈登说一不二，他能够决定球员的去留，这时候的他已经不愿意再与保罗搭档了。保罗同样对哈登和火箭内部的环境感到失望，做好离队的准备。

山雨欲来风满楼，但保罗毕竟见过大世面，他没有意气用事，而是率先与火箭队管理层沟通。结果火箭队管理层告知保罗，球队没有计划交易他，认为保罗对火箭队依然重要，"灯泡组合"完全可以再在一起合作，去冲击冠军。

保罗信以为真，他盘算着自己日后与哈登相处，如何更好地处理两人间的关系。但讽刺的是，没过多久，火箭队就和雷霆队达成协议，保罗和威斯布鲁克互换，火箭队还搭上2024年和2026年首轮选秀权，以及2021年和2025年首轮选秀权的互换权。

据消息人士透露，雷霆队将乔治交易到快船队后，球队与威斯布鲁克沟通，后者表示愿意离队。得知威斯布鲁克进入交易市场后，哈登兴奋异常，他渴望与自己的这位雷霆前队友再续前缘。在哈登看来，威斯布鲁克比保罗更年轻，而

且，他与威斯布鲁克私下关系不错，两人能够相处得来。

哈登向火箭队管理层发出通牒，要求必须换来威斯布鲁克，否则他将申请交易离队。对于哈登的任何要求，火箭队管理层都会全力满足，他们的做法是表面安抚保罗，向他保证不会有交易发生，暗地里却在运作威斯布鲁克的交易。

保罗是老将，他当然知道NBA就是生意场，对于交易本身并不感到困扰，但真正让保罗不满的是火箭队管理层当面一套背后一套的做法。保罗感觉自己被出卖了。在火箭队和雷霆队交易达成之前，保罗一直被蒙在鼓里，他就跟其他人一样，是从媒体报道中知道自己和威斯布鲁克互换球队。

"在听到交易的消息后，我感到分外震惊。"保罗说道，"因为在此之前，火箭队管理层还向我允诺，说不会将我交易，他们欺骗了我。"

保罗虽然只在火箭队效力了两个赛季，但他和球队经历了巅峰，打出队史最具统治力的一个赛季。但令人唏嘘的是，保罗和哈登之间的关系转变得如此之快，从蜜月期到水火不容也就短短一个多赛季的时间。

更让外界无法接受的是火箭队送走保罗的方式，如果火箭队管理层能够处理得更好些，球队和这位未来名人堂球员完全可以友好分手，不至于闹个不欢而散。从某种意义上来说，火箭队为了摆脱保罗的合同，根本没有考虑过他的感受。在火箭队内部，保罗似乎没有得到任何人的尊重。

可以说到最后，保罗是负气出走，愤懑离开，所有支持他的人都为他感到不值。好在保罗是最先从这种情绪里走出来的人，他坦然接受所有的结果，准备前往俄克拉荷马，开启职业生涯新的篇章。

"我还是那个我，无论是在休斯敦，还是俄克拉荷马，我都会继续做自己。"保罗淡然地说道。

保罗是在巅峰末期加盟火箭队，他在休斯敦的两个赛季里，场均贡献17.1分5个篮板8次助攻1.8次抢断，数据相比黄蜂队和快船队时期都有不同程度的下滑。而且在这两年时间里，保罗的身体状况也在退化，他伤病不断，每个赛季都要缺席24场比赛，他没有当选全明星，没有进入最佳阵容或最佳防守阵容。

保罗火箭队生涯数据汇总

赛季	出场	首发	出场时间	得分	命中率	三分命中率	篮板	助攻	抢断	盖帽	失误
2017-2018	58	58	31.8	18.6	46.0%	38.0%	5.4	7.9	1.7	0.2	2.2
2018-2019	58	58	32.0	15.6	41.9%	35.8%	4.6	8.2	2.0	0.3	2.6
火箭生涯	116	116	31.9	17.1	44.1%	36.9%	5.0	8.0	1.8	0.3	2.4

但在效力火箭队的两个赛季里，保罗经历职业生涯最跌宕起伏的两年时间，体验了人生百态。最初的"灯泡组合"，保罗和哈登强强联手，在常规赛中把火箭队送到了队史前所未有的高度，以65胜17负获得联盟第一。保罗职业生涯也实现重大突破，他首次闯入西部决赛，打破困扰他多年的魔咒，那是他距离冠军最近的一个赛季。

保罗在火箭队得到生涯最大的一份合同，4年价值1.6亿美元，这跟他前13年加起来的总薪水相差无几。但保罗没想到的是，仅仅一个赛季之后，他的处境就发生了翻天覆地的变化。

因为这份大合同，伤病频发加上状态下滑的保罗承受着进入NBA以来最大的质疑和非议。与此同时，保罗和哈登的关系急转直下，两人的矛盾公开化，火箭队管理层无条件支持哈登，让保罗有一种身在异乡为异客的感受。

保罗第一次感觉到无法掌控自己未来的无力感，他被火箭队管理层无情抛弃，甚至遭到出卖。对于一名老将来说，这是一个极其危险的信号，一旦保罗不能在接下来的赛季中重新证明自己，那么他剩余的职业生涯将处于一个非常被动的局面，与自己的冠军梦想渐行渐远。

但保罗接下来的表现，震惊世界。

生涯暮年
遲英雄

① 蜂王回归

2019年7月16日，火箭队与雷霆队正式完成交易，两位超级明星控卫互换东家。这是保罗职业生涯所经历的第三次换队，尽管之前和雷霆队并无太多瓜葛，但对于俄克拉荷马城，他却一点儿都不感到陌生。

前面的章节曾经提到，2005年，受卡特琳娜飓风影响，新奥尔良黄蜂队决定临时将主场搬迁到俄克拉荷马城，而同一年夏天，他们在选秀大会上首轮第四顺位选中来自维克森林大学的保罗。所以实际上，保罗是从俄克拉荷马城正式开启自己的职业生涯的。

在俄克拉荷马城，保罗完成从大学到职业赛场的过渡，拿到最佳新秀，也受到当地球迷的支持与宠爱。某种程度上，这里，才是他梦开始的地方。

2007年，新奥尔良完成灾后重建，黄蜂队搬回老家，后来经历改名，成为如今的鹈鹕队。而俄克拉荷马城在经过短短一年的"空窗期"后，迎来新的主队——曾经的西雅图超音速队，如今的俄克拉荷马城雷霆队。

虽然保罗对于俄克拉荷马城有着一份特殊的感情，但雷霆队并不是他理想中

的球队。作为曾经被公认的联盟第一控卫，当时他已年满34岁，却仍与梦想中的总冠军奖杯无缘。而雷霆队，在连续送走保罗·乔治、杰拉米·格兰特、拉塞尔·威斯布鲁克这几大主力之后，很明显是做好推翻重建的准备。

其实对于雷霆队总经理萨姆·普莱斯蒂来说，得到保罗不是这笔交易的主要目的，火箭队为引进威斯布鲁克而附送的一大堆未来选秀权——包括2024年、2026年的首轮签，2021年、2025年的首轮互换权——才是他最看重的资产。至于帮俄克拉荷马城球迷重新迎回"昔日蜂王"，只能算是额外收获。

因此在交易完成之后，很多人并不看好保罗会真的前往雷霆队报到，有媒体说保罗会被交易到热火队。

ESPN名嘴史蒂芬·A·史密斯在节目中表示："如果保罗愿意放弃1000万到1500万美元的薪水，雷霆队肯定会选择买断其剩余合同。"总而言之，曾经在联盟中呼风唤雨的保罗，因为年龄、伤病、合同等因素的共同影响，似乎已经变成一笔负资产。

但也有人仍对保罗充满信心，比如曾在篮网队、凯尔特人队、超音速队等多

支球队效力过的NBA名宿肯尼·安德森就曾在一次做客电台节目时说过："他还能打出两到三年的高效表现。"

ESPN高级撰稿人凯文·佩尔顿写道："短期而言，保罗重回俄克拉荷马城，会让这座城市仍然保留一位值得球迷关注的球星。但从长期角度，保罗的逐渐老化对于雷霆队来说也会稍显尴尬，因为他们既会因为保罗的加入而保留一定竞争力，没办法彻底摆烂，而同时又会制约亚历山大的成长空间。"

面对种种猜测，保罗本人从未正面回应。直到7月25日，他在个人社交媒体上发表一份声明，向老东家火箭队表示感谢之余，也对重回俄克拉荷马城进行一番憧憬："感谢休斯敦过去几年时间里对我和我的家庭的慷慨与厚待，非常荣幸在我的整个职业生涯里，都能有一群不可思议的球迷在支持着我。很激动能在新赛季加盟雷霆队，很高兴有机会和雷霆队友们一起战斗。我的职业生涯正是作为黄蜂队球员，从俄克拉荷马城开始的，我期待着这次回归！"

就在同一天，保罗被拍到身穿印有雷霆队标志的T恤和布拉德利·比尔、杰森·塔图姆等NBA球星一起训练。这从另一个侧面证明，保罗愿意作为雷霆队的一员，开启即将到来的2019-2020赛季。

种种迹象显示，雷霆队的确尝试过送走保罗，只是没能找到让他们满意的交易方案。这也不难理解——保罗当时的合同还剩三年到期，总价值高达1.24亿美元，而他在此前的2018-2019赛季因为伤病影响，攻防两端的效率都有明显下滑。

虽然一些争冠球队垂涎于这位老将的经验和领袖作用，但在不确定他的个人状态还能恢复几成的情况下，不敢轻易背上沉重的薪金包袱。

对于这些质疑，保罗心知肚明，一向争强好胜的他，憋着一股劲想要重新证明自己。

2019年10月9日，在一场雷霆队主场迎战独行侠队的季前赛比赛中，保罗以首发控卫的身份完成重回俄克拉荷马城后的第一次正式亮相。

比赛开场仅仅13秒，保罗就助攻雷霆队中锋史蒂文·亚当斯命中底角三分，这一球彻底点燃切萨皮克能源球馆，现场12055名球迷集体起立，用经久不息的掌声，庆贺他们的英雄回家。

那场比赛，雷霆队以119-102轻松获胜。这样一场开门红，似乎也预示着保罗和雷霆队之间的合作会有一个美好的未来。

②
雷霆领袖

普莱斯蒂决定留下保罗，除了没有找到合适的交易对象，还有一点重要的考虑，就是希望保罗作为导师，带一带年轻后卫谢伊·吉尔吉斯·亚历山大。

来自加拿大的亚历山大是2018年的首轮第11号新秀，黄蜂队在选中他后，又在第一时间将他交易给快船队，换回12号新秀迈尔斯·布里奇斯以及两个未来的二轮选秀权。

亚历山大新秀赛季就有场均10.8分2.8个篮板3.3次助攻1.2次抢断的表现，投篮命中率和三分球命中率分别达到47.6%和36.7%，成功入选新秀最佳阵容第二队。

2018-2019赛季，季后赛首轮快船队碰上卫冕冠军勇士队，虽然快船队未能上演奇迹，苦战六场之后败下阵来，但亚历山大在这轮系列赛中两次砍下20+

得分，让人在当时年仅20岁的他身上看到一股呼之欲出的球星气质。

快船队为了得到雷霆队的全明星前锋保罗·乔治，他们将亚历山大交易到了雷霆队。

亚历山大在经历最初的震惊后，很快开始为新的环境感到兴奋，因为当时已经有迹象表明，雷霆队在送走乔治之后，会继续尝试交易他们的当家球星威斯布鲁克。这意味着亚历山大将有机会在进入联盟的第二年就获得全队最重要的战术地位，尽情施展自己的才华。

然后雷霆队与火箭队达成了一致，用威斯布鲁克换来保罗——另外一位联盟顶级控卫。这对同样需要大量球权的亚历山大来说，似乎并不是个好消息。

"我知道这会是个挑战，"亚历山大在接受采访时表示，"显然，克里斯是一名会长时间掌控球权的球员，这也是他最擅长做的事情，他是有史以来最好的控球后卫之一。这意味着我不得不多打一些无球，去客串其他位置。"

而且，保罗和亚历山大差了足足13岁。有统计显示，这是NBA有史以来一

支球队大当家和二当家之间，第九大的年龄差。一个成名的老将和一个初出茅庐的菜鸟，能形成良好的化学反应吗？

事实证明，无论是年龄的差距，还是所谓的自我意识，都没有破坏保罗和亚历山大之间这段美好的合作关系。

实际上，需要在球权方面做出让步的不只有亚历山大，保罗同样如此。而且作为一名成名多年的历史顶级控卫，让他做出打法上的调整，只会更加困难。

但保罗并没有任何怨言，虽然他不知道自己会在这支球队待多久，但只要在这里一天，他就会尽力做到最好。他很清楚自己的优势，也知道自己的使命："我时常回想起我刚进联盟时和队中那些老将的合作经历，像PJ·布朗、鲍比·杰克逊、简纳罗·帕克（都是保罗的黄蜂队前队友），他们教会我很多，不仅限于工作，还有生活。所以，现在当我自己成为一名老将，我也会去做同样的事情。"

对于保罗的职业态度，雷霆队主帅比利·多诺万非常欣赏："只有非凡的人，才能处理好这样的状况。作为一名球员，在自己的整个职业生涯里，身份一直是一名控球后卫，现在让我调整打法，球不像以前那么多地控制在我手里。我该如何融入进攻？我要如何打出效率？"

在保罗的言传身教下，亚历山大也越来越深切地意识到，这段合作经历对他未来的发展会多有好处。

除了是一名合格的"老师"，保罗还是一个完美的"兄长"。当雷霆队的年轻队员犯错时，他会毫不留情地当面指出问题；但如果外面有人试图"挑事"，他也会第一个站出来做出回应，将兄弟们庇佑在自己的双臂之下。

2020年2月10日，雷霆队主场以一分之差惜败于来访的凯尔特人队，在比赛的最后5秒，亚历山大出现一次致命失误，导致球队错失追平比分的良机。

赛后，簇拥在保罗身边的记者群中，有人提出一个不怀好意的问题："关于亚历山大的那次失误，你们在更衣室里都说些什么？"

保罗显然被这个问题激怒了，他先是回过头狠狠瞪了提问的记者一眼，然后用坚定的语气回答道："我们根本没提这事儿，这是篮球！你懂我说的是什么意思吗？失误，投丢球，都是很正常的。我想在我所待过的所有球队里，从来没有出现过类似这样的讨论。"

保罗对年轻队友的指导在2019-2020赛季中发挥了关键作用，他当时的替补丹尼斯·施罗德直言保罗让整支球队发生了质的变化："他改变这里的球队文化，改变球队的打法。他对于球队贡献非常之大，所以，他绝对配得上全明星的荣誉。"

在保罗的领导下，这支本来被认为将要摆烂重建的球队，最终却出人意料地打出44胜28负的战绩，胜率达到61.1%。这一成绩，甚至好过前一年由威斯布鲁克和乔治领军的那支以总冠军为目标的球队，说起来实在有些讽刺。

> 保罗的加盟，给雷霆队带来非常积极的短期影响，让他们成为 2019-2020 赛季全联盟最令人惊喜的球队之一。然而，他给这支年轻球队带来的长期影响，远比这更有价值。

③

梦回巅峰

　　保罗在俄克拉荷马城的开局并不十分顺利，由于主力轮换阵容几乎全部换个遍，雷霆队在赛季初经历了一段时间的挣扎，在进入12月之前，他们的战绩仅为7胜11负。但从12月开始，保罗率领他的球队开始全面发力，连续击败开拓者队、爵士队、快船队、猛龙队、独行侠队等强队，在该月取得11胜4负的好成绩，将胜率提升到50%以上，令人讶异地挤进西部积分榜的前八。

　　在此期间，保罗有一场经典表演不得不提。

　　12月7日雷霆队主场对阵森林狼队，比赛进行得异常激烈，第四节进行到最后1.1秒时，森林狼队仍以121-119领先2分并握有球权。雷霆队此时只能采取犯

规战术，将对方当家球星卡尔·安东尼·唐斯送上罚球线，如果对方两罚全中，雷霆队就基本被"宣判死刑"。

赛季罚球命中率超过80%的唐斯，重压之下投丢第一记罚球，而就在他准备执行第二记罚球时，裁判突然叫停比赛。原来保罗在关键时刻展现出他的聪明才智，当发现对方准备抢篮板的前锋乔丹·贝尔没有将球衣扎进短裤时，他马上大声向裁判进行举报。

按照规则，裁判果断判罚森林狼队拖延比赛，而当一支球队在一场比赛中两次被吹拖延比赛时，将会累计为一次技术犯规。在此之前，森林狼队刚好已经有过一次拖延比赛，所以雷霆队"意外"地获得一次额外的罚球机会，前锋达尼洛·加里纳利抓住机会，将分差缩小到1分。

赛后谈到这次机智的"小报告"，保罗不无得意地表示，自己很清楚场上发生了什么："是的，是我告诉他们，他没扎好球衣。我懂得比赛规则。"

加里纳利罚球命中之后，唐斯投中他的第二记罚球，但双方的分差仍然只有两分。雷霆队随后将球直接发到前场，施罗德接球快速上篮得手，在哨响前将比分追平。加时赛，森林狼队士气大受打击，而雷霆队一鼓作气，最终以139-127赢下了这场充满戏剧性的比赛。

本场比赛，保罗贡献出全队最高的30分7次助攻，而相比这漂亮的数据统

计，那次成功的举报更被人津津乐道。

保罗不只会用头脑左右战局，在比赛的决胜时刻，他还是全联盟最可怕的杀手。根据NBA官网的数据统计：在整个2019-2020赛季，保罗在关键时刻（比赛时间剩余不到5分钟、场上分差在5分以内的比赛）总共得到了150分，这一数据，在联盟所有球员当中高居第一！

2019年12月17日，雷霆队主场对公牛队三节打完，82-90落后对手8分。但接下来到了保罗的表演时间——这位34岁的老将犹如天神附体，单节飙中5记三分球，独得19分，而公牛全队只得到16分。最终，保罗贡献30分10个篮板8次助攻2次抢断，率队109-106逆转赢下比赛。

> 同样是在这场比赛当中，保罗职业生涯总得分突破 18000 分，他也因此成为 NBA 有史以来第二位职业生涯至少得到 18000 分、9000 次助攻和 2000 次抢断的球员。在此之前，只有传奇控卫约翰·斯托克顿达到过这样的数据标准。

类似的战例在2019-2020赛季曾多次上演。比如在2020年1月8日雷霆队客场挑战篮网队的比赛中，保罗在第四节和加时赛8投7中独得20分，最终率队逆转获胜。

保罗甚至还能凭借关键时刻的防守帮助球队赢球。2020年3月9日，雷霆队客场打凯尔特人队，比赛最后时刻，保罗成功防住对方头号箭头人物杰森·塔图

姆的绝杀投篮，雷霆队以105-104险胜。

　　整个2019-2020赛季，保罗总共只缺席两场比赛，场均上场31.5分钟，为雷霆队贡献17.6分5个篮板6.7次助攻1.6次抢断，投篮命中率高达48.9%，比之前的2018-2019赛季提高了整整7个百分点。他也凭借出色的表现，时隔四年再次成功入选全明星。

　　对于重回全明星，保罗加倍珍惜，接受采访时，他还将自己所获得的肯定归功于团队表现："很特别，也很有趣，我的球队表现得难以置信，我认为，这才是最棒的一点。"

然而这届全明星却变得非比寻常。因为科比的意外离世，让全明星赛场随处可见纪念科比的元素。全明星正赛也是如此，全明星MVP奖杯改成"科比·布莱恩特奖杯"。作为科比的好友，保罗为了纪念好兄弟，在这个特殊的全明星赛上，也交出一份不错的答卷。

保罗作为"勒布朗队"的替补控卫，总共获得25分31秒的上场时间，同队中仅次于西蒙斯和威斯布鲁克。他13投8中，其中三分球11投7中，高效砍下23分2个篮板6次助攻的漂亮数据。

不仅如此，34岁的保罗还"老夫聊发少年狂"，当比赛进行到第二节时，他接到威斯布鲁克传球，完成一记精彩的空中接力暴扣。在扣篮得手之后，保罗甚至还做了个引体向上。

根据ESPN的统计，这是保罗整个职业生涯第一次完成空中接力扣篮。谁能想到，这一幕竟然会发生在他的第15个赛季，发生在几乎所有人都认为他已经日暮西山之后。

其实保罗本身不是一个喜欢"表演"的人，他更喜欢真刀真枪，在意输赢胜负。这次全明星最后一节的赛制进行更改，正是保罗为了纪念他的好朋友科比，向NBA总裁亚当·萧华提出的建议，这才造就第四节那令人窒息的大决战——堪称全明星历史中最精彩的第四节大战。

保罗全明星赛数据汇总（至 2020 年全明星）

赛季	年龄	球队	出场时间	得分	篮板	助攻	抢断	盖帽	失误	犯规
2007-2008	22	黄蜂	27:16	16	3	14	4	0	2	5
2008-2009	23	黄蜂	29:14	14	7	14	3	0	1	4
2009-2010	24	黄蜂	因伤缺阵							
2010-2011	25	黄蜂	28:32	10	4	7	5	0	3	3
2011-2012	26	快船	30:57	8	5	12	1	0	2	1
2012-2013	27	快船	27:17	20	0	15	4	0	3	0
2013-2014	28	快船	24:29	11	4	13	3	0	3	1
2014-2015	29	快船	26:46	12	6	15	2	0	2	0
2015-2016	30	快船	19:10	14	4	16	1	0	4	1
2019-2020	34	雷霆	25:31	23	2	6	0	0	2	4

也正因如此，当比赛打到最后时刻，双方教练将最知道如何赢球的球员留在场上。保罗虽然身为替补，但却打满第四节，由此可以一窥保罗的价值和重要性。如果不是令人遗憾地错失两次绝杀机会，他原本有机会当选全明星MVP。

当然，不管怎样，保罗的球队最终赢得比赛的胜利，这才是他最在乎的事情。为了纪念好兄弟科比，保罗联手詹姆斯、哈登等球星贡献的这一届全明星正赛，注定载入NBA和篮球史册。

有一项数据展示保罗状态调整的清晰轨迹：随着赛季的深入，他每个月都在不断提升着个人表现。

■ 投篮命中率（%）
■ 场均得分数（分）

日期	投篮命中率（%）	场均得分数（分）
2019.10	43.4	14.8
2019.11	45.1	16
2019.12	49.0	17.7
2020.1	49.3	18.3
2020.2	52.2	19.6
2020.3	54.7	19.8

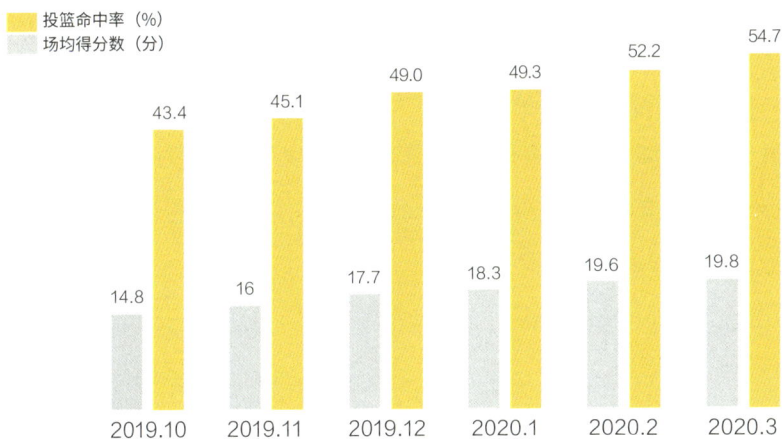

2020年的NBA因为疫情在3月份暂停，而到了8月的复赛，保罗场均得到20.7分，命中率达到惊人的57.5%！要知道，这可是一名身高只有1.85米的后卫，而且此时已经年满35岁！

保罗的好状态，似乎是专门为复仇而准备的。以西部第五身份进入季后赛的雷霆队，首轮对手刚好是一年前对保罗弃若敝屣的火箭队。

事实上，保罗在常规赛就展示过复仇的火焰。在1月21日雷霆队客场与火箭队的比赛中，保罗上半场12投9中，狂砍27分，创造个人职业生涯的半场得分纪录。仅第二节他就得到20分。那场比赛，雷霆队也以112-107赢得最终的胜利。

在与火箭队的季后赛首轮系列赛中，保罗表现极其抢眼，场均拿到21.3分5.3个篮板7.4次助攻1.6次抢断，投篮命中率49.1%，三分球命中率37.2%，罚球命中率88.5%。在他的带领下，赛前完全不被看好的雷霆队与对手一直僵持到第七场生死战。

系列赛第六战，保罗发挥得尤其出色。

刚刚输掉"天王山之战"，总比分2-3落后的他们，再输一场就将被淘汰出局。面对"赢或回家"的局面，雷霆队拿出全部的实力，但比赛打到关键时刻，还是被火箭队用一波15-1的攻势取得98-92的领先。此时距离终场已经只剩不到4分钟时间，生死关头，保罗站了出来，他连续命中两记三分，力挽狂澜。

终场前13.1秒，在场上比分战成100-100平的情况下，又是保罗强攻造成火箭队防守犯规，两罚全中，完成准绝杀。接下来，和保罗互换东家的威斯布鲁克出现失误，火箭队只能采取犯规战术，雷霆队104-100赢下比赛，将系列赛拖到抢七。

数据显示：本场比赛保罗在最后4分钟贡献8分2次抢断，而对面的威斯布鲁克最后3分钟两次出现失误，还在最后42秒时投出一记"三不沾"。这鲜明的对比，不知道火箭队管理层看在眼里，心中滋味如何。

令人遗憾的是，雷霆队最终还是没能实现奇迹，以弱胜强。在系列赛第七场，尽管保罗拿到19分11个篮板12次助攻，成为NBA有史以来在抢七战砍下三双的年纪最大的球员，但雷霆队还是102-104遗憾输掉比赛。

虽然保罗未能手刃旧主，但在季后赛首轮打到第七场，仍然是继杜兰特离开之后，雷霆队所取得的最好成绩。此前的三个赛季，球队两次以1-4的总比分被淘汰，另外一次也只坚持到第六场。

在雷霆队被淘汰后的第二天，保罗在社交媒体上发布一段视频，表达对俄克拉荷马城以及对雷霆队的感谢：

"初到俄克拉荷马城，很多人看低我，看低我们，我只能说，我永远不会忘记这些质疑。15年来，我曾在一些很出色的球队里打过球，但萨姆（普莱斯蒂）从第一天起，就对我坦诚以待。我不知道未来会怎样，我只能说，我觉得自己跟这支球队的人们建立起一辈子的情谊。"

保罗用在雷霆队出色的一个赛季，打脸所有质疑他的人。

④
日出凤凰城

在俄克拉荷马城焕发第二春后，保罗的市场行情发生巨大的变化。雷霆队被淘汰后不到一周，就有包括雄鹿队和76人队在内的争冠球队有意得到保罗。尤其是雄鹿队，甚至想要把得到保罗作为说服球队头牌阿德托昆博提前续约的筹码。

而在总决赛结束，休赛期正式开始后，对保罗感兴趣的球队据说更是达到了至少八支。除了前面提到的雄鹿队和76人队，还包括掘金队、鹈鹕队、爵士队、独行侠队、尼克斯队以及太阳队等。

此外，联盟内部人士相信，保罗想要回到洛杉矶和他好兄弟詹姆斯一起争夺总冠军。

虽然和雷霆队的合作成功且愉快，但所有人都知道保罗的未来不在俄克拉荷

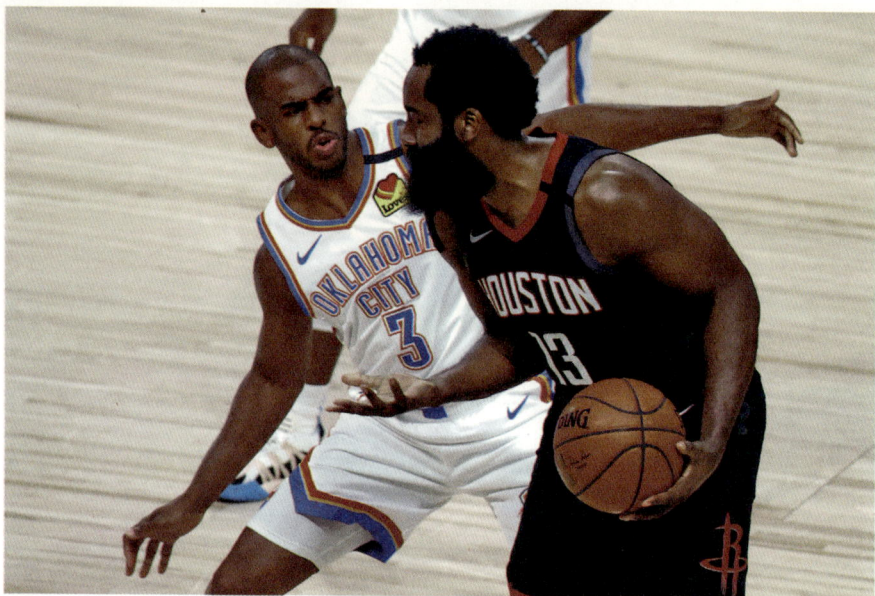

马城。在权威体育媒体发起的一次经纪人问卷调查当中，保罗被认为是最有可能在休赛期更换球队的球星。ESPN也有报道称，雷霆队愿意用保罗换取年轻球员或选秀权。

2020年11月11日，太阳队已经开始和雷霆队展开关于保罗的交易谈判。6天之后，双方达成最终一致，太阳队为得到这位未来的名人堂成员，送出凯利·乌布雷、里基·卢比奥、泰·杰罗姆、杰伦·勒丘以及一支有保护条件的未来首轮签。

联想到就在短短一年之前，雷霆队在与其他球队讨论交易时，还被要求额外附送选秀权来作为吸纳保罗合同的代价，现在却变成其他球队要付出选秀权来引进保罗，尤其让人觉得震撼。除了称赞雷霆队管理层高超的运作手腕之外，其实我们更应该感佩保罗如此高龄还能强势反弹，扭转人们对他的印象。

曾率领活塞队两次夺冠的名人堂控卫，有着"微笑刺客"之称的以赛亚·托马斯在一次接受采访时，被问到在他心目中现在联盟排名前五的控卫人选。托马斯将保罗排在第一位，然后才是库里、欧文、詹姆斯和哈登。

另外一位传奇控卫"魔术师"约翰逊也在社交媒体上发文，肯定太阳队这笔交易："太阳队完成一笔超级交易，得到10届全明星克里斯·保罗。保罗和德文·布克的后场组合，可以让太阳队成为西部第四或第五的强队，一支值得关注的球队。"

诚如"魔术师"约翰逊所言，保罗的加盟迅速拉高人们对于太阳队的期待。在连续10年无缘季后赛之后，沉沦的太阳队已经累积足够多的年轻天赋：曾经单场砍下70分，成功入选2020年全明星西部队阵容的布克；2018年的选秀状元，身体天赋十年一遇，同时还拥有柔顺投篮手感的德安德烈·艾顿；优质3D型（三分+防守）侧翼，扎实低调的米卡尔·布里奇斯……

这支球队现在最欠缺的，就是一个能将这些年轻人捏合成一个整体的优秀控卫，一个知道如何赢球的老将，以及一个引领他们前进的领袖。而保罗，无疑就是一个完美的人选。

保罗和太阳队的年轻球星布克早就相熟，两个人同样有着很强的好胜心，私交不错。除此之外，保罗还重新回到蒙蒂·威廉姆斯的手下打球，蒙蒂曾在2010-2011赛季执教黄蜂队时与保罗有过一年师生之谊，从2019年开始接掌太阳队教鞭。所以对他来说，即便太阳队无法帮他实现冠军梦想，这仍然是个不错的归宿。

2020年12月24日，太阳队主场迎战独行侠队，保罗完成首次亮相，比赛中，他只得到8分4个篮板5次助攻，但重要的是，球队以106-102赢得比赛的胜利。

对于保罗的个人表现，我们也无须担心。还记得上个赛季他是如何不断调整，逐步提升自己的状态的吗？作为一名NBA的"老人"，保罗比以往任何时候都更了解自己的身体，也懂得如何把"好钢留到刀刃上"。

随着2020-2021赛季的深入，保罗率领的这支太阳队，战绩一直稳居前列。太阳队不仅看到了季后赛希望，更是看到了光明的未来，这就是保罗的价值，保罗的时代继续着。

第九章 生涯暮年逞英雄

结语

　　新世纪第二个十年落下帷幕，时间跨进2021年的门槛，沧海桑田、风云变幻，但保罗的篮球传奇依旧不动如山，经受着岁月的考验且日久弥新。

　　太阳队，曾经的联盟强队，却在过去十年中落入沉寂，这支球队上一次闯入季后赛是在2010年，经历如此长久的乌云遮日，如今正在迎来云开日出，因为他们有了保罗，他如同夜航中的灯塔，为太阳队点亮等待十年的复兴之路。

　　太阳队不缺有天赋的年轻球员，他们有布克、布里奇斯和艾顿，每一位都具备出色的篮球才华，但也都有薄弱之处。太阳队需要一位领路人，凝聚全队的赛场战力，引领着队友扬长避短，保罗无疑是最佳人选。从黄蜂队到快船队，从火箭队到雷霆队，保罗一直在推动球队实现蜕变，太阳队是他最新的"作品"。

　　新赛季开局6胜2负，西部排名第一，这就是保罗送给太阳队的"礼物"。保罗仿佛一位篮球魔法师，在极短的时间内就让一支在失败泥沼中挣扎十年的球队脱胎换骨，他的贡献无法用数据去衡量，那是态度，是经验，是进攻端的无私与智慧，是防守端的积极与努力，更是众志成城的团队精神，皆为篮球的无价之宝，是这项运动的秘密，而保罗就是读懂秘密的那个人。

　　等到5月6日，保罗将迎来他的36周岁生日，很多球员在这个年龄已经退役，而保罗正率领球队飞驰在夺取西部第一的路上。13年前，23岁的保罗带领着黄蜂队向西部榜首攀升，13年过去了，保罗仍是那位向西部顶峰前行的人。

　　与年轻时的身体天赋相比，现在的保罗或许不再拥有那种令人羡慕的运动才能，但他用聪慧的篮球头脑和扎实的技艺，在年华的流逝中笑看风云。2005

年，保罗开始书写他在NBA的传奇，经历16年岁月流淌，传奇依旧闪亮，继续向前。

在2021年1月2日太阳队凭借保罗的关键球击败上赛季西决劲旅掘金队收获四连胜后，球队通过官方社交媒体连发数文称赞保罗，在文章的结尾处，太阳队打出"POINT GOD"，或许是对保罗最好的评价。

"POINT GOD"
控卫之神，控球至圣，
就是如此。

本书正文到此即将结束，但是保罗的故事还在继续着，后会有期。

峥嵘

初出茅庐

初出茅庐

2006年夏天，刚刚结束NBA新秀赛季的保罗获得一项梦寐以求的殊荣——他被邀请加入美国男篮代表队，出战在日本举行的第15届男篮世锦赛。

当时有"梦之队"美誉的美国男篮连续输掉两届国际大赛（2002年在美国举行的世锦赛和2004年在希腊雅典举行的奥运会），于是太阳队前老板杰里·科朗杰洛被任命为美国男篮主席，全权负责男篮代表队的选拔工作。

科朗杰洛在经过深思熟虑之后，决定调整国家队的建队策略，要求球员们做出三年期的承诺——在参加完2006年日本世锦赛之后，还要参加2008年的北京奥运会。

基于这一原则，具有更强"成长性"的年轻球员成为选拔重点：詹姆斯、韦德、安东尼、波什、霍华德以及刚刚打了一年NBA的保罗，他们成了这支球队的中坚力量。

"我们真的进行了选拔，"保罗后来回忆道，"想想看，当时你已经达到了职业球员的顶峰，进了NBA，但我们却还要为入选美国队参加选拔。我还记得当时为了抢一个球，和卢克·里德诺一起滚倒在地板上，很多诸如此类的事情。"

当时保罗虽然刚刚年满21周岁，但少年老成的他已经颇具大将之风。在自己的新秀赛季，他场均就能贡献16.1分5.1个篮板7.8次助攻2.2次抢断，而且每场的失误只有2.3次。这样一名传统型控卫，非常适合捏合众星云集、得分点众多的美国队。

2006年日本男篮世锦赛小组赛，美国队先后击败波多黎各队、中国队、斯洛文尼亚队、意大利队和塞内加尔队，5战全胜顺利拿到小组第一，场均净胜对手23分。但在复赛阶段，面对更强大的对手，他们为年轻付出了代价。在分别以113-73和85-65轻松淘汰澳大利亚队和德国队之后，他们在半决赛上意外输给四强中最不起眼的希腊队，无缘决赛。

接下来的三、四名决赛，美国队调整心态，以96-81击败阿根廷队，拿到一枚铜牌。

总体而言，保罗的第一次国际大赛个人表现尚可，在所参加的全部9场比赛里，他有6场以首发身份登场，场均上场23.7分钟，贡献7分3.4个篮板4.9次助攻1.9次抢断。在所有参加这次比赛的球员当中，保罗总共44次助攻，名列第一！

但保罗也在比赛中暴露出一些问题，他的三分球命中率只有27.8%（18投5中），这在允许联防的国际篮联规则下，可不是个小问题。也正因如此，"K教练"克尔洋维斯基在与希腊的比赛中安排投射更好的辛里奇首发，将保罗按在了板凳席。

但不管怎样，这次失败的经验，为两年后的奥运之旅提供了一笔宝贵的财富，不管是对美国男篮，还是对保罗自己。

奥运夺金
奥运夺金

　　白马银枪，英雄少年；驰骋赛场，大将之风。这就是22岁的保罗，他在生涯第三个赛季的表现已经威震联盟。但对于好胜心极强的保罗而言，他不仅不会因此满足，在常规赛MVP评选中屈居第二以及在西部半决赛抢七失利，反而带给他额外的动力，让他变得更强。

　　季后赛出局后，保罗来不及舔舐自己的伤口，就马不停蹄地投入到了下一场战役当中——随美国男篮出征2008年北京奥运会。

　　2008年奥运会的那支美国男篮被外界冠以"梦八队"，但实际上，他们还有一个更恰当的称号，那就是"救赎之队"。因为在2004年雅典奥运会和2006年男篮世锦赛上，他们为自己的傲慢和轻敌付出代价，两届大赛上都只获得铜牌而已。

　　为了在2008年北京奥运会赛场上挽回声誉，美国篮协早早开启备战工作，最终派出一支由最顶尖球员和教练组成的豪华阵容。NCAA最负盛名的主帅之

一、"K教练"克尔泽维斯基领军，科比担任队长，加上詹姆斯、安东尼、韦德、霍华德、基德、波什、威廉姆斯、布泽尔、里德和普林斯等NBA球星，保罗也位列其中，而且他是队中第二年轻的球员。

在北京奥运会上，经验丰富的基德是美国男篮的主控，而保罗担任他的替补。在国家队的老大哥面前，保罗的球队角色和战术地位显然不如他在黄蜂队时那么重要。但在板凳席上，保罗总是时刻做好准备，一旦登场便会毫无保留。这是由保罗的个性决定的，从小到大，他一直都是球场上最具竞争心、最渴望胜利的那个球员。

美国男篮一路高奏凯歌，挺进决赛，如约与最强劲的对手、保罗·加索尔领衔的西班牙男篮会师。2008年8月24日的奥运男篮决赛，美国遭遇前所未有的挑战，他们与西班牙斗到难分难解，比分始终胶着。

危难之时方显英雄本色。保罗在首节替补出场，上来不久就发动一次快攻，突破上篮得手，博得犯规，加罚命中。过了两个回合，保罗后场抓下篮板，迅速由守转攻，再次杀伤内线，将球打中并造成对手犯规，又是一个漂亮的"2+1"。保罗个人连得6分，将比赛气氛推向高潮，现场观众欢呼连连。保罗的亮眼表现，也让大量的中国球迷对他留下深刻的印象。

半场结束前，保罗又依靠罚球得到4分，他前两节便轰下10分，是美国男篮能以微弱优势领先西班牙的主要原因。而在决定胜负的第四节，"K教练"将保罗留在场上，足可见保罗的能力和这场比赛的表现已经赢得了球队上下的信任。最终，保罗没有辜负期望，终场前用罚球为美国男篮锁定胜局。

在这场决赛中，保罗是球场上最矮小的球员之一，但他却有着一颗最强大的心脏。保罗用自己一米八五的个头，频频冲进长人如林的内线，牺牲自己的身体去制造犯规。全场比赛，保罗出战24分钟，上场时间比首发控卫基德还要多，贡献了13分3个篮板5次助攻2次抢断的数据。尤其值得一提的是，保罗共获得10次罚球机会，领衔全场，比科比、詹姆斯和霍华德等人都要高。在北京奥运会上，保罗出战全部8场比赛，场均21.8分钟，得到8分3.6个篮板，并以4.1次助

攻成为球队助攻王，投篮命中率达到50%。

颁奖仪式上，保罗戴上奥运金牌，本就有点娃娃脸的他笑得格外灿烂，几个月前季后赛失利的阴影一扫而空。北京奥运会冠军也是保罗成为职业球员后赢得的首个大型赛事的冠军，这对他有着非凡的意义。

保罗说："那真的是一次特别的经历。代表国家队参加奥运会本就是荣幸的事情，而我们在北京奥运会上获得了金牌，我为自己的这一荣誉感到自豪。"

保罗披着奥运冠军的光环回到了新奥尔良，掩藏不住内心的喜悦，在当地媒体面前，保罗拿出自己的奥运金牌，向他们炫耀一番，就好像个孩子在收到新的玩具后总会到处找小伙伴们显摆一样。甚至，保罗还允许记者们轮流把金牌戴在脖子上，与他一同分享成功的喜悦。

"那种感觉无法用言语来形容。"保罗说道，"我难以描述，这太疯狂了，感觉就像是做了一场梦。我会去回看照片和录像，来让我相信自己当时真的在场上打球。我们永远都会享受夺冠的那一刻。"

好事成双

好事成双

保罗在北京奥运会上的表现奠定了他在美国男篮的地位。四年之后的2012年伦敦奥运会上，保罗顺理成章地取代年事已高的基德，成为美国男篮的首发控球后卫。

这是科比最后一次代表美国男篮出征国际赛事，虽然霍华德、韦德、波什、罗斯等球员因伤退出，但还有詹姆斯、安东尼等正值当打之年的联盟顶流，杜兰特、威斯布鲁克、哈登等新生代球星，以及刚刚当选状元秀的安东尼·戴维斯，阵容极为豪华。

保罗此时也已经进入个人职业生涯的巅峰期。他刚刚结束自己在快船的第一个赛季，交出场均19.8分9.1次助攻2.5次抢断的成绩单，入选年度最佳阵容一队和年度最佳防守阵容一队，成为公认的现役第一控卫。

更重要的是，保罗的技术日臻成熟，37.1%的三分命中率已经达到优秀射手的水准。

伦敦奥运会上，保罗出战8场比赛，全部首发，美国男篮也再一次取得八战全胜的完美战绩，成功卫冕。

保罗场均出战25.8分钟，贡献8.3分2.5个篮板5.1次助攻2.5次抢断，投篮命中率51%，三分球命中率达到46.4%。他是球队抢断王，助攻则排在第二，仅次于詹姆斯。

在小组赛最后一场与老对手阿根廷队的比赛中，保罗发挥尤其出色，全场比赛三分球6投5中，砍下17分，同时还贡献4个篮板7次助攻3次抢断，没有出现任何失误。在他的引领下，美国队第三节打出42-17的统治级表现，最终以126-97大获全胜。

复赛阶段，保罗继续高效表现，四分之一决赛对澳大利亚队贡献7分5次抢断，半决赛再战阿根廷队，又攻下10分4个篮板7次助攻。

在与西班牙队的最终决赛中，保罗上场32分51秒，创下个人国家队生涯新纪录，最终得到11分，帮助美国队107-100赢下比赛。终场前1分52秒，他防守时造成"大加索尔"的掩护犯规，1分钟后，又是他造成"大加索尔"的错位，一步过掉对手后，面对"小加索尔"的补防，上篮得手。

这一球打中后，场上比分拉开到104-93，时间仅剩50.9秒，保罗凭借这一防一攻，为美国队锁定胜局。"关键先生"，从此扬名。

这次伦敦之旅为保罗赢得第二枚奥运金牌，当时他才只有27岁，正值当打之年，完全可以在四年后冲击奥运会的三连冠。然而，在反复权衡之后，保罗最终还是放弃参加里约奥运会的机会，而他之所以做出这一决定，主要是因为家庭。

保罗的儿子小克里斯在2009年5月出生，2012年伦敦奥运会之后，他又迎来自己的女儿。

"小克里斯前几天问我会不会参加今年的奥运会，"保罗在2016年里约奥

运会开始前一次接受采访时谈道，"我心里其实是有点儿想去，因为他之前没有经历过。但我还是告诉他我希望有更多时间陪他。"

时钟转到2021年，36岁的保罗在NBA赛场上迎来职业生涯第二春，小克里斯也已经12岁了。

领袖

工会主席

工会主席

在工会主席的位置上，保罗用行动诠释领袖的定义

保罗在2013年8月当选球员工会主席，该组织以维护球员利益为宗旨，是北美四大职业体育联盟中最早成立的工会组织。而保罗在被推上"话事人"宝座时，年仅28岁。

米歇尔·罗伯茨是加州大学伯克利分校法律系毕业的高材生，在保罗出任NBA球员工会主席一年后，她被聘为工会执行董事。罗伯茨是保罗的球迷，但她当时并不清楚和这位NBA全明星一起工作会是什么感觉。罗伯茨很快就开始意识到，保罗和她脑海中想象的运动员很不一样——两个人第一次正式见面时，罗伯茨发现平时居住在洛杉矶（当时在为快船队效力）的保罗，竟然认识很多她在华盛顿的法律界同行。

"我真搞不明白，这家伙怎么会认识那么多我这个圈子里的人。"多年之后，罗伯茨还在为保罗的人脉之广感到震惊。而这，只是保罗精明为人的一个侧面。

在保罗接替湖人队前后卫德里克·费舍尔出任球员工会主席之前，NBA刚刚经历过一次停摆。

这次停摆持续149天，直到2011年的11月26日，劳资双方才在一场长达15个小时的马拉松式谈判过后达成一致。受此影响，接下来的2011-2012赛季从12月25日才正式打响，常规赛被迫缩水到了66场。

保罗作为当时的工会执行委员之一，亲历这次劳资纠纷，深知停摆对于整个联盟的伤害，因此不愿重蹈覆辙。在他和罗伯茨的共同努力下，劳资双方未雨绸缪，在2017年这版劳资协议到期之前，提前达成新的协议，成功避免停摆的再次发生。

不过，这次的劳资谈判之所以顺利达成一致，还有一个重要原因，就是联盟

刚刚获得一份巨额电视转播合同，财务状态大为好转。所以对工会主席保罗来说，这次潜在的停摆危机，也只能算是一次"小考"。

真正的考验，发生在多灾多难的2020年。

> **这次的战斗完全不同——这是一场前所未有、难以预测的较量，保罗所面对的是一个看不见的对手。**

在3月12日雷霆队主场与爵士队的比赛即将开始之前，对方的全明星中锋戈贝尔新冠肺炎病毒检测结果出炉——阳性，这让整个切萨皮克能源中心陷入一片混乱。目睹了这一切的保罗立即开始转换角色，扮演起了他球员之外的另外一重身份。

当球员们都为这一突发状况而变得心慌意乱时，是保罗的声音让大家冷静下来。保罗安排他的私人保镖给原地待命的爵士队球员送去酒水，希望能帮助缓解他们的紧张情绪。同时，他给罗伯茨拨去了电话，两个人就彼此了解到的最新信息进行了沟通，并一起商讨接下来的对策。

在那之后的四个月时间里，保罗成了NBA最有影响力的球员。作为球员与球员、球员与联盟办公室之间的沟通纽带，保罗每天都要接听无数通电话。他也想静下心来好好练球，或者利用难得的居家隔离机会陪陪孩子，但当有人想要寻求建议、表达意见，或者发泄不满时，保罗总能耐下心来，扮演一个倾听者的角色。

罗伯茨很钦佩保罗的敬业态度，她有时甚至会因为不得不打电话给保罗而感到愧疚，因为领导球员工会并非保罗的全职工作——他首先是一名球员，其次还是一个父亲，他有其他的事情要忙，有自己的生活要过。"他从不会说'能晚点再给你打过去吗'，并不是每一个工会执行委员会的成员都像保罗那样投入。"罗伯茨谈道。

谈判每天都在发展，信息范围也在不断扩大，球员们有太多的疑问需要解答：什么时候能开始打球？采取什么方式？在哪儿打？这么做值不值得？伤病风险是否会增加？

"我们一直努力确保所有的球员都能参与到对话中来。"保罗说。

身为球员的保罗，争强好胜，也因此和联盟中很多人结下过梁子。但这些私人恩怨从来不会影响他主持工会工作。

三次帮助勇士队夺得NBA总冠军的伊戈达拉曾是保罗在球场上的直接对手，但球场之外，伊戈达拉不仅是保罗的朋友，也是他最重要的帮手——球员工会第一副主席。"我们可能在某些事情上意见不一，但这并不影响我们的团结。"伊戈达拉说道。

另外一名工会重要成员——兼任秘书和财务主管的灰熊队原前锋安东尼·托利弗则如此评价保罗："他就是'领袖'二字的定义，他将领导才能、超级明星身份和职业道德完美地结合在了一起。要领导这个工会，没有比他更好的人选了。将来无论谁要接替他，都很不容易。"

保罗的工会主席任期将于2021年结束，届时他将年满36岁，在他的计划中，可能不会再出现另一个四年任期。不过，他这八年的努力付出，已经给NBA留下一笔宝贵的财富，也给继任者留下一个完美的标杆。

球员导师

球员导师

5年3次夺得总冠军，2009年参加NBA选秀的斯蒂芬·库里，成为这个时代最为伟大的控卫之一，他曾经这样评价保罗：

"当我去了解一名新秀球员如何在夏天为NBA赛季做准备时，他是一名伟大的导师。"库里说，"他是如此自律，他的职业道德，在夏季联赛之后到赛季开始之前，我直观地看到了。很显然我们因为北卡罗来纳州而连接在了一起。"

正如库里所言，这位如今的超级巨星，曾经也是保罗的"得意门生"。早在他进入联盟之前，保罗就给他最为真诚的指导，告诉他需要保持进取心、需要尽可能多地观看比赛、学习NBA的打球方式，他也曾经是保罗开办的训练营的学员。

保罗在联盟中的身份多重，"球员导师"便是其中之一。每个夏天他都会开办各类训练营，从保罗的训练营中走出大量的现役NBA巨星，保罗也无私地将自己的宝贵经验传授给这些渴望进步的年轻人，如今可谓"桃李满天下"。

哈登、库里、米切尔、英格拉姆、塞克斯顿……这些如今的NBA球星，都曾经参加过保罗开办的训练营。他们中的很多人，在进入联盟之后，或是与保罗并肩作战，或是与保罗亦师亦友。

这只是"球员导师"保罗的一面。作为联盟最为顶级的控卫，保罗不仅能在赛场之外给这些年轻人带来帮助，更能够在赛场之上让他的队友不断学习、不断进步。他对于队友的加成作用，放眼整个NBA历史，都是顶级的水准。

格里芬在他身边，从一名扣将成长为一名顶级大前锋；哈登在他的身边完成突破，成为联盟的MVP；亚历山大在保罗的言传身教之下进步明显，逐步兑现天赋。科比·怀特（公牛队球员）直言保罗是他的人生导师，对他意义重大。

　　这就是保罗，他的能量让人惊叹，他也同样非常乐于将自己的经验传递给身边的每一个人。赛场之外，他的训练营源源不断地为NBA输送人才，在他们进入联盟之前，就给这些巨星苗子送上最生动的一课，来源于伟大巨星的切身教导，让他们获益匪浅。赛场之上，他用自己的能力、洞察力、领导力感染着身边的每一个人，直至他们取得令人瞩目的进步。

未来名帅

未来名帅

　　远到菲尔·杰克逊、格雷格·波波维奇，近至史蒂夫·科尔、泰伦·卢，联盟中近些年的冠军教头中，鲜有球员时代履历特别显赫的球员。NBA的世界中，球员时代的辉煌卓著与教练生涯的功成名就并不能画上等号，反倒是常常成为矛盾，毕竟带兵打仗不等同于上战场厮杀。

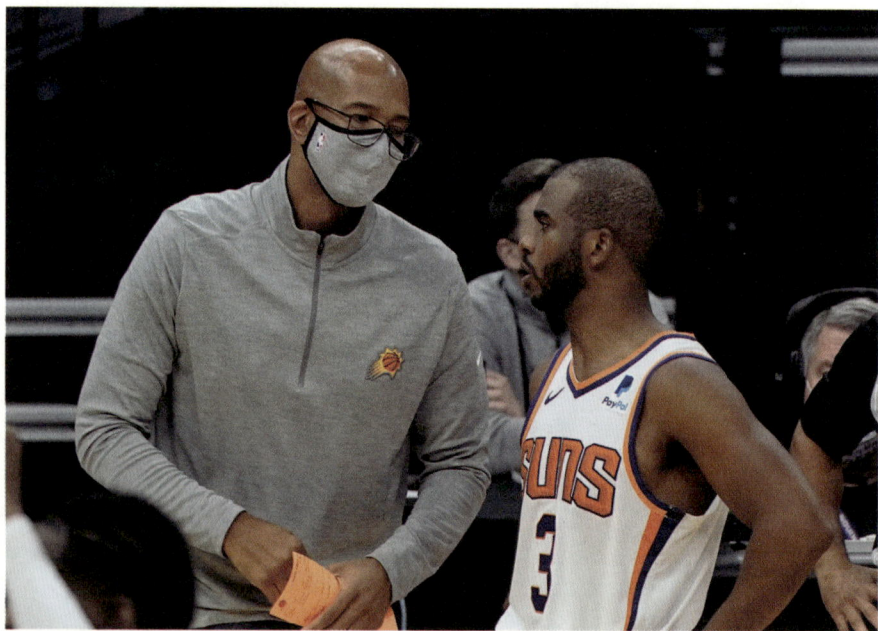

　　但控球后卫出任主帅，往往都能起到不俗的效果。贾森·基德、史蒂夫·纳什等著名后卫，如今都已经走上教练岗位，取得一些成就。球场之上，他们是统帅三军、指挥全队的大脑。戎装褪去，这些特质也让他们成为主帅的最佳人选。作为联盟最伟大的控卫之一，保罗未来能够成为名帅吗？

　　识人、控场，这是NBA主帅最为重要的两个责任。识人，是为知人善用且能将全队维系成为战斗力极强的集体，考验一名教练的情商、洞察力、判断力以及感染力；控场，是为能随机应变，既能打造符合球队特点的体系又能临场调整，充分调动全队的天赋，考验一名教练的智商、球商、心态以及大局观。

保罗具备上述所有的特质：赛场之上，他对于战术的洞察、时机的把握、形势的判断，已经到了炉火纯青的地步。不仅如此，即便是在球员生涯，他也已经多次拿起战术板，给队友讲解战术。赛场之下，高情商让他在联盟中广结好友，极度的偏执和自律让人不会担心他的职业态度。

> **因此以 NBA 主帅的角度去审视保罗，他是再合适不过的人选，也绝对有能力胜任这个角色。实际上，阻碍保罗退役之后成为 NBA 主帅的最大因素，恰恰不是因为他不够优秀，反倒是因为他"太优秀"了。**

以其在球员时代展现出的能力和心智，保罗有望在更大更高的舞台上彰显自己的才华，NBA主帅的位置真的能吸引他吗？

情谊

香蕉船兄弟

香蕉船兄弟

　　说到保罗在NBA圈中的好友，人们首先想到的应该就是著名的"香蕉船兄弟"。2015年夏天，保罗和詹姆斯、韦德以及韦德的妻子加布里埃尔·尤尼恩一起乘坐香蕉船度假的照片在网上曝光后，"香蕉船兄弟"首次成立。尽管安东尼并没有出现在这张照片上，但他当时也正在和他们一起度假，并被认为是"香蕉船兄弟"的第四位成员。

　　这四位NBA超级明星从小就是好朋友，这份友谊也一直延续到今天，"香蕉船兄弟"还一起代表美国男篮出征了2008年的北京奥运会，赢得一枚金牌。

　　2010年夏天，詹姆斯和韦德成为队友，两个人随后一起赢得两届NBA总冠军。而安东尼和保罗，因为各自不同的原因，并没有加入他们的行列，也留下了至今无冠的遗憾。

　　2016年5月，詹姆斯曾在接受采访时表达过想要和其他三位兄弟组队的愿望："我真的希望，在我们的职业生涯结束之前，我们能一起打个一两年。"

　　之后不久，保罗在一次参加播客节目时被问到这个主意，他表示："一切皆有可能。"

　　2017年休赛期，韦德加盟骑士队，与詹姆斯重聚，几乎与此同时，保罗和安东尼都经历了交易。保罗去了火箭队，而安东尼转投雷霆队。韦德和詹姆斯的第二次搭档没有收到满意的效果。一年之后，被买断合同的安东尼同意一年底薪签约火箭队，成为保罗的队友，但他们之间的合作，最终同样惨淡收场。

　　2018-2019赛季结束后，韦德在热火队光荣隐退，虽然落叶归根结局圆满，但"香蕉船兄弟"一起打球的美好幻想，终究还是没能成为现实。

情谊

未能兑现的亲家：科比

未能兑现的亲家：科比

　　保罗是一个好胜心极强的人，近乎有些偏执。这一点，和湖人队传奇巨星科比·布莱恩特是如此相似。

　　因为相似的个性，保罗与科比惺惺相惜，既是对手，也是好友。实际上，如果不是当初大卫·斯特恩以"篮球层面的原因"为由驳回湖人队和黄蜂队交易，保罗和科比或许将会组成NBA有史以来最伟大的后场组合。关于这段历史，本书前面的章节曾有详细描述，在此不多赘述。

　　虽然保罗未能如愿加入湖人队，但他和科比组合的威力，仍然在其他的场合得到过展现。

"我们的组合在奥运会上很有效，"保罗在2016年接受ESPN采访时聊到过这一话题，"我还在全明星赛上做过科比的队友。我不知道一共有多少次，但记得其中有一次，我和他说只要我俩在同一支球队，我们就不会输。因为我们都知道我们的竞争力有多强。"

在与湖人队的交易被驳回后，黄蜂队把保罗交易给快船队。接下来的几年时间里，保罗率领快船队不断取得进步，战绩表现一度超越湖人队。但只要科比在，洛杉矶就永远是他的城市。

对此，保罗也表示完全接受："我不在乎自己来了之后做了什么，科比就是洛杉矶的代名词。"

科比和保罗好到什么程度？据保罗自己透露，他的儿子小克里斯和科比的二女儿吉安娜早就定下"娃娃亲"。可以想象，2020年1月的那场悲剧，对保罗造成多大的打击！

在得知科比和吉安娜遭遇自升飞机事故不幸离世的消息后，保罗伤心欲绝，因此缺席当天的比赛。

之后，他在社交媒体上发表了一份让人心碎的悼文，纪念这位多年的知己、兄弟。其中有这样一段文字：

"我不知道自己是否能完全接受这残酷的事实。我的父母总是说每件事的发生都是有原因的，一切都是上帝的计划，但这一次不同。手指骨折，跟腱撕裂，这都没关系，因为终究能够复原！但你不一样！"

其他密友

其他密友

PJ·塔克

"老兄，塔克从10岁开始就是这个身板，"保罗说道，"我们以前一起打AAU篮球，大概从我们10岁、11岁开始就互为对手吧。这事真的奇妙，塔克联系我时，我正在钱德勒家里，他说他在考虑加入火箭队的事情，我就说'那必须的'。"

这是保罗在接受美国媒体采访时，透露的他与塔克的关系。2017年的休赛期保罗加盟火箭队，与他一同来到航空城的还有防守悍将PJ·塔克，他接受更为低廉的薪水加盟火箭队，只为与保罗同队。两人之间的交情在招募过程中起到极其重要的作用。

尽管天赋和成就千差万别，但保罗和塔克骨子里的拼劲全是极其相似的，这可能也是两人交好的重要原因。作为一名身高2米左右的内线球员，塔克能够立足联盟，正是凭借他不灭的斗志。

泰森·钱德勒

2016年钱德勒的家庭遭遇变故，母亲的不幸离世让他备受打击。彼时的保罗在社交媒体上晒出他和钱德勒的合影，用一张照片的无声安慰给昔日队友送去祝福。

作为曾经名满全美的希望之星，钱德勒的生涯起步可谓历经蹉跎。公牛岁月里他褪去了锐气，逐渐变得平庸，万幸的是此时他遇到了保罗。加盟黄蜂队之后，钱德勒的生涯有了质的飞跃，首个赛季得分就接近翻倍，保罗用一次次精妙的传球，让昔日的全美第一高中生重新找回了自信。两人的挡拆配合让人闻风丧胆，钱德勒坐镇内线更是建立起了黄蜂队的禁飞区。

两人之间相辅相成，打出了一段让人如痴如醉的燃情岁月，也让他们建立了深厚的友谊。

卢克·理查德·巴莫特

早在效力于快船队时期，巴莫特就与保罗共处一队。保罗转投火箭队之后，巴莫特也加盟火箭队，两人也再度成为队友。作为一名角色球员，巴莫特出色的防守是他立足NBA的根本，也给火箭队带来了巨大的帮助，甚至若不是他在2018年的意外脱臼，火箭队在2018年西部决赛中有更大的希望击败勇士队。

2018年2月5日，保罗得到了11次助攻，帮助火箭队击败了骑士队。这场比赛之后，他的NBA职业生涯总助攻数超越了安德烈·米勒（NBA前控卫），升至历史第九。巴莫特非常替保罗开心，他在个人社媒上写道："恭喜我的兄弟保罗。"

此外，保罗还有其他一些密友，如**邓肯、德隆·威廉姆斯、米切尔、凯里·欧文、托尼·帕克、斯塔德迈尔**等人。

江湖

保罗六大对手

保罗六大对手

● 一生之敌：朗多

　　为什么保罗和朗多这两位未来名人堂级别的控卫互相之间关系如此紧张？他们是怎样结仇的呢？据传，两个人的恩怨始于2008年夏天，当时保罗帮助美国男篮赢得北京奥运会的金牌。朗多当时也收到美国男篮的邀请，但却未能入选最终名单，这件事惹恼了好胜心极强的朗多，他也因此对打同一位置的保罗怀恨在心。请记得：当时朗多刚刚帮助凯尔特人队赢得NBA的总冠军，而这件事，保罗直到今天也没能完成。

　　2009年11月，在凯尔特人队和黄蜂队的一场比赛中，朗多和保罗因为争抢位置而纠缠在一起，各领一次技术犯规。在比赛结束后，朗多又去质问保罗，并拿总冠军说事儿，说他有一枚戒指，而保罗永远也不会有。

　　凯尔特人队的发言人后来不得不告诉媒体：永远不要问朗多关于保罗的问题。

　　另外一件火上浇油的事情发生在2011-2012赛季开始前，凯尔特人队有意交易得到当时还为黄蜂队效力的保罗，并愿意为得到保罗放弃朗多。

　　朗多从来没有亲口谈论过当年那笔胎死腹中的交易，但不难想象这样的事情发生在他身上，会激起多大的愤怒和仇恨。

江湖

2018年10月21日，在一场湖人队主场对火箭队的比赛中，保罗和朗多发生冲突，大打出手。赛后保罗说朗多朝他吐口水，这才引发了争斗，而朗多对此矢口否认。

简单来说，保罗和朗多之间的矛盾，就是根源于两个人同样要强的个性所引发的相互嫉妒：保罗嫉妒朗多手中的冠军戒指，朗多嫉妒保罗比他获得更多的认可，甚至就连当年亲手将自己选进联盟的凯尔特人队总经理丹尼·安吉，也想拿他去换保罗。

● 师徒反目：英格拉姆

朗多会和保罗打架，甚至朝他吐口水，都不值得奇怪，但当时湖人队的年轻前锋英格拉姆也卷入这场冲突，而且还从背后出拳偷袭，则让很多人感到意外。

保罗与英格拉姆并没有什么旧怨，恰恰相反，因为同样来自北卡罗来纳州，在英格拉姆进入联盟之前，保罗还曾作为前辈，花时间带他一起训练过。在某种程度上，保罗可以算是英格拉姆的半个老师。

让人没想到的是，当保罗和朗多在场上情绪失控而发生冲突时，他这个一向沉默寡言、给人印象温文尔雅的"学生"，第一反应不是冲上前来拉架，而是从背后向"老师"挥拳，导致事态进一步恶化。

而且事实上，这次打架事件的始作俑者，正是英格拉姆。他在防守哈登过程中被吹犯规，他不服判罚，从背后推搡哈登，才引起场上的混乱。然后，保罗和朗多才发生冲突。

虽然保罗与英格拉姆在那之后并没有任何形式的互相攻击，但毫无疑问，这段过节将很难被消化和遗忘。

● 生涯苦主：斯蒂芬·库里

与库里的对决，贯穿保罗的生涯巅峰期。保罗最接近冠军的一个赛季，正是倒在库里的面前。这位比保罗小3岁的控卫，从最初遭遇保罗时被淘汰，到随后的两次送走火箭队，扮演了保罗生涯苦主的角色。不仅如此，库里的存在颠覆传统控卫的概念，成为新生代控卫的代表，与保罗上演数次新老派控卫的对决。

2013-2014赛季，彼时的库里和勇士队尚没有来到巅峰，季后赛中被快船队淘汰，那是勇士队崛起之前最后一次在季后赛中输给西部球队。

2017-2018赛季，保罗打破"西决魔咒"，携手哈登与勇士队会师西部决赛。两支球队迎来巅峰之战，7场系列赛水平之高、竞争之激烈足以载入NBA史册。保罗也是

竭尽全力，他在天王山之战中打出极为关键的表现，帮助火箭队拿到宝贵的胜利，取得3-2的领先，距总决赛仅一步之遥。

然而保罗终场前拼伤自己的腿筋，最终在后两场比赛中作壁上观。抢七战他目睹莱昂·安德森被库里戏耍，只能无奈地拍椅子泄愤，此时的保罗也深知他失去了最好的夺冠机会。

翌年，状态有所下滑的保罗携手哈登，在西部半决赛中再战勇士队。杜兰特的受伤一度让火箭队看到赢球的希望，然而又是库里横亘在保罗面前，他带伤半场轰下33分的逆天之战，击碎了保罗的冠军梦。

纵观保罗生涯巅峰的几个赛季，他遇到各种各样的难题，诸如伤病、莫名其妙的球队断电，再就是库里和勇士王朝的存在。正是这位苦主两次在季后赛中阻击火箭队，才让保罗的航空城生涯抱憾而终。

江湖

● 天生克星：德隆·威廉姆斯

　　保罗与德隆生涯交手25次，保罗8胜17负被完全碾压，投篮命中率42.3%、三分命中率28.4%，场均仅有16分。以稳定、高效著称的保罗，正面对阵德隆时，屡屡吃瘪，无比低效，德隆可谓保罗的"天生克星"。

　　2005年NBA选秀，德隆在第3顺位被爵士队选中，先于保罗一个顺位进入NBA。与保罗的风格相似，德隆同样是一位组织能力、大局观、防守都非常出色的传统控卫。与保罗不同的是，德隆的身高和体重的先天素质更加出色，他拥有1.91米的身高和接近95千克的体重，保罗仅有1.85米、79千克。

　　两人的风格相似，德隆的先天身体条件却比保罗出色，两人之间的克制关系便由此而来。每每当两人相遇，比保罗更高、更重的德隆，总能在对位中占据优势。不过相较于保罗绵延十几年的高水平生涯，受困于膝盖伤病的德隆早早消失在联盟一代代的新老交替中。然而即便是行将退役的德隆，依旧是保罗翻不过去的槛。

● 亦敌亦友：詹姆斯·哈登

从保罗绵延十几年的生涯，审视他与哈登的关系，"亦敌亦友"似乎是一个比较合适的词语。哈登曾经阻击保罗的"西决梦"，两人却又相互成就帮助火箭队杀入西部决赛。随后再度因为性格、打球方式等原因宣告分手，相忘于江湖。

保罗和哈登生涯的第一次交集，发生在2014-2015赛季，彼时是快船队最有希望的一个赛季，勇士队尚未统治联盟、保罗成功绝杀马刺队，一切的一切都指向他将打破西决魔咒，甚至冲击最高的荣誉。西部半决赛4场战罢，快船队3-1领先接近胜利，然而随后发生的故事却是保罗生涯最不堪回首的经历之一。

第六战大比分领先遭遇火箭队"发带帮"的逆转，抢七几乎毫无悬念地输给对手，哈登的球队阻击了保罗。

2017-2018赛季，保罗加盟火箭队联手哈登，两人打出了一个相互成就的赛季，哈登最终收获MVP奖杯，保罗也终于圆了"西决梦"。彼时的火箭队与如日中天的勇士队酣战7场，险些闯入总决赛，直至此刻两人的关系都是"蜜月期"。

然而随着保罗因为伤病状态持续下滑，两人在球权、性格上的矛盾愈发凸显，第二个赛季战至季后赛已然是强弩之末，2-4不敌勇士队，哈登和保罗的组合也迎来告别演出。

但无论如何，保罗和哈登曾经相互成就过，两人"亦敌亦友"。

● 球场宿敌：考辛斯

德马库斯·考辛斯是保罗在这个联盟中另外一位公开的"敌人"，两个人第一次结仇，和保罗的快船队友格里芬有关。

保罗转会快船队的第一个赛季，在2012年4月6月国王队主场迎战快船队的比赛中，考辛斯在防守格里芬过程中陷入犯规麻烦，只打了18分钟就6犯离场，国王队以85-93输掉比赛。

赛后，考辛斯在接受采访时讽刺格里芬是个演员，作为格里芬的队友，保罗随后通过媒体对考辛斯反唇相讥："没关系，我们赢了，而他输了。我们在为季后赛而战，而他不是。"

在2013年11月24日国王队与快船队的另一场比赛中，再次奉献"名场面"。比赛最后2.5秒，保罗的罚球主宰比赛，而考辛斯的绝杀球被"小乔丹"封盖，国王队一分惜败。

裁判吹响终场哨声后，小托马斯想要表现友好，走到场地中央去和保罗握手致意，但却被身旁的考辛斯扯住球衣一把拉开，让场面显得十分尴尬。

赛后保罗谈及这一小插曲，这样评价考辛斯："他还太年轻，不懂事，需要一些指导，仅此而已。"

在2016年2月的一场比赛中，国王队大比分落后，这让考辛斯非常恼火。在一次快船队快攻不中后，考辛斯捞到篮球，顺手将球狠狠扔向保罗的后脑。不过保罗并没有跟他一般见识。这场球，保罗独得40分，率领球队轻松收下又一场胜利。

考辛斯的性格一直像个大孩子，爱憎分明，全都写在脸上。考辛斯不喜欢球场上精明的球员，而保罗恰是打球最聪明的那一个。在两人的多次交锋中，保罗都让考辛斯因为不理智而受到惩罚。

战役

1 天生杀手　季后赛送绝杀气走宿敌

　　北京时间2013年4月23日，快船队主场迎战灰熊队，双方展开季后赛二番战。此役保罗开局手感不佳，整个上半场不过只有5分入账。然而在决胜的下半场，保罗突然爆发，他12中8高效拿到19分，最后时刻双方战成91-91平，面对最佳防守球员托尼·阿伦死贴防守，保罗用一记高难度的投篮绝杀比赛。全场保罗拿到24分9次助攻，在一场刺刀见红的鏖战中，帮助球队93-91险胜灰熊队，大心脏彰显无疑。

2

攻守兼备 42分6次抢断送库里空砍38分

北京时间2013年11月1日，快船队迎来当赛季的主场揭幕战，对手是正值上升期的勇士队，保罗和库里迎来正面对决。全场库里发挥出色，他命中9记三分拿到38分9次助攻。然而这样豪华的数据在保罗面前，只能是黯然失色。

全场保罗贡献42分15次助攻6次抢断，逼迫库里出现11次失误，这个数据也创造了勇士队核心球员的一项尴尬的生涯纪录。最终，快船队126-115战胜勇士队。

3

无情射手　8记三分吊打雷霆队扬威季后赛

北京时间2014年5月6日，NBA季后赛快船队对阵雷霆队，系列赛首战保罗就打出逆天之作。全场比赛他三分8连中化身无情射手，出战三节便拿到32分10次助攻，帮助快船队以122-105大胜雷霆队。

此战之前，保罗生涯的单场三分命中数最多只有5个（包含常规赛），然而此役对位杜兰特、威少，他就是要证明自己的火力。首节比赛他就命中5记三分球，率队轰出一波24-6的攻势，他用一节的时间创造生涯纪录。随后手感热得发烫的保罗率领快船队三节得分破百，他也宣告"三节打卡下班"。

4

绝对领袖　17助单核带队击溃勇士队

北京时间2019年2月24日，火箭队客场挑战"五星勇士"。此役勇士队可谓兵强马壮，尽遣主力出战，火箭队这边哈登高挂免战牌，保罗独自带队面对去年西部决赛的对手。

前一节半的时间，他用自己的传球彻底摧毁了勇士队引以为傲的防线，瞬间让自己的助攻来到两位数，同时没有出现任何一次失误。

至此他的生涯助攻数也达到了9000次，这名后卫迈入联盟9000+助攻的行列，比肩伊塞亚·约翰逊、奥斯卡·罗伯特森等巨星。全场比赛保罗送出23分17次助攻，在他的带动之下火箭队5人得分上双，最终火箭队118-112战胜勇士队。

生涯纪录　43分绝杀让灰熊队俯首称臣

北京时间2007年12月8日，保罗迎来一场恶战。黄蜂队和灰熊队激战至加时赛，才最终分出胜负。保罗全场拿到43分5个篮板9次助攻4次抢断，统治攻防的同时还送上致命一击。创造生涯新高的里程碑之夜，保罗完成绝杀，打出生涯早期的代表作。

常规时间最后时刻，他突破造犯规两罚全中，将比赛拖入加时。加时赛中保罗不仅送上2+1，还和钱德勒上演空中接力配合。加时决胜阶段，双方战成116-116平，保罗面对众人防守选择突破杀入篮下，高难度命中拿到本场的第43分，帮助球队以118-116惊险过关！

打爆传奇　战基德轰两双宣告时代更替

北京时间2008年4月20日，黄蜂队迎战达拉斯独行侠队，保罗迎来生涯季后赛首秀。与他对位的是传奇后卫贾森·基德，在这样一场新老对决中，保罗用首秀即爆发的表现，宣告了时代的更替。

上半场比赛结束时，黄蜂队还落后12分，下半场保罗突然爆发，他全场比赛得到35分10次助攻4次抢断，攻防两端都无比耀眼，帮助黄蜂队以104-92击败了独行侠队，而基德仅贡献11分9个篮板9次助攻。

战役

史诗逆转　罚球准绝杀造27分大翻盘

7

北京时间2012年4月30日，快船队99-98险胜灰熊队，取得系列赛开门红。此役保罗手感不算特别好，全场12投5中，拿到14分11次助攻，数据也显得平平无奇。然而这却是保罗生涯最为经典的比赛之一，在快船队落后27分的情况下上演史诗逆转、极限翻盘，保罗罚球锁定胜局。

第三节比赛还剩下2分12秒时，快船队以57-84落后27分。接近三节的比赛仅得57分，却身背27分的巨大劣势，快船队几乎失去获胜的希望。

但保罗和他的球队没有放弃，他们在最后14分12秒打出42-14的惊天比分，末节更是送出35-13的进攻狂潮，其中保罗一人就送出7次助攻，亲手导演了这场水银泻地的超级逆转。

比赛的最后28.4秒，快船仍然落后1分。保罗在最后23.7秒获得两次罚球的机会，站上罚球线的快船队核心稳稳地两罚全中，完成制胜一击。

完美控卫　20次助攻0失误演绎最强一战

北京时间2016年12月11日，保罗率领快船队迎战鹈鹕队。此役这位联盟顶级控卫全场送出20次助攻却没有出现任何一次失误，拿到20分20次助攻0次失误的耀眼数据，成为自1983-1984赛季以来的第一人。

保罗首节5投2中5分5次助攻的数据并不算特别突出，但随后他开启了近乎疯狂的表演——整个第三节比赛保罗拿到7分，送出惊人的10次助攻。单节比赛他率队打出37-25，直接锁定胜局。

末节登场，保罗再度拿到2次助攻，屡屡秀出美如画的传球彻底打崩对手，保罗缔造了神奇的数据。20分20次助攻，这是他生涯首次拿到20+20的数据，更为难能可贵的是，全场比赛保罗没有出现任何一次失误。最终快船队133-105轻取鹈鹕队。

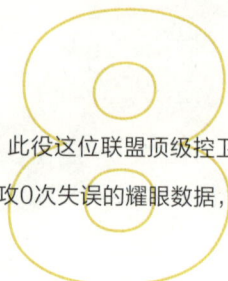

抢七绝杀　逆天勾手让邓肯成背景板

北京时间2015年5月3日，快船队与马刺队的首轮对决来到一场定胜负的抢七。保罗和邓肯这对学弟和学长隔场而立，厮杀一个晋级名额，赢球或者回家，保罗用制胜一击做出自己的选择。

全场比赛保罗13投9中、三分6投5中，拿到27分6次助攻2次盖帽，这样的数据已经足够惊艳，最后时刻的制胜一击更是让这一夜写满传奇的色彩。

最后13.3秒，来自维克森林大学的保罗走上罚球线，帮助快船队取得2分的优势。最后8.8秒，同样来自维克森林大学的邓肯也走上罚球线，稳稳地两罚全中，双方战成109-109平。

7场比赛的厮杀，浓缩成为一个8.8秒的回合，保罗没有放过这样的机会。他持球突破，面对丹尼·格林的贴防以及邓肯的补防，在身体极为扭曲的情况下，找到空隙，高难度抛投入网，完成绝杀！赛后他与自己的学长紧紧相拥，马刺队传奇盛赞保罗："他是个伟大的领袖。"

击碎魔咒　狂轰41分终迎西决之旅

　　北京时间2018年5月9日，保罗迎来职业生涯最为意义非凡的一天。彼时的他率领火箭队主场迎战犹他爵士队，在3-1领先的情况下，保罗距离击碎"西决魔咒"只有一场胜利之遥。

　　保罗选择依靠自己的努力，逆天改命将所有的遗憾、耻辱、魔咒全部撕碎。面对爵士队，保罗全场三分球10投8中，拿到41分7个篮板10次助攻。8个三分球平生涯季后赛纪录，41分更是创造生涯季后赛新高。火箭队最终以4-1晋级。困扰保罗多年的"西决魔咒"，被他亲手打破。

　　末节比赛，保罗爆发出近乎恐怖的得分欲，他单节9投7中、三分球4投4中，狂轰20分，连中关键三分将爵士队的希望扼杀。这位身高1.85米的小个子，在这个夜晚迸发出身躯内的全部能量，用一场罕见的爆炸输出，完成生涯迄今为止最让人动容的突破。

家庭

家有贤妻 儿女双全

家有贤妻 儿女双全

保罗是个幸运的男人，因为他娶了一个美丽而又善良的妻子。

杰达·克劳利和保罗是北卡罗来纳州的同乡，保罗就读于克莱蒙斯的西福赛斯高中，而杰达就读于温斯顿·塞勒姆的塔博尔山高中。高中毕业后，两个人都进入维克森林大学读书，在那里相识、相恋。

据保罗后来透露，他和杰达是在大二时开始约会并确立恋爱关系的，那一年，他们只有18岁。

"我真的很爱杰达，"保罗曾在一次接受采访时真情流露，"无论成功还是失败，她都陪在我身边。篮球不能打一辈子，但杰达和我的爱永不褪色。我们俩真的很喜欢腻在一起。"

2011年9月，保罗和杰达在他们的家乡北卡罗来纳州的夏洛特举行盛大的婚礼，他的"香蕉船兄弟"——詹姆斯和他的妻子萨芬娜、安东尼和他的妻子拉拉、韦德和当时还是他女友的尤尼恩，都参加了婚礼。

詹姆斯还作为伴郎做了致辞："克里斯和杰达就像是我的家人，我没有亲兄弟，而他就像是我的兄弟一样。无论如何我都要来给他捧场，不仅为了克里

斯，也为了杰达。"

2009年5月，杰达为保罗生下他们的第一个孩子，一个男孩儿，取名叫作克里斯托弗·伊曼纽尔·保罗，也就是小克里斯。2012年8月，他们的第二个孩子出生，这次是女儿，名叫卡姆琳·亚历克西斯·保罗。

保罗对于自己的儿子疼爱有加，在他很小的时候就经常带着他出席发布会以及一些重要场合，他的儿子也被球迷亲切地称为"CP4"。小克里斯很小的时候就和父亲一起参加发布会，并且制造了很多趣事。

比如他会在格里芬的更衣室座位上放上玩具，并且在发布会上摆弄话筒、与格里芬做鬼脸。或是在保罗被邓肯淘汰之后，对邓肯说想跟他上一所大学。在全明星赛前热身中，小克里斯还亲自上阵，与科比"较量"了一番。

如今的小克里斯已经越长越大，但他对于足球的喜爱似乎已经超过篮球，保罗曾经在采访中披露，他得陪着儿子一起看足球世界杯。

现在小克里斯已经12岁了，卡姆琳也已经9岁，一双子女，加上挚爱的妻子，给了保罗一个甜蜜的港湾，让他无论经历多少风雨，都可以在家中重获安宁。